Heinrich Schaefer

Pfarrkirche und Stift im deutschen Mittelalter

Eine kirchenrechtsgeschichtliche Untersuchung

Heinrich Schaefer

Pfarrkirche und Stift im deutschen Mittelalter

Eine kirchenrechtsgeschichtliche Untersuchung

ISBN/EAN: 9783955642013

Auflage: 1

Erscheinungsjahr: 2013

Erscheinungsort: Bremen, Deutschland

@ EHV-History in Access Verlag GmbH, Fahrenheitstr. 1, 28359 Bremen. Alle Rechte beim Verlag und bei den jeweiligen Lizenzgebern.

PFARRKIRCHE UND STIFT

IM

DEUTSCHEN MITTELALTER.

EINE KIRCHENRECHTSGESCHICHTLICHE UNTERSUCHUNG

VON

DR. HEINRICH SCHAEFER
IN KÖLN.

STUTTGART.
VERLAG VON FERDINAND ENKE.
1903.

DEM FREUNDWILLIGEN FÖRDERER MEINER STUDIEN

HERRN PRÄLATEN D^R. BERLAGE
PROPST DER METROPOLITANKIRCHE ZU KÖLN

IN VEREHRUNG

GEWIDMET

Vorwort.

Meine längere Beschäftigung mit der Kölner Kirchengeschichte, welche sich an die Durchsicht und teilweise Regestirung der hiesigen Kirchenarchive und der reichen Bestände der geistlichen Abteilung des Stadtarchivs anschloss, hat den folgenden Untersuchungen die Anregung gegeben. Doch zeigte sich bald, dass ein Verständnis der Kölner und Rheinischen Kirchengeschichte nur im Zusammenhang mit der Entwicklung der Kirche auf den benachbarten Gebieten und besonders in den von den Franken beherrschten germanischen und gallischen Landesteilen möglich war.

Es tauchten vornehmlich die Fragen auf: seit wann hat der Bischof die ursprünglich als einzige Pfarrkirche der Diözese bestehende Kathedrale durch Errichtung mehrerer Seelsorgestationen in volkreichen Ortschaften und Vorstädten entlastet, und zu welcher Zeit sind insbesondere die Stadtparochien entstanden?

Hierbei ergab sich die Notwendigkeit, zunächst die wesentlichen Merkmale der mittelalterlichen Pfarrkirchen, sowie die verschiedenen Bezeichnungen für den Pfarrgeistlichen und ihre Gebrauchsperioden festzustellen.

Sodann mussten die vielfach noch unklaren Verhältnisse der frühmittelalterlichen Kollegiat- oder Stiftskirchen, was insbesondere ihre Stellung im Rahmen der Parochialeinteilung und ihre Bedeutung für die Seelsorge anlangt, aufgehellt werden. In erster Linie kamen die vor 1100 entstandenen Kirchen in

Betracht, doch wurden hin und wieder auch später gegründete Stifter und die seit dem 12. Jahrhundert verbreiteten Zweige der Prämonstratenser- und regulierten Kanoniker berücksichtigt.

Im Verlaufe der Arbeit ergab sich eine Reihe unerwartet neuer Gesichtspunkte nicht nur hinsichtlich der wesentlichen Bedeutung der kanonisch geordneten Stiftskirchen als Zentralen für Seelsorge, Gottesdienst und Klerikerausbildung, sondern auch für die frühmittelalterliche Sprengeleinteilung der bischöflichen Diözesen und Städte.

Besonderen Dank für mannigfaltige Unterstützung und Belehrung in vielen Einzelfragen schulde ich den Herren Universitätsprofessoren Dr. G. v. Below und Dr. U. Stutz, sowie Herrn Archivar Dr. Keussen und Herrn Domvikar Dr. Steffens.

Dankbar gedenke ich an dieser Stelle auch meiner früheren Lehrer der Geschichte, insbesondere des Herrn Gymnasialdirektors Dr. Paulus und des Herrn Universitätsprofessors Dr. A. Jülicher.

Um die oft mühevolle Beschaffung der zahlreichen Literatur haben sich die Beamten der Kölner Stadtbibliothek wohl verdient gemacht.

Köln, am 19. März 1903.

Heinrich Schaefer.

Inhaltsübersicht.

		Seite
Kap. 1.	**Die wesentlichen Merkmale der Pfarrkirchen**	1—42
§ 1.	Einleitung: Vom Amte des Bischofs erhält das Pfarramt Ursprung und Gewalt.	1
§ 2.	Die verschiedenen Namen für „Kirche" geben kein sicheres Merkmal für die Pfarrwürde.	4
§ 3.	Die Cura animarum	6
§ 4.	Das Baptisterium	9
§ 5.	Das Cimiterium oder die Sepultura	10
§ 6.	Das Zehntrecht	19
§ 7.	Der Pfarrsprengel	23
§ 8.	Die Personalpfarren	28
§ 9.	Der Pfarrzwang	31
§ 10.	Die „dos" oder das eigene Vermögen der Pfarrkirchen	32
Kap. 2.	**Verschiedene Namen für den Träger des Pfarramtes im Mittelalter**	43—78
§ 11.	Pastor	43
§ 12.	Presbyter und sacerdos	49
§ 13.	Plebanus (Leutpriester)	53
§ 14.	Ecclesiasticus (Kirchner)	56
§ 15.	Rector ecclesiae (Kirchherr)	58
§ 16.	Die von parochia abgeleiteten Titel: parochianus, parochialis, Pfarrer, parochus.	62
§ 17.	Curatus (curio)	68
§ 18.	Investitus	69
§ 19.	Persona (und personatus)	70
Kap. 3.	**Entstehung und Entwicklung der Stiftskirchen mit besonderer Rücksicht auf Pfarrgottesdienst und Seelsorge**	79—207
§ 20.	Die bisherige Auffassung	79
§ 21.	Beispiele dafür, dass der Pfarrgottesdienst in Stiftskirchen stattfand	80
	I. Hauptteil: Herkunft und Bedeutung des „canonicus"	85—112
§ 22.	Der κανών etc. des Nicäischen Konzils	85
§ 23.	Die matricularii	90

	Seite
§ 24. „Canonicus [clericus]" ist der nach den Forderungen der hh. Kanones eingesetzte und lebende Geistliche	95
§ 25. Chrodegang und die Kanoniker der Kathedrale	106
II. Hauptteil: Die Mehrheit von Geistlichen an einzelnen Kirchen	113—130
§ 26. A. An der Kathedrale	113
§ 27. Das gemeinsame Leben des Klerus an der Kathedrale	114
§ 28. B. Die Mehrheit der Kleriker an den ältesten Pfarrkirchen	116
§ 29. Die verschiedenen Bezeichnungen für die Leiter von Kollegiatkirchen	121
III. Hauptteil: Die verschiedenen Gründe für die Mehrheit von Geistlichen an einzelnen Pfarrkirchen.	131—163
§ 30. Die Pflanzschulen des Klerus: A. An den Kathedralen	132
§ 31. Die grosse Menge von Kirchen in der fränkischen Zeit bedingt zahlreiche Geistliche . .	133
§ 32. Die Pflanzschulen des Klerus: B. An den frühmittelalterlichen Pfarrkirchen	144
§ 33. Der bedeutende Umfang der älteren Pfarrsprengel	147
§ 34 a. Die Inkorporationen	151
§ 34 b. Die Dekanats- und Archidiakonatsüberweisungen	155
§ 35. Die Berühmtheit einzelner Kirchen . . .	157
§ 36. Die Eitelkeit mancher Geistlichen	158
§ 37. Die Zahl der Kanoniker an den Kollegiatkirchen	159
IV. Hauptteil: Die vita canonica	163—172
§ 38. Die Einführung des kanonischen Lebens an den Kollegiatkirchen	163
§ 39. Das gemeinsame Leben an den Kollegiatkirchen	167
V. Hauptteil: Die Ausübung der Pfarrseelsorge und des Gottesdienstes an den Kollegiatkirchen	172—207
§ 40. Die Ausübung der Pfarrseelsorge: 1. An der Kathedrale	172
§ 41. 2. An den Kollegiatpfarren	174
§ 42. Die Vertreter des Propstes in der Seelsorge .	181
§ 43. Die Feier des Gottesdienstes an den Kollegiatkirchen	189
§ 44. Die Hebdomadare (Wochenherren)	190
§ 45. Der Chordienst	193
§ 46. Trennung von Chor- und Pfarrgottesdienst .	194
§ 47. Die Doppelkirchen	196
§ 48. Der Niedergang der Stiftskirchen	204
Anhang: 4 Stiftsurkunden	208

Verzeichnis
der hauptsächlichen Literatur [1]).

Acta SS. = Acta Sanctorum, quotquot toto orbe coluntur, coll. J. Bollandus etc., Antwerpen etc. 1643 ff.
ANR = Annalen des historischen Vereins für den Niederrhein, Bd. 1—74, 1854—1902.
Arens, lib. ord. = Der liber ordinarius d. Essener Stiftskirche, Essen 1900.

Beyer, Urkundenbuch zur Gesch. der mittelrhein. Territorien, bearb. von H. Beyer, L. Eltester u. A. Goerz, 3 Bde., 1860 ff.
Binterim, A. J. u. Mooren, Die alte und die neue Erzdiözese Köln, 4 Bde., Mainz 1828 ff. Die 2. Aufl., verkürzt, hat nur 2 Bde., Düsseldorf 1892.
Böhmer-Will, Regesten zur Gesch. der Mainzer Erzbischöfe, 2 Bde., 1877 u. 86.
Böhmer-Lau, Urkundenbuch der Reichsstadt Frankfurt, 1901.
Boos, Urkundenbuch der Stadt Worms, 1886 ff.
Boretius = Mon. Germ. Legum sectio II, 1, Capitularia I.
Boretius-Krause, Dass. II, 2, Capitularia II.
Bossert = Württembergische Kirchengesch. ed. vom Kalwer Verlagsverein 1893.
Bruns, H. Th., Canones apostolorum etc., Berlin 1839.

Conc. = Conciliorum omnium generalium et provincialium collectio regia, 37 vol., Paris 1644 ff.
Chrodegang = Chrodegangs regula canonicorum, zitiert nach Migne, patrol. 89, Sp. 1095 ss., weil diese Ausgabe am meisten verbreitet ist und die geringfügigen späteren Interpolationen (besond. c. 20), welche H. Schmitz in seiner 1889 (Hannover, Hahn) erschienenen kritischen Ausgabe nachgewiesen hat, für unsere Untersuchung belanglos sind.

Demarteau, J. = La première église de Liège l'abbaye de Notre-Dame, im Bulletin de la société d'art et d'histoire du dioecèse du Liège, t. VII, 1892.
Denifle, Die Universitäten des Mittelalters bis 1400, Berlin 1885.
Doebner, Rich. Urkb. der Stadt Hildesheim, 1881 ff.

---

[1]) Der Raumersparnis wegen sind nur die wiederholt und abgekürzt zitierten Werke hier aufgenommen.

XII Verzeichnis von wiederholt und abgekürzt zitierten Werken.

Dronke, Codex diplomaticus Fuldensis, 1850.
Du Cange = Glossarium mediae et infimae latinitatis, cond. a Car. du Fresne dom. Du Cange etc., Niort 1883 ff.
Erhard, Regesta historiae Westfaliae, Münster 1847 = Westf. Urkb. I.

Franquinet, G. D., Oorkonden en Bescheiden van het kapittel van O. L. Vrouwekerk te Maastricht, 1870.
Friedrich, Kirchengeschichte Deutschlands, 2 Bde, 1867 u. 69.

Goerz, A., Mittelrhein, Regesten, 1876 ff.
Greving, Steuerlisten des Kirchspiels S. Kolumba in Köln, (Mitteilungen a. d. Stadtarchiv 30, 1900).
Grisar, H., Geschichte Roms und der Päpste, 1901.
Guérard, M., Cartulaire de l'église Notre-Dame de Paris, 4 Bde., Paris 1850.
Gudenus, V. F., de, Codex diplomaticus anecdotorum res Moguntinas illustrantium, 5 T., 1743 ff.
Günther, W., Codex diplom. Rheno-Mosellanus, 5 Bde., 1822 ff.

Hartzheim, J., Concilia Germaniae, 11 Bde., Köln 1759 ff.
Hauck, A., Kirchengeschichte Deutschlands[2], 1898 u. 1900.
Hefele, C. J. v., Konziliengeschichte[2], Freiburg 1873 ff.
Hellwig, Zur Geschichte des Kreuzstiftes in Nordhausen. Zeitschr. d. Harzvereins f. Gesch. u. Altertumskunde, Bd. 27, 1894.
Hess, J., Die Urkunden des Pfarrarchivs von S. Severin in Köln, 1901.
Hilling, N., Beiträge zur Gesch. der Verfassung und Verwaltung des Bistums Halberstadt, I, 1902.
Hinschius, P., Katholisches Kirchenrecht, 6 Bde., 1869 ff.
Hoeniger s. Schreinskarten.
Hontheim, J. N., Historia Treverensis diplom. et pragm., 3 Bde., 1750 ff.
Hüffer, H., Forschungen auf dem Gebiete des französischen und des rhein. Kirchenrechts, Münster 1863.

Jaffé, Ph., Regesta pontificum Rom.[2] — 1198, Berlin 1888.
Imbart de la Tour, Les paroisses rurales de IVe au XIe siècle, Paris 1900.
Joerres, P., Urkundenbuch des Stiftes S. Gereon zu Köln, Bonn 1893.

Kampschulte, Die westfälischen Kirchenpatrozinien, Paderb. 1867.
Ketterer, J. A., Karl d. Gr. und die Kirche, München 1898.
Kelleter, H., Zur Gesch. des Kölner Stadtpfarrsystems im M.A., Mevissenfestschr. S. 222 ff. (Köln 1895).
Kessel, J. H., Antiquitates monasterii s. Martini maioris Colon., 1862.
Keussen, Topogr. = Untersuchungen zur älteren Topographie und Verfassungsgesch. von Köln in Westd. Zeitschr. 1901.
Klinkenberg, J., Die röm. christl. Grabinschriften Kölns, Progr. des Marzellengymnasiums 1891.
Ders., Die römischen Grabdenkmäler Kölns, in Bonner Jahrbücher, 1902, S. 80 ff.
Knipping, R., Die Regesten der Erzbischöfe von Köln im Mittelalter, II, 1100—1205, Bonn 1901.

Verzeichnis von wiederholt und abgekürzt zitierten Werken. XIII

Kölner Synodalstatuten = Statuta seu decreta provincialium et dioecesanarum synodorum s. ecclesiae Colon. 1554.
Kraus, F. X., K.G. = Kirchengeschichte, 4. Aufl., 1896.
Ders., Die christl. Inschriften des Rheinlandes, 2 Bde., 1890.
Lac. = Lacomblet, Th. J., Urkundenbuch zur Geschichte des Niederrheins, 4 Bde, 1840 ff.
Lac. Archiv = Archiv für die Gesch. des Niederrheins, herausgeg. v. Th. J. Lacomblet, Düsseldorf 1832 ff.
Loening, E., Gesch. des deutschen Kirchenrechts, 2 Bde., 1878.
Loersch, H., Aachener Rechtsdenkmäler aus dem 13.—15. Jahrhundert, Bonn 1871.
Luchaire, A., Manuel des institutions françaises, période des Capétiens directs, Paris 1892.

Maassen = Concilia aevi Merovingici rec. Fr. Maassen in Mon. Germ. Leg. III.
Mansi, J. D., Sacrorum conciliorum nova et ampl. collectio, 1759 ff.
Martêne, Edm. et Durand, Mrs., Thesaurus anecdotorum novus seu collectio monumentorum, 5 vol., Paris 1717.
Marx, J., Gesch. des Erzstifts Trier, 5 Bde., 1858 ff.
Meichelbeck, C., Historia Frisingensis, 2 Bde., Augsburg 1724.
Michael, E., Gesch. des deutschen Volkes, II, 1899.
Migne, J. P., Patrologia cursus compl., Paris 1837 ss.
Miraeus, Aub., Opera diplom. et hist., 2 Bde., Brüssel 1723.
Mohr, Th. v., Cod. diplom. zur Gesch. Cur-Rätiens und Graubündens im Archiv für die Gesch. der Republik Graubünden 1848—52.
Moll-Zupke, Die vorreformatorische Kirchengeschichte der Niederlande, Leipzig 1895.
Möller, W., Lehrbuch der Kirchengeschichte, I 1889, I² 1902, II² 1893.
M.G. Scr., Ep. etc. = Monumenta Germaniae historica, Scriptores, Epistolae etc.
Müller, S., Cartular = Het oudste cartularium van het Sticht Utrecht, 1892.
Ders., Domstatuten = Het Rechtsboek van den Dom van Utrecht, 1895.

Perlbach, Aus einem verlorenen Codex traditionum der Bonner Münsterkirche S. Cassius und Florentius in „Neues Archiv der Gesellsch. f. ältere deutsche Geschichtskunde", Bd. 13, S. 150 ff.

Qu. = Quellen z. Gesch. d. Stadt Köln von Ennen u. Eckertz, 6 Bde., 1860 ff.

Redlich, P., Kardinal Albrecht von Brandenburg und das Neue Stift zu Halle, Mainz 1900.
Rettberg, F. W., Kirchengeschichte Deutschlands, 2 Bde., 1846 ff.
Rigaud, Journal des visites pastorales d'Eude Rigaud, archevêque de Rouen, 1248—1269, publié par Th. Bonnin, Rouen 1852.
Ritz, W., Chartular der Abteien Stablo und Malmedy, Aachen 1824.
Rotulus = Prozessrollen von S. Maria im Kapitol a. d. Jahre 1299/1300; es sind 99 im Pfarrarchiv von S. Maria im Kapitol zum grösseren Teile erhaltene Pergamentblätter in 4 Rollen verteilt, für die Kölner Kirchengeschichte von grossem Werte.

XIV Verzeichnis von wiederholt und abgekürzt zitierten Werken.

Sägmüller, J. B., Tübinger Universitätsprogramm 1898, Abhandlung über Entwicklung des Archipresbyterats und Dekanats bis zum Ende des Karolingerreichs.
Sauerland, V. H., Urkunden aus den Vatikan. Archiven für das Rheinland u. Westfalen, 2 Bde., 1902.
Schaab, C. A., Gesch. der Stadt Mainz, 4 Bde., 1841 ff.
Scherer, R., Handbuch des Kirchenrechts, 2 Bde., 1886 u. 1898.
Schneider, Ph., Die bischöflichen Domkapitel etc., Mainz 1885.
Schreinskarten, Wertvolle Quelle für die Kölner mittelalterliche Kirchengeschichte, die ältesten von Hoeniger ediert, 4 Bde., 1884 ff.
Schroeder, A., Entwicklung des Archidiakonats bis zum 11. Jahrhundert, Augsburg 1890.
Schroeder, R., Lehrbuch der deutschen Rechtsgesch., 2. Aufl., Leipzig 1894, 4. Aufl. 1902.
Seibertz, J. L, Urkundenbuch zur Landes- u. Rechtsgesch. des Herzogtums Westfalen, 3 Bde., 1839 ff.
Specht, F. A., Geschichte des Unterrichtswesens in Deutschland, Stuttgart 1885.
Stutz, U., 1. Benefizw.- oder bloss Stutz = Geschichte des kirchlichen Benefizialwesens von s. Anfängen bis auf die Zeit Alexanders III., Berlin 1895. 2. Eigenkirche = Die Eigenkirche als Element des mittelalterlich-german. Kirchenrechts, Berlin 1895.

Tibus, A., Gründungsgeschichte der Stifter, Pfarrkirchen etc. im Bereiche des alten Bistums Münster, 1885.
Tücking, K., Geschichte der kirchlichen Einrichtungen in der Stadt Neuss, 1886 ff.

Werminghoff, A., Die Beschlüsse des Aachener Konzils im J. 816 (Neues Archiv d. Ges. f. ältere d. Geschichtskunde 27, Heft 3, 1902.)
Wiegand, W., Urkb. der Stadt Strassburg, 1879 ff.
Würdtwein, St. Al., Subsidia diplomatica ad selecta juris ecclesiastici elucidanda, 13 Bde., Heidelberg 1772 ff.
Würdtwein, St. Al., Nova subsidia diplom., 14 Bde., Heidelberg 1754 ff.
Ders., Dioecesis Moguntina in archidiaconatus distincta, Mannheim 1769 ff.

Zeumer = Formulae Merowingici et Karolini aevi ed. K. Zeumer in Mon. Germ. Leg. V.
Zorell, St., Die Entwicklung des Parochialsystems bis zum Ende der Karolingerzeit im Archiv f. kath. Kirchenrecht, Bd. 82 (1902), Heft 1 u. 3.

Kapitel 1.
Die wesentlichen Merkmale der Pfarrkirchen.

§ 1. Einleitung: Vom Amte des Bischofs erhält das Pfarramt Ursprung und Gewalt.

In den ältesten Zeiten der christlichen Kirche, deren hierarchische Verfassung uns seit dem 2. Jahrhundert (Ignatius, Irenaeus, Cyprian) immer deutlicher entgegentritt, ist der Bischof als Stellvertreter Christi und Nachfolger der Apostel, der alleinige Leiter der Gemeinde und prinzipielle Vermittler der von Christus seinen Gläubigen verheissenen Gnadengaben. Er besitzt die Fülle der jurisdictio und der potestas ordinis et magisterii[1]). Um ihn herum aber sehen wir zu gleicher Zeit schon eine Anzahl von Priestern, das sogenannte Presbyterkollegium, geschart, welche ihm in der seelsorgerlichen Leitung der Gemeinde zur Seite stehen und bei der andauernden Zunahme der Gläubigen in seinem Auftrage und zu seiner Entlastung die für das christliche Leben der Gemeinde wie des einzelnen notwendigen priesterlichen Funktionen verrichten.

Solange nun die Gläubigen sich vornehmlich in den grösseren Städten befanden, in denen zugleich Bischöfe vorhanden waren, konnten die Christen alle ihre Gottesdienste am Sitze des Bischofs, in der Kathedrale, feiern und hier, bezw.

---

[1]) Vergl. Hinschius II, S. 40 ff. Für das folgende vergl. ebd. S. 261 ff. Möller, K.G. I, S. 258 ff. 336 f. Kraus, K.G. S. 97.

von hier aus[1]) die Sakramente der Kirche empfangen. Anfangs mussten sich wohl auch die vereinzelt ausserhalb der Stadt wohnenden Christen mit diesem Zustande begnügen, wie uns Justin in seiner anschaulichen Schilderung des christlichen Gottesdienstes überliefert hat[2]). Anders aber, als die Zahl der Gläubigen in Stadt und Land derartig wuchs, dass ihre religiösen Bedürfnisse nicht mehr in und von einer Kirche aus befriedigt werden konnten. Auch jetzt vermochte zwar der Bischof die Ausübung der Jurisdiktionsgewalt an seinem Sitze festzuhalten, aber für die Verwaltung der potestas ordinis et magisterii mussten von ihm die bisherigen Hilfsorgane seiner Kathedrale an verschiedene Stellen seines Sprengels verteilt und in etwa verselbständigt werden, d. h. es entstanden unter ihm nicht nur auf dem Lande, sondern auch in volkreichen christlichen Städten Filialgemeinden mit eigenen Kirchen, zu deren Seelsorge der Bischof geeignete Kleriker bestimmte. Diese Entwicklung finden wir im 3. u. 4. Jahrhundert schon im Gange[3]) und gegen Ende des 6. Jahrhunderts vollendet vor[4]): den einzelnen Kirchen werden bestimmte Priester vorgesetzt mit der Befugnis zur Predigt, Sakramentsverwaltung, Seelsorge und Gemeindeleitung, allerdings, wie auch heute noch[5]), unter entschiedener Abhängigkeit von dem Bischof.

Eine solche Kirche nun, welche den Mittelpunkt des religiösen Lebens einer dazu gehörigen Gemeinschaft von Christen bildet, welche also alle diejenigen geistlichen Gaben

---

[1]) Vergl. Imbart de la Tour, Les paroisses rurales du IVe au XIe siècle. Paris 1900, S. 59 f.

[2]) Justin, Apologie I, cap. 67, ed. Krüger, S. 57 f.

[3]) Für Frankreich insbesondere hat die treffliche Untersuchung von Imbart de la Tour diesen Nachweis erbracht. Wir werden auf dieselbe noch öfter zurückkommen. Vergl. auch Zorell (Arch. f. kath. K.R. 82, 1) S. 78.

[4]) Vergl. auch Sägmüller, Tübinger Universitätsprogramm 1898, S. 30 f.

[5]) Hinschius II, S. 292 u. Imbart de la Tour S. 131.

durch ihren Klerus darzubieten im stande ist, die für das regelmässige Leben des einzelnen Christen, wie für das der Gemeinschaft nötig sind, nennen wir Pfarrkirche[1].

Bevor wir aber an die Frage nach der Entstehung der Pfarreien selbst herantreten, ist es nötig, uns über jene Eigenschaften durchaus klar zu werden, welche das Wesen der altchristlichen bezw. mittelalterlichen Pfarrkirchen ausmachen. Wir werden sehen, dass es der Hauptsache nach dieselben Merkmale sind, welche auch heute noch zu einer Pfarrkirche gehören.

Dieser Weg führt viel sicherer zum Ziele, als wenn wir die Rechte und Pflichten der einzelnen Träger des Pfarramtes festzustellen suchten, da jene teilweise noch bis in die neueste Zeit umstritten sind[2]), und vor allem im Mittelalter oftmals die Pfarreien nur von Vikaren, mercenarii etc. verwaltet wurden, während der Träger des Pfarramtes nicht einmal die Priesterwürde besass[3]).

---

[1]) Vergl. Loening II, S. 346 ff.

[2]) Z. B. was die Amovibilität anlangt; wenn aber Hinschius II, S. 293 meint, es fände sich kein ausdrückliches Zeugnis für die Amovibilität im Mittelalter, so sei wenigstens in Bezug auf die Kollegiatpfarrkirchen auf das Capitulare 5, Ludowici II (845—850) hingewiesen: Hi vero, qui ad gubernandas plebes legitime provecti sunt, nullatenus a suis episcopis repellantur nisi aut alicuius criminis reatum inciderint aut easdem plebes male tractaverint (Boretius-Krause S. 82). Hier ist die Amovibilität der Pfarrer deutlich ausgesprochen; ebenso schon früher in dem 11. Kanon einer merowingischen Synode um 614 (Maassen S. 195), wo wir unter den abbates und archipresbyteri die vorstehenden Geistlichen von Kollegiatpfarrkirchen verstehen. Vergl. dazu Sägmüller S. 46, Anm. 1; ferner Imbart S. 139 f. Desgl. gehört Kanon 7 der Synode von Tours (a. 567) hierher (Maassen S. 124).

[3]) Darüber vergl. besonders unten Kap. 2, § 19 den Abschnitt über persona.

§ 2. **Die verschiedenen Namen für „Kirche" geben kein sicheres Merkmal für die Pfarrwürde.**

Was die Benennungen der Kirchen anlangt, als ecclesia, basilica, titulus, monasterium[1]), coenobium[2]), templum[3]), orato-

---

[1]) Der mittelalterliche Ausdruck „monasterium" ist keineswegs mit claustrum zu identifizieren (so Düntzer in den Bonner Jahrbüchern 39/40, S. 95 und 53/54, S. 223; vergl. Keussen, Topogr. S. 46, n. 154); dies beweisen deutlich Stellen wie „claustrum ipsius monasterii" (Lac. I, 105, a. 962); „curtiferum, in quo idem monasterium et claustrum cimiteriumque sunt constructa" (Erhard, Urk. Nr. 125, a. 1033); processio circa claustrum et circa monasterium etc. (Joerres S. 697, a. 1122); „in ecclesia Reichersperg, in monasterio, scilicet sub gradu altaris s. crucis" (Mon. Germ. Scr. 17, S. 449); oder wenn Aebtissin Theophanu von Essen a. 1054 Legate für die lumina nocturnalia aussetzt: unum in monasterium, aliud criptam, tercium in capellam abbatisse etc. (Lac. I, 190); oder wenn die Kirchmeister der Kollegiatpfarrkirche S. Andreas in Hildesheim genannt werden: rectores fabricae monasterii (Doebner II, 93); vielmehr zeigen die ebenerwähnten Stellen und zahlreiche andere z. B. „Incipiebat ... domus s. Petri (Dom zu Köln) ardere in parte orientali, ita ut aliqua eiusdem monasterii parte conbusta fratres ... in desperationem venissent", in derselben Urkunde wird der Domdechant als „decanus maioris monasterii" genannt (Lac. I, 229, a. 1080); ferner „novum monasterium s. Martini" von der Martinskathedrale zu Mainz (Guden I, S. 378, a. 1056) und consecratio novi monasterii s. Mariae" bei Marianus Scotus zum Jahre 1069; wie „ecclesia s. Marie, que olim vetus monasterium vocabatur" (Worms, Urkunde veröffentlicht von Cardauns in ANR 38, S. 46); ferner wenn die Kathedrale von Chur des öftern monasterium s. Mariae genannt wird (Mohr, cod. diplom. I, 9, a. 766; Nr. 84, a. 1038; Nr. 270, a. 1273 etc.), oder wenn es von den Altären in der Konstanzer Kathedrale heisst, dass sie liegen „in monasterio ecclesie nostre" etc. (Beyerle II, 51); und vor allem die noch bis in die Gegenwart übliche Benennung einzelner Kirchen als „Münster" (Aachen, Bonn, Essen, Emmerich, Strassburg, Ulm, Freiburg, Basel, Konstanz etc.) — zeigen deutlich, dass monasterium vielfach die [Stifts-]Kirche, nicht das Kloster bedeutet. Vergl. auch Du Cange Bd. I, Abbatia 3: „ecclesiae parochiales etiam dictae sunt monasteria, unde antiqua vox Gallica le monstier, quae de qualibet ecclesia intelligitur". Ueber weitere Anwendungen von monasterium im Sinne von Münster

rium, capella etc., so geben dieselben meist keinerlei Aufschluss über die Pfarrwürde des betreffenden Gotteshauses, da selbst eine capella jene besitzen und eine basilica bezw. ecclesia davon ausgeschlossen sein kann[1]).

(als Kollegiatkirche) vergl. A. Tibus, Gründungsgesch. S. 120 ff. Der Name monasterium im Sinne von Münsterkirche erklärt sich weniger daraus, dass neben einzelnen Kirchen wirkliche Mönchsklöster bestanden (vergl. U. Stutz, Benefizialw. S. 211, n. 60), als daraus, dass die Geistlichen der älteren Pfarrkirchen als clerici canonici regelmässig ein gemeinsames, dem klösterlichen in etwa ähnliches Leben führten, vergl. unten Kap. 3, § 38 f.

[2]) Dass der Ausdruck coenobium für eine kanonisch geordnete Kollegiatkirche gebraucht wird, zeigt Perlbach, Aus einem verlorenen Kodex etc. Neues Archiv XIII, S. 160 Nr. 29.

[3]) Dass auch im MA. diese, gewöhnlich nur für heidnische Kultstätten gebrauchte Bezeichnung des klassischen Altertums (vergl. Hinschius IV, S. 306, Anm. 9) christlichen Kirchen gegenüber angewandt wird, zeigen für Köln z. B. Lac. I, 250 a. 1094: „Arnoldus prepositus templi" (Dom); Qu. I, S. 488 templum = Dom (a. 1080); Joerres S. 29 unten: in dedicatione huius templi (= S. Gereon, a. 1180); Lac. I, 383 a. 1155 templum s. Georgii; Hess, Urkb. von S. Severin Nr. 3 templum für S. Severin. Vergl. auch vita Annonis M.G. Scr. 11, S. 481, 15: templum s. Georgii u. S. 491, 30; templum S. Gereonis.

[1]) Dass eine „capella" die Pfarreigenschaft besitzen kann, zeigen viele Beispiele, so die Salvatorkapelle zu Frankfurt a. M. (Böhmer-Lau Nr. 10 etc., vergl. das dortige Register); ferner die Marienkapelle in Aachen (R. Pick, Aus Aachens Vergangenheit, S. 16 oben; vergl. dazu über die Pfalzkapellen im allgemeinen Waitz, D.V.G. II², S. 102: III, S. 516 ff., 1. Aufl. S. 429): ferner die Martinskapelle in Dortmund (Dortm. Urkb. I, 103), welche einen eigenen Priester, eigenen Friedhof und Wittum (dos) besass. Die Pfarrkirche zu Isenburg wird sogar als capella parochialis bezeichnet (Günther II, 84, a. 1235) und auch die Michaelskapelle bei S. Maximin ist als Pfarrkirche bezeugt (Beyer III, 75 a. 1217). Es ist daher nicht schlüssig, wenn Keussen, Topogr. S. 48, die Bezeichnung capella gegen die Pfarrwürde von S. Joh. Evangelist anführt. Dass „capellarius" mitunter Pfarrer bedeutet, zeigt Hinschius II, S. 292, n. 3. Der Propst des Frankfurter Salvatorstiftes wird ca. 880 capellanus genannt (Böhmer-Lau, Frankf. Urkb. S. 4, Anm. 1). Zu vergleichen ist auch Rigaud S. 447: „duo capellani [scil. in capitulo s. Melloni], quorum unus habebat curam parochie s. Petri".

Wenn wir aber im folgenden von den Kennzeichen der mittelalterlichen Pfarrkirchen im allgemeinen sprechen, so können wir dies bei der einzelnen oft nur in beschränktem Sinne tun. Denn teils lassen die Quellen manchmal den Hinweis auf das eine oder andere Merkmal vermissen, bald tritt auch diese oder jene Eigenschaft mehr in den Vordergrund, ja hin und wieder mangelt eine davon nachgewiesenermassen zeitweilig oder überhaupt ganz, ohne dass jedoch dadurch die Pfarrwürde der betreffenden Kirche beeinträchtigt wurde.

Da es sich für uns ferner in erster Linie um die mittelalterliche Kirchengeschichte Deutschlands und besonders der Kölner- und benachbarten Diözesen handelt, so werden wir unser Augenmerk namentlich den dortigen Quellen zuwenden und nur, wo solche uns mangeln, anderweitiges Material zur Ergänzung heranziehen.

§ 3. Die cura animarum.

Das allgemeinste Kennzeichen für die Pfarrkirche ist, dass ein die Priesterwürde besitzender Geistlicher als Inhaber des Pfarramtes oder als Stellvertreter des Inhabers[1]) in ihr die gottesdienstlichen Funktionen und die selbständige Seelsorge verwaltet. Er hat die heilige Messe regelmässig zu

---

Ferner vergl. Stutz, Benefizialw. S. 258, n. 72 u. Luchaire, Manuel S. 4, 2. Dass „ecclesia" und „basilica" nicht, wie manche meinen (z. B. Kessel in Picks Monatsschrift III, S. 258), die Pfarrqualität einer Kirche verbürgen, könnten wir an zahlreichen Beispielen nachweisen. Hier mag nur auf eine markante Stelle in einem Kapitulare unter Ludwig II. (ca. 845—850, Boretius-Krause S. 82, c. 11) hingewiesen werden: „quidam laici, qui vel in propriis vel in beneficiis suas habent basilicas .... non ad ecclesias, ubi baptismum et praedicationem ... et sacramenta percipiunt, decimas suas dant, set propriis basilicis; ferner z. vergl. Loening II, S. 354, 2 u. besonders Scheffer-Boichorst in Berliner Sitzungsber. 1901, S. 156.

[1]) Ueber die Titel „sacerdos", „presbyter" etc. in der Bedeutung von „Pfarrer" und über die Vertretung des Pfarrers s. unt. Kap. 2, § 12 ff.

zelebrieren[1]), in der Kirche an Sonn- und Feiertagen **Predigten** zur Belehrung und Erbauung des Volkes zu halten[2]) und die **Beichte** zu hören, zu welcher alle Pfarreingesessenen — wie seit dem frühesten Mittelalter nachweisbar[3]) — jährlich drei- bezw. einmal verpflichtet sind.

---

[1]) Dies geht aus zahlreichen Bestimmungen hervor: **Mansi**, 14, 597 „**basilicae Deo dicatae ad missarum celebrationem**"; ebd. S. 680 u. 13, 1006: **ut missae, quae per dies dominicos a sacerdotibus fiunt** ...; die tägliche **Messe** z. B. Lac. Archiv II, S. 144. Vergl. ferner die anziehende Schilderung von der Tätigkeit des Pfarrgeistlichen bei **Hauck** II², S. 723 ff.

[2]) Vergl. schon praeceptum Childeberti I. regis (511—558, **Boretius**): „**fides nostra, ut verbo de altario sacerdote faciente, quaecunque de evangelio, prophetis vel apostolis fuerit adnuntiatum**"; ferner form. Bitur. von ca. 700 (**Zeumer** S. 170) ... **comittimus tibi vico illo, ... ut ibi archepresbeteriae curam indesinenter agas ... populum tibi commendatum assidua foveas praedicatione.** capit. 3 von 814 (**Hartzh**. I, S. 420): **ut omnibus festis diebus et dominicis unusquisque sacerdos evangelium populo praedicet**; vergl. cap. 4 ebd. u. S. 423 „**ut unusquisque presbyter ad suam ecclesiam admonitionem aliquam et exhortationem ad populum faciat, ut unusquisque se corrigat ab iniquitate et transeat ad bonitatem.**" Vergl. dazu die ähnlichen Bestimmungen der Aachener Synode von 836 bei **Mansi** 14, 680. Ferner gehört hierher das Schreiben des Lütticher Bischofs Ghaerbald (802—810), wo im 12. Kapitel über das regelmässige Predigen seines Klerus die Rede ist (**Boretius** S. 243). Näheres über die Ausführung der Predigten findet man in einem karoling. Kapitulare in der Sammlung des Ansegisius (**Boretius** S. 404, Kap. 76); ferner in einem Kanon des Konzils zu Tribur von 895 (**Boretius-Krause** S. 249). Besonders bemerkenswert ist ein Kapitulare 3 unter Ludwig II. (845—850) bei **Boretius-Krause** S. 81, wo die Geistlichen ermahnt werden, in den Predigten auf die sozialen Verhältnisse Rücksicht zu nehmen und den Reichen und Mächtigen der Erde gegenüber ein offenes Wort zu reden. Im allgemeinen ist zu vergl. A. **Linsenmayer**, Gesch. der Predigt in Deutschland 1886 und F. A. **Albert** mit dems. Titel 1892. Ueber die karolingische Zeit besonders J. A. **Ketterer**, Karl d. Grosse und die Kirche S. 193 und **Hauck**, K.G. II², S. 726.

[3]) Kap. 32 der erweiterten Regel Chrodegangs (**Hartzh**. I, S. 106): „**in unoquoque anno tribus vicibus, id est in tribus quadragesimis**

Die betreffende Kirche muss mit einem Worte den Mittelpunkt der cura animarum bilden[1]).

Indessen ist selbst dann, wenn diese Bedingungen erfüllt sind, noch keineswegs die Pfarrwürde der Kirche verbürgt. So erhielten z. B. 1103 die beiden Werdener (Ruhr) Kirchen S. Clemens und S. Lucius die cura, nicht aber das Begräbnis- und Taufrecht[2]). Auch die Priester an Oratorien können vielfach die cura besitzen, ohne dass ihren Gotteshäusern Pfarrechte zukommen[3]).

---

populus fidelis suam confessionem suo sacerdoti faciat et qui plus fecerit, melius faciat". Falsch ist es, wenn K. v. Hase in seiner „Protestantischen Polemik" 6, S. 452 die gebotene jährliche Beichte erst auf Innozenz III. u. das 4. Laterankonzil (1215) zurückführt. Nicht nur das höhere Alter der Privatbeichte, sondern auch der jährliche Beichtzwang ist gerade für Deutschland schon um die karolingische und sächsische Zeit hinlänglich belegt (vergl. H. J. Schmitz, Die Bussbücher und die Bussdisziplin der Kirche. 2 Bde. 1883 u. 1898, I, S. 68 f.; II, S. 403 ff. (besonders poenitentiale ecclesiarum Germaniae, dessen noch jetzt vorhandener Kodex aus der Zeit um 1000 stammt). Ueber die zahlreichen Anforderungen, welche die cura an den Pfarrpriester stellt, spricht eingehend Hincmar in s. Abhandlung über Kirchen und Kapellen ed. Gaudentius in Bibliotheca juridica medii aevi II. Bononiae 1892, S. 17 f.

[1]) Dass die cura, die Hauptpflicht des Priesters (vergl. c. 36 d. Aach. Syn. v. 816 u. c. 5, II, 2 von 836 Hartzh. I, S. 468 u. II, S. 81), im MA. gewöhnlich als ausschlaggebend für die Pfarrwürde galt, zeigt eine Frage aus rotulus 29 der Prozessakten von Maria im Kapitol zu Köln (1299): utrum pro rectoribus et plebanis curam habentibus vel pro simplicibus capellanis fuerunt aditi et reputati (näml. die Geistlichen an Peter-Paul in Köln). Als die grosse Parochie S. Lambert in Münster im 12. Jahrhundert in mehrere Unterpfarren zerlegt wurde, war der Hauptgrund, dass mehrere Pfarrkirchen die Seelsorge besser bewältigen könnten (que curam tante plebis et diligentius et magis sufficienter agerent), Erhard, Urk. Nr. 507 (1190—92, die Pfarreinteilung selbst früher). Ueber die Seelsorge als die conditio sine qua non einer Pfarrkirche vergl. auch Hinschius II, S. 307.

[2]) Lac. I, 262, besserer Abdruck von Jacobs in Werdener Beiträgen 1892, S. 409.

[3]) Dies zeigt z. B. das Schreiben des Papstes Zacharias an Pippin vom Jahre 747 (Hartzh. I, S. 78), Kap. 15 ... ut in eodem loco (Eigen-

§ 4. Das Baptisterium.

Eines der hauptsächlichsten Merkmale der Pfarrkirche besteht vielmehr in dem baptisterium, dem Taufbrunnen oder dem Taufrecht. Daher hat man wohl im frühen Mittelalter die Pfarrkirchen auch einfach durch den Namen Taufkirchen (ecclesie baptismales, baptisteria) vor den Nichtpfarrkirchen ausgezeichnet[1]). Sie bilden die Mittelpunkte des gesamten kirchlichen Lebens eines bestimmten Sprengels.

Sobald wir daher mit einer Kirche ein baptisterium verbunden sehen, sind wir berechtigt, dieselbe als Pfarrkirche zu betrachten. Denn allein an den Parochialkirchen durfte die Taufhandlung von dem betreffenden Pfarrer regelmässig vorgenommen werden[2]).

Ausnahmen finden wir hier nur nach zwei Richtungen. Einmal ist bekannt, dass im Falle der Not auch ausserhalb der Pfarrkirche getauft werden darf, wie unter anderem schon aus dem conc. Vern. (755) c. 7[3]), dem conc. Meld. Paris (845) c. 48[4]) und dem cap. 16 der Mainzer Synode von 851—52 hervorgeht[5]). Dann aber gibt es Fälle, wo wirkliche Pfarrkirchen aus irgend welchen Gründen nicht für die Taufen

---

kirche) nec futuris temporibus baptisteria construantur nec presbyter constituatur cardinalis (= Pfarrgeistlicher); vergl. hierzu Stutz, Benefizialw. S. 218 f.; der Konvent zum Olvund in der Parochie S. Kolumba zu Köln hatte zwar ein eigenes Oratorium seu capella mit eigenem Priester, welcher die Messe zelebrierte und Beichte hörte, aber die Pfarrrechte wurden ausdrücklich vom Erzbischof vorenthalten, Urk. von 1309 bei J. Greving in Mitteilungen aus dem Kölner Stadtarchiv 1901, S. 151; vergl. auch Hinschius II, S. 266.

[1]) Vergl. Hinschius II, S. 265 und die vorhergehende Anmerkung.
[2]) Vergl. die Synodalbeschlüsse von Meaux und Paris von 845/46 bei Hefele 4, S. 116, Nr. 48 und das Verbot der Taufe in Klosterkirchen auf der fränkischen Synode nach 614 (Maassen S. 194 und Hefele 3, S. 71).
[3]) Boretius S. 34.
[4]) Boretius-Krause S. 410.
[5]) Hefele 4, S. 180.

der Katechumenen benutzt wurden. So herrschte in Aachen, wenigstens im späteren Mittelalter bis in die neuere Zeit hinein, die Sitte, alle Taufen in einer Kapelle des Münsters vollziehen zu lassen[1]), obwohl mehrere Pfarrkirchen vorhanden waren[2]). Auch in der Pfarrkirche zu Küchhoven, einer Filiale von Erkelenz, durfte in der Regel die Taufe nicht vorgenommen werden, sondern in der Mutterkirche[3]).

Wenn dagegen Hinschius der Meinung ist, dass es blosse Baptisterien ohne Pfarrwürde gäbe[4]), so ist uns ein solcher Fall weder in Deutschland noch anderweitig begegnet; denn dass der Taufbrunnen öfters in einer Nebenkapelle, die vielfach S. Johann dem Täufer geweiht wurde, gelegen war und noch heute ist[5]), kann hierbei nicht in Betracht kommen.

§ 5. Das Cimiterium oder die Sepultura.

Ein weiteres ebenso wichtiges Merkmal wie das baptiterium bildet das cimiterium (κοιμητήριον), die sepultura oder das Begräbnisrecht für die Pfarrkirche. Hierbei müssen wir länger verweilen, weil die Bedeutung der Kirchhöfe in diesem Zusammenhange noch nicht gewürdigt worden ist.

Im ersten Jahrhundert der christlichen Religion, bereits zur apostolischen Zeit, wurden über den Gräbern der ver-

---

[1]) R. Pick a. a. O. S. 15.
[2]) 1331 werden die universe ecclesie parochiales Aquenses genannt, vergl. H. Loersch, Aachener Rechtsdenkmäler 1871, S. 45.
[3]) Sauerland, Vatikan. Urkunden für das Rheinland II, 2377, a. 1340. In den italienischen Bischofsstädten Bologna, Florenz und Parma hatte sich der Gebrauch, nur im baptisterium der Kathedrale statt in den Pfarrkirchen taufen zu lassen, noch bis ins 19. Jahrhundert erhalten. Hinschius II, S. 281.
[4]) Hinschius II, S. 308.
[5]) In Köln z. B. in S. Gereon, S. Maria im Kapitol, S. Severin. Im allgemeinen vergl. Otte, Kirchl. Kunstarchäologie⁴, S. 16 ff. Das betreffende Baptisterium ist in solchen Fällen nur als Appendix der eigentl. Pfarrkirche anzusehen. Ueber Doppelkirchen vergl. unt. § 47.

storbenen Christen kirchliche Handlungen vorgenommen und zwar mit Vorliebe das Taufsakrament gespendet[1]). Dann gewöhnte man sich daran, die Gotteshäuser über den Gräbern der Märtyrer zu errichten[2]) oder wenigstens eine Reliquie derselben unter dem Altare aufzubewahren[3]). In beiden Fällen pflegten die Christen ihre Toten in der Nähe der irdischen Ueberreste ihrer grossen Vorbilder beizusetzen. Hierdurch unterschieden sich die Gläubigen offenkundig von den Heiden, welche ihre Toten meist verbrannten und die Asche an entlegenen Stellen in grossen Grabhügeln verbargen[4]). Die Christen aber, welche ebenfalls im Gegensatz zu dem heidnischen Einzelgrab das Prinzip der Gemeindefriedhöfe eingeführt hatten[5]), beerdigten die Leichen nicht nur um die Kirchen (Kirchhof) herum, seitdem jedes (bischöfl. konsekrierte) Gotteshaus Gebeine der Heiligen in sich barg, sondern in den geweihten Gebäuden selbst[6]), so dass schon die Aachener Synode von

---

[1]) S. Paulus im I. Korintherbrief Kap. 15, Vers 29.

[2]) Vergl. Gregorovius, Gesch. d. St. Rom I, S. 80; ferner Kreuzwald in Wetzer und Welte, Artikel „Kirchhof"; H. Merz in Herzogs Realenzyklopädie desgl.

[3]) Bereits in einer fränkischen Synode des 7. Jahrhunderts wurde befohlen, nur in solchen Kirchen, wo sich Heiligenleiber befinden, Altäre zu konsekrieren (Hefele 3, S. 70; Maassen S. 193), also nicht erst seit 787 (Nicaenum, Achelis, Prakt. Theologie S. 170) die Reliquien in den Kirchen vorgeschrieben. Nach Imbart de la Tour S. 47 war es bereits um 600 allgemeiner Brauch geworden, keine Kirche, keinen Altar ohne Heiligenreliquien zu konsekrieren. Vergl. ferner Möller, K.G. I, S. 530.

[4]) Capitulare Paderbrunnense a. 785, Nr. 7: Si quis corpus defuncti hominis secundum ritum paganorum flamma consumi fecerit .... und Nr. 22: Jubemus, ut corpora christianorum Saxanorum ad cimiteria ecclesiae deferantur et non ad tumulus paganorum.

[5]) Möller, K.G. I, S. 292 (schon für die altchristl. Zeit).

[6]) Vergl. Hincmar v. Rheims, „De ecclesiis et capellis" ed. Gaudentius in biblioth. juridica medii aevi II, S. 14: „ex quibus discimus morem iam tunc [scil. zur Zeit Augustins u. Gregors d. Gr.] fuisse in aecclesiis homines sepeliri ... sicut et aecclesia s. Petri iudicio est, in qua multa corpora hominum ... sepulta sunt".

809[1]), karolingische Kapitulare[2]) und die Mainzer Synode von 813 gegen den Missbrauch einschreiten mussten, letztere freilich das scharfe Verbot von 809 dahin abmilderte, dass nur besonders verdiente Personen das Grab innerhalb der Kirche erhalten sollten[3]).

Diese uralte Sitte der Christen, die Toten auf dem Kirchhof zu beerdigen, ist für die deutschen Gegenden so allgemein und regelmässig, dass Friedrich in seiner Kirchengeschichte Deutschlands sagen kann, wenn wir auf einen altchristlichen Friedhof stossen, muss auch das ehemalige Vorhandensein einer Kirche angenommen werden[4]).

Für uns kommt hier am meisten in Betracht, dass die öffentliche (d. h. für das Volk bestimmte) sepultura und das cimiterium im Mittelalter ganz ausschliesslich nur den Pfarrkirchen, bezw. den Kirchen mit eigenem seelsorgerlichen Sprengel zugestanden wurde. Einige Beispiele mögen dies veranschaulichen. In den umfangreichen Prozessakten des Pfarrarchivs von S. Maria im Kapitol über die Pfarrbesetzung von Klein S. Martin in Köln wird wiederholt die sepultura und das cimiterium als Kennzeichen der Pfarrkirche bezeugt. So heisst es z. B. in Betreff der früheren Pfarrkirche Peter-Paul „quod dicta ecclesia s. Noitburgis habuit baptisterium et

---

[1]) Mon. Germ. Leg. I, S. 161, c. 14, vergl. Hefele 3, S. 752.

[2]) Boretius S. 174, c. 20; S. 412, c. 153.

[3]) Hartzh. I, S. 412, c. 52: Nullus mortuus infra ecclesiam sepeliatur, nisi episcopi aut abbates aut digni presbyteri vel fideles laici. Bereits 527 hatte die Synode zu Dovin in Armenien das gemeinsame (allgemeine) Begräbnis in der Kirche verboten (Hefele 2, S. 718). Aehnlich lautet eine Bestimmung des Konzils zu Tribur von 895: ut nullus laicus in ecclesia sepeliatur ... nisi forte talis sit persona sacerdotis aut cuiuslibet iusti hominis (Boretius-Krause S. 222, vergl. ebd. S. 415, Kap. 72).

[4]) Friedrich I, S. 388. Auch unser deutscher Ausdruck „Kirchhof", welcher gleichbedeutend mit Friedhof gebraucht wird, weist darauf hin, dass die Beerdigungen regelmässig bei den Kirchen stattfanden.

sepulturam tamquam ecclesia parochialis"¹). In Betreff der Mutterkirche Maria im Kapitol wird bei einer anderen Gelegenheit ebendort gesagt „plebanus ecclesie s. Martini nunc bene recognoscit, quod iste locus est et esse debet parochialis tocius parochie, sed quando mortuos, qui merito hic sepeliri debent, ibidem (auf dem Kirchhof von S. Martin) sepelit, tunc non rocognoscit".²).

In Köln hatten alle 19 Pfarrkirchen ihre Cimiterien in und um das betreffende Gotteshaus³). Anderseits treffen wir bei denjenigen Stiftskirchen, aus welchen die Seelsorge in Filialkapellen als den nunmehrigen Pfarrkirchen übertragen war, nur ein in der Regel auf die Stiftsinsassen beschränktes Beerdigungsrecht in der Kollegiatkirche oder ihrem Kreuzgang⁴).

Die Pfarreingesessenen aber durften nur auf dem Kirchhof ihrer Parochie beigesetzt werden, wie wir unten weiter

---

¹) Rotulus 1, Art. 3, Aussage der Aebtissin.

²) Rotulus 2, Art. 4. Als Kaiser Lothar im Jahre 1132 das alte Pfarrecht von S. Servaz in Maastricht feststellt, weist er ausdrücklich darauf hin „quod omnes ... in parochia s. Servatii baptizari et sepeliri debent (Franquinet, Oorkonden ... van O. L. Vrouwekerk 1870, Nr. I).

³) Vergl. vorläufig von Mering, Die Bischöfe und Erzbischöfe von Köln etc. 1844 II, S. 287. Ueber das cimiterium und die sepultura in S. Kolumba zu Köln gibt Greving, Mitteilungen aus dem Stadtarchiv, Bd. XXX, S. 137 ff., interessante Aufschlüsse.

⁴) In einigen dieser früheren Kollegiatpfarrkirchen hatte sich allerdings ein teilweises Beerdigungsrecht der Pfarreingesessenen erhalten. So in Maria im Kapitol zu Köln (vergl. m. Aufsatz in Annalen des NRs. 74, S. 62), und in S. Caecilien (vergl. unt. Kap. 3, § 47). Nur in und um die uralte Märtyrerkirche S. Ursula wurde niemand, selbst die Stiftsjungfern und Kanoniker nicht, beerdigt (Rotul. 97 von S. Maria im Kap. und Akten des Pfarrarchivs von S. Ursula), sondern in und bei der zirka 350 Schritt entfernten alten Pfarrkirche S. Maria-Ablass. Dieser unter allen Stiftskirchen einzig vorliegende Fall ist in dem in der Klematianischen Inschrift niedergelegten Verbot begründet, keinen Toten auf der geweihten Stätte des Jungfrauenmartyriums zu beerdigen.

ausführen. Solche Toten allein, die keiner Parochie angehörten, weil sie fremd und heimatlos waren, fanden ihre Ruhestätte auf dem abseits gelegenen cimiterium exulum („Elendsfriedhof"[1]). Dagegen hatten Kapellen und Oratorien keine eigenen Kirchhöfe, während einzelne Kölner Konventualkirchen ein auf die Insassen des betreffenden Klosters beschränktes Beerdigungsrecht besassen, welches aber auch erst nach vorheriger bischöflicher bezw. päpstlicher Erlaubnis ausgeübt werden durfte[2]).

Im allgemeinen wurde schon im Anfang des 7. Jahrhunderts den Klöstern Taufe und Beerdigung für Nicht-Klosterinsassen verboten, wenn nicht eine besondere Erlaubnis von seiten des Bischofs vorlag[3]). Indessen ist anzunehmen, dass viele der älteren Benediktinerklöster Pfarrechte und Pfarrsprengel und deshalb auch Coemiterien besessen haben[4]), ander-

---

[1]) Es gab in Köln zwei solcher „Elendsfriedhöfe", einen (älteren) an der Nordostseite der Römermauer und einen in der Nähe des Katharinengrabens, welcher die erste (1106) Erweiterung der Römermauer nach Süden bildete (vergl. v. Meering a. a. O. I, S. 235).

[2]) So gestattete 1228 Gregor IX. allgemein den Magdalenenklöstern in Deutschland, ihre Angehörigen bei den Kirchen zu beerdigen (Doebner I, Nr. 105). In Köln erlaubte Erzbischof Heinrich 1313 dem Kloster S. Agatha ein coemiterium zu besitzen (Gelen, Farragines, Bd. 15, fol. 726).

[3]) Maassen, Conc. aevi Merow. S. 194, c. 5: Ut intra septa monastyrii (hier ist unter monasterium nur ein Kloster zu verstehen wegen des vorhergehenden Kanons über die monachi) non baptizetur nec missae defunctorum saecularium in monastyrio celebrentur nec saecularium corpora ibidem sepeliantur, forsitan permiso pontificis. Vergl. dazu Hefele 3, S. 71. Dass mitunter selbst die Mönche in der merow. Zeit bei der zuständigen Pfarrkirche beerdigt wurden, zeigt das coenobium Laubiense und die ecclesia parochialis ss. Ursmari et Ermini (Gesta episc. Camerac. M.G. Scr. 7, S. 464).

[4]) Vergl. Boretius-Krause S. 221 f., c. 15a: mortuum sepelire sane non in alio loco nisi apud ecclesiam, ubi sedes est episcopi, si fieri potest, determinatum est. Quodsi non, ad eandem ecclesiam, ubi decimationem persolvebat vivens, vel ubi canonicorum seu monachorum vel sanctimonialium s. congregatio degit, mortuus sepeliatur. Dass tat-

seits wird seit 1098 durch besondere päpstliche Schirmbullen auch Klöstern ohne Pfarrechte gestattet, alle nicht excommunizierten Personen auf Wunsch in ihrem Gottesacker zu bestatten[1]).

Wenn aber im übrigen ein neues Gotteshaus mit eigener **Pfarrseelsorge** oder eine neue Pfarrkirche errichtet wurde, so erhielt diese das Begräbnisrecht für den betreffenden Sprengel, falls überhaupt, so erst durch besondere Konzession der Mutterkirche[2]) oder durch Uebertragung von seiten des Bischofs[3]) oder durch päpstliche Privilegien[4]).

---

sächlich zu manchen älteren Benediktinerklöstern Pfarrsprengel gehört haben, lässt sich nachweisen aus Mansi 14, 907 (conc. Mogunt. a. 847), ferner z. B. Urkb. des Hochstiftes Halberstadt I, 118, a. 1096: B. Herrand gibt dem Abte von Hillersleben die cura animarum per totam villam; ferner Urkb. des Hochstiftes Hildesheim I, 67 (12. Jahrhundert). Ueber Brauweiler vergl. Thomas, Gesch. d. Pfarre S. Mauritius S. 36 f. Trotz des Dekretes Urbans III. von 1186 (c. IX, de capellis monachorum III, 37) wurde zu Köln gerade im spät. M.A. bis zirka 1800 an zwei Pfarreien die Seelsorge durch Benediktiner ausgeübt (in S. Brigiden u. S. Mauritius).

[1]) Bossert, Württemb. K.G. S. 126.

[2]) So überliess 1219 die Peterspfarre zu Basel der dortigen Johanniterkirche unter gewissen Bedingungen das Parochialrecht in einem bestimmten Sprengel und zwar das „ius baptizandi et sepeliendi et alia sacramenta conferendi" (Baseler Urkb. I, S. 64); ebenso 1232 S. Andreas in Köln dem neugegründeten Dominikanerkloster das Begräbnisrecht (ANR 38 Nr. 12, S. 12); ähnlich 1265 in Quedlinburg, s. S. 16, n. 2. Als dagegen 1178 zu Altenburg in Nassau mit Erlaubnis des Inhabers der dortigen Parochie eine Klosterkirche erbaut und geweiht war, erhielt sie nicht einmal das Recht, dass die Klosterdienstleute bei oder in der Kirche beerdigt werden durften (Nassauer Urkb. I, S. 197). Das Kloster Oelinghausen in Westfalen durfte nur diejenigen seiner Dienstleute auf dem Klosterkirchhof beerdigen, welche „infra ambitum eiusdem celle" wohnten, die, welche nicht in diesem Bereiche (Klostermauer?) ansässig waren, mussten auf dem Kirchhof der Mutterkirche zu Hüsten beerdigt werden, wenn nicht der dortige Pfarrer davon dispensierte (Seibertz I, Urk. 79 von 1179).

[3]) So bei dem von B. Meinwerk in Paderborn erbauten Benediktinerkloster (Erhard, Urk. 139 von 1039); beim Marienmünster in Worms (Boos, Urkb. I, S. 322).

[4]) Beim Makkabäerkloster in Köln a. 1201 (ANR 38, S. 2).

Wird eine grössere Parochie an mehrere Pfarrkirchen verteilt, so wirkt mitunter gerade der Umstand mit, dass der einzige Friedhof der Mutterkirche nicht mehr ausreicht. So heisst es 1190—92, dass bei Errichtung mehrerer Parochien an Stelle der einen Lambertikirche in Münster nächst dem Gedanken an bessere Seelsorge der Wunsch nach bequemerer Beerdigung der Toten auf mehreren Friedhöfen massgebend gewesen sei [1]). Dass die „sepultura" das vorzüglichste Recht einer neuen Parochie war, zeigt die Urkunde von 1134 für die Prämonstratenser-Kanonichenabtei Knechtsteden, in welcher Erzbischof Bruno II. der letzteren die Pfarrwürde verleiht mit dem Ausdruck „baptismalem ecclesiam facere" und diesen näher erläutert durch die Bestimmung, dass den Pfarreingesessenen die „sepultura cum universis sacramentis" zu teil werden solle (Lac. I, 319); ferner besonders auch eine Urkunde von 1265 aus Quedlinburg. Damals erhielt die dortige Hospitalkirche Parochialrechte. An erster Stelle wird hier die „libera sepultura" namhaft gemacht [2]). Anderseits wurde der Hospitalkirche zu Oppenheim 1280 die Befugnis der Seelsorge und Austeilung aller Sakramente über die Kranken und Ministerialen des Spitals zugestanden, dagegen das Begräbnisrecht ausdrücklich vorenthalten (Würdtw. Diöc. I, S. 376). Bemerkenswert ist auch, dass Bischof Godfried von Passau, als er 1283—85 die Filialkirche Paasdorf von der Mutterkirche in Mittelbach eximierte und dem Offizianten die selbständige collatio sacramentorum überwies, ausdrücklich die sepultura der Mutterkirche vorbehielt (Archiv für österr. Geschichtsqu. II, S. 258 ff.). Erst wenn eine Kirche die vollen Pfarrechte erhielt, wurde ihr auch hier die sepultura zu-

---

[1]) „ut ... corpora defunctorum, que uno claudi cimiterio non poterant, pluribus cimiteriis commodius applicarent" (Erhard, Urk. Nr. 507).

[2]) Quedlinb. Urkb. II, 1 Nr. 42, auch hier erteilt die Mutterkirche nur unter gewissen Bedingungen das Begräbnisrecht.

gestanden (a. a. O.)¹). Wie sehr die einzelnen Pfarrer auf die Innehaltung des Sepulcralrechtes für ihren Sprengel bedacht waren, zeigt besonders der grosse Streit der Parochialgeistlichen gegen die Mönchsorden im 13. und 14. Jahrhundert²), der auch in Köln heftig entbrannte, und zwar in erster Linie — in Köln ausschliesslich — über die Sepultura bezw. die Funeralien³). Auch sonst haben wir Beweise dafür. Als z. B. der Leichnam des Malers Heffenmeyer 1414 von seiner Witwe innerhalb der Immunität von S. Cäcilien statt auf dem Kirchhof seiner Parochie S. Peter beigesetzt worden war, verbot der erzbischöfliche Offizial auf Ersuchen des Pfarrers von S. Peter die Abhaltung von Exequien wegen Schädigung des zuständigen Pfarrers⁴).

Besonders betonen aber müssen wir hier, dass mit der sepultura oder dem cimiterium einer Kirche regelmässig ein fest umgrenzter Sprengel verbunden ist⁵). Als z. B. 1075 von Bischof Egilbert von Minden der dortigen Johannes-(Markt-)Kirche das Begräbnisrecht wieder zuerteilt wurde, welches ihr von Bischof Sigebert (1022—1036) entzogen worden war, bestimmte er genau den Sprengel der Kirche (a monte s. Marie usque ad minorem piscinam)⁶). Ja in strittigen Fällen erkannte man geradezu die rechtliche Zugehörigkeit einer Gegend zu der einen oder anderen Parochie daran, wo die Bewohner beerdigt wurden⁷). Wie zähe sich die sepultura

---

¹) Vergl. auch Migne patrol. 157, Sp. 425 a. 1079: sic forte praefata capella ... mater ecclesia fieret, baptisterium et liberam sepulturam haberet.

²) Vergl. C. Paulus, Welt- u. Ordensklerus beim Ausgang des 13. Jahrhunderts im Kampf um die Pfarrrechte, Essen 1900, beschäftigt sich aber meist mit französischen Zuständen.

³) Umfangreiche Urkunden im Pfarrarchiv von S. Kolumba, die Regesten werden demnächst veröffentlicht.

⁴) Tille, Archivinventare II, Kreis Heinsberg, S. 185.

⁵) Die Cimiterien der Mendikanten etc. Orden des späteren Mittelalters kommen für unsere Untersuchung nicht in Betracht.

⁶) Würdtw. subsid. diplom., Bd. 6, S. 310.

⁷) Als im Jahre 1257 zu Strassburg ein solcher Streit zwischen

bei Pfarrkirchen erhielt und wie gerade mit derselben der Hinweis auf die (ehemalige) Pfarrwürde gegeben ist, dies veranschaulicht kein Beispiel deutlicher als das des Kirchspiels Christenberg bei Marburg. Die dortige frühmittelalterliche Kapelle, fernab im Waldgebirge gelegen, war Pfarrkirche für eine Reihe von umliegenden Dörfern. Die Leichen wurden aus allen diesen trotz der Beschwerden des oft stundenweiten Wegs auf den steilen Kirchhof gebracht. Später liess das veränderte Kirchenregiment die ehemalige Pfarrkirche veröden, indem weder ein Geistlicher dort wohnte noch wenigstens sonntäglicher Gottesdienst abgehalten wurde. Aber selbst die Dörfer, welche nun ihre eigenen Pfarrkirchen erhielten, bringen trotzdem bis heute noch ihre Toten auf den Friedhof der alten Kapelle und bezeugen damit die verschwundene Würde ihrer ehemaligen Pfarrkirche[1]). Aehnlich verhält es sich mit der vielbesungenen Würmlinger „Kapelle" zwischen Tübingen und Rottenburg, welche, auf einsamem Berggipfel gelegen, durch ihren noch heute im Gebrauch befindlichen Kirchhof die frühere Pfarrwürde für die Würmlinger Parochie bezeugt[2]).

Zusammenfassend können wir sagen: bei einfachen Kapellen oder Oratorien, welche weder eigenen Seelsorgebezirk

---

dem Pfarrvikar von S. Aurelien und dem Kustos von S. Arbogast, als dem Seelsorger der Parochie von S. Arbogast, über eine gewisse Stadtgegend ausgebrochen war, entschied Bischof Heinrich danach, wo die betreffenden Bewohner „ecclesiastica sacramenta et sepulturam receperint" (Strassb. Urkb. I, 415).

[1]) Vergl. W. Kolbe-Heldmann, Der Christenberg im Burgwalde, Marburg 1895, besonders S. 52.

[2]) In der Tat wohnte noch im 16. Jahrhundert der Pfarrer hoch oben neben der „Kapelle", welche damals noch als Pfarrkirche benützt wurde (Beschreibung des Oberamtes Rottenburg, hrg. v. k. statist. Landesamt 1899, II, 787 u. 402). Ebenso gehört hierher die Stülchenkapelle im freien Felde bei Rottenburg, deren alter Friedhof noch heute im Gebrauche ist und die früher Pfarrkirche war, wie auch das dortige Baptisterium bezeugt (vergl. a. a. O., Bd. I, 85; den Hinweis auf die angeführten Stellen verdanke ich Herrn Prof. F. X. Funk zu Tübingen), s. auch Bossert, Württb. K.G. S. 3.

noch Parochialrechte besitzen, treffen wir im Mittelalter regelmässig keine Friedhöfe an[1]).

Wohl aber gibt es wirkliche Stadtpfarrkirchen (ecclesie parochiales), welche kein eigenes cimiterium besitzen, sondern das einer älteren Mutterkirche mitbenutzen. So begegnen uns z. B. in Werden a. d. Ruhr die Pfarrkirchen S. Clemens und S. Lucius (ecclesie parochiales de Fonte et Nova ecclesia), die Toten ihrer Sprengel aber mussten noch im 15. Jahrhundert auf dem einzigen Friedhof der Mutterkirche S. Liutger beigesetzt werden[2]). Aehnlich war es in Essen, wo die Plebane von S. Johann und S. Gertrud alle Leichen auf den Friedhof des Münsters als der Mutterkirche zu bringen hatten[3]).

§ 6. Das Zehntrecht.

Wenn die bisherigen Merkmale der Pfarrkirchen mehr oder weniger schon auf das Vorhandensein von Pfarrsprengeln hin-

---

[1]) Selbst wenn einzelne Hospitalkirchen in grösseren Städten eigene Cimiterien besitzen, so ist dem betreffenden Hospitalgeistlichen doch ausdrücklich die cura über die Insassen, oder über einen bezeichneten Sprengel bezw. über die Armen und Fremden zugewiesen worden. So erhielt z. B. die Hospitalkirche S. Johann in Quedlinburg 1139 die sepultura und cura pauperum mit eigenem Priester überwiesen (Quedlinb. Urkb. II, 1 Nr. 13; vergl. Nr. 16 von 1174). Ueber die grösseren Spitäler des späteren Mittelalters und ihre Parochialrechte vergl. Uhlhorn, Christl. Liebestätigkeit II, S. 234 ff. Wenn Imbart S. 170 darauf hinweist, dass die sepultura der Parochianen auch bei Kapellen ohne Pfarrwürde geschah, so sind darunter entferntere Filialen einer Taufkirche zu verstehen, welche in der Ausbildung zu Pfarrkirchen 2. Grades begriffen waren und zunächst einzelne Pfarrrechte bedingungsweise zugestanden erhielten (vgl. die interess. Stelle bei Hincmar, De ecclesiis et capellis: in cuius capellae circuitu saepes sit ... et tantum atrii habeat, ubi pauperculi, qui suos mortuos longius efferre non possunt, eosdem ibi sepelire valeant etc.).

[2]) Vergl. Jacobs in Werdener Beiträge 1892, S. 33 ff.; ferner Lac. I, 262 u. Urk. vom 22. März 1401 auf dem Düsseldorfer Staatsarchiv.

[3]) Arens, Lib. ordinarius S. 73 f. in Essener Beiträge 14, S. 145.

deuteten, so ist dies ganz besonders bei dem nunmehr zu besprechenden Kennzeichen der Pfarrkirchen der Fall: dem Zehntrecht.

Die Sitte, nach alttestamentlichem Vorbilde [1]) zum Unterhalte des Klerus den Zehnten an die Kirche zu entrichten, ist schon im 4. Jahrhundert nachweisbar [2]).

Im Abendland und besonders im Frankenreiche wurde ebenfalls schon lange vor Karl dem Grossen, dem man gewöhnlich das erste Zehntgebot zuschreibt [3]), die Zehntabgabe, wenn auch nur mit teilweisem Erfolge, verlangt [4]). So schärfte schon die Synode von Macon im Jahre 585 die Zehntabgabe neu ein [5]).

Pippin und besonders Karl d. Gr. haben dann das bis

---

[1]) Den ersten Zehnten (מַעֲשֵׂר) gab Abraham dem Priesterkönig Melchizedek (Genes. 14, 20); der allgemeine Zehnte an die Priester wird bezeugt in Numeri 18, 25—32.

[2]) F. X. Kraus, K.G. § 47, 5. Vergl. den Brief des hl. Hieronymus an den Priester Nepotianus (Migne 22, 531) ... als Levit und Priester lebe ich von den Zehnten ...

[3]) P. Stephan führt 891 richtig nur den rationellen Zehntzwang auf Karl d. Gr. zurück, Qu. I, S. 457: decime ... que ... a tempore Caroli Magni quondam imperatoris rationabiliter dari canoniceque posci ... solite sunt.

[4]) Ueber die rein kirchlichen Gebote und deren Erfolg vergl. Loening II, S. 676—680.

[5]) Nach Hauck, K.G. I², S. 137 wäre das kirchliche Zehntgebot erst in der 2. Hälfte des 6. Jahrhunderts aufgekommen. Bis dahin sei die Zehntleistung nicht üblich gewesen, die Synode von Macon habe sich nur auf die alttestamentliche Vorschrift berufen. Das ist wohl ein Irrtum; für das erstere vergl. F. X. Kraus, K.G. § 47, 5; für das zweite genügt der Wortlaut der Synode (Maassen S. 169): Legis itaque divinae consolentes sacerdotibus ac ministris ecclesiarum ... preciperunt decimas fructuum suorum locis sacris praestare ..., quas legis Christianorum congeries longis temporibus custodivit intemeratas. Nunc autem paulatim praevaricatores legum peni Christiani omnes ostenduntur ... unde ... decernimus, ut mos antiquus a fidelibus reparetur et decimas ecclesiasticis famulantibus ceremoniis populos omnis inferat, quas sacerdotes aut in pauperum usibus aut captivorum redemptionem ... impetrent. Bereits vor dieser Synode hat ein Hirtenbrief der Bischöfe der Provinz Tours (a. 567) die Franken an die Zehntentrichtung ermahnt (Maassen S. 137).

dahin rein kirchliche Zehntgebot für ihr Reich durch die Staatsgewalt unterstützt[1]) bezw. zum Staatsgesetz erhoben und damit den Zehntzwang eingeführt[2]). Dasselbe taten die nachfolgenden fränkischen Herrscher[3]).

Der Zehnte diente in früherer Zeit zur Loskaufung der Gefangenen, zur Verteilung unter die Armen und zum Unterhalt des Klerus[4]). In späteren Verordnungen wird gesagt, dass die Pfarrpriester den Zehnten verwenden sollen „ad restaurationem ecclesiarum et luminaria et hospitum ac pauperum receptionem"[5]).

Von grosser Wichtigkeit ist nun für uns, dass schon zur Zeit Karls d. Gr. allein die Tauf- oder Pfarrkirchen im Besitze des Zehntrechtes erscheinen. In zwei karolingischen Kapitularen von 803 werden als zehntberechtigt nur die ecclesiae baptismales genannt[6]). Ebenso verordnet der 19. Kanon

---

[1]) Kap. 17 (Boretius S. 42): Sic previdere faciatis et ordinare de verbo nostro, ut unusquisque homo, aut vellet aut nollet, suam decimam donet. Vergl. ferner Stutz, Benefizw. S. 240, n. 13.

[2]) Vergl. Stutz, a. a. O. S. 240 ff. u. Hauck, K.G. II², S. 223 ff. Von den zahlreichen bekannten Stellen heben wir nur einige hervor; Boretius S. 189, c. 9: ut unusquisque suam decimam ad ecclesiam offerat, sicut mos vel sacra consuetudo esse dinoscitur; S. 48, c. 7: ut unusquisque suam decimam donet atque per jussionem episcopi dispensentur; S. 178, c. 10: ut terminum habeat unaquaeque aecclesia, de quibus villis decimas recipiat.

[3]) Vergl. c. 5—7 Hludowici et Hlotharii (Leg. I, S. 350): quicunque decimam abstrahit de ecclesia, ad quam per iustitiam dari debet ... distringatur, ut eiusdem decimae quantitatem cum sua lege restituat.

[4]) Vergl. schon die Bestimmungen der Synode zu Macon von 585, s. vorhergehende Seite n. 5.

[5]) Boretius S. 106, c. 7, a. 802 (?); ferner Additam. ad capitularia regum Franciae c. 78, a. 845, Boretius-Krause S. 420. Allgemeiner conc. Turon. (813) c. 16 (Mansi 14, col. 85).

[6]) Kap. 2 ad Salz (Boretius S. 119): De decimis: ubi antiquitus fuerunt ecclesiae baptismales et devotio facta fuit, iuxta quod episcopus ipsius parochiae ordinaverit, omnimodis fiant donatae...; ferner Kap. 11 Langob. (Leg. I, S. 110): De decimis vero, que a populo in plebibus (= Pfarrkirche) vel baptismalibus aecclesiis offeruntur, nulla exinde pars maiori

der Synode zu Chalon von 813, dass den Taufkirchen der Zehnte zu entrichten sei[1]). Dasselbe geht anschaulich hervor aus Kap. 11 Ludwigs II. (845—50), in welchem es heisst, dass nur denjenigen Kirchen der Zehnte zu entrichten sei „ubi baptismum et praedicationem et manus impositionem et alia Christi sacramenta percipiunt", nicht aber beliebigen Gotteshäusern, selbst nicht den [nicht mit Pfarrrechten ausgestatteten[2])] Eigenkirchen und ihren Klerikern[3]). Leo IV. (847—855) und noch Paschalis II. (1099—1118) sagen ausdrücklich, dass nur die Pfarrkirchen Bezehntungsrecht ausüben dürfen[4]). Bei der Gründung von neuen Kirchen und Klöstern innerhalb eines Pfarrsprengels erscheint der Zehnte regelmässig der Mutterkirche vorbehalten[5]). Selbst dem Bischof und seiner Kathedrale wird vielfach jedes Recht auf einen Teil des den einzelnen Pfarrkirchen zustehenden Zehntens abgesprochen[6]).

Im späteren Mittelalter kamen freilich die Zehnten viel-

---

aecclesiae vel episcopo inferatur. Vergl. auch Kap. Ital. a. 832 (Boretius-Krause S. 64, 25).

[1]) Familiae ibi dent decimas suas, ubi infantes eorum baptizentur et ubi per totum anni circulum missas audiunt.

[2]) Vergl. darüber Stutz, Benefizw. S. 243.

[3]) Boretius-Krause S. 82.

[4]) Plebibus tantum, ubi sacrosancta dantur baptismata, deberi [decimas]: Jaffé² 2599, c. 45 C. XVI qu. 1. Ueber die Bedeutung von plebs = Pfarrkirche s. unt. Kap. 2, § 13.

[5]) Vergl. c. 3 ad Salz (Boretius S. 119) a. 803/4: Quicunque voluerit in sua proprietate ecclesiam aedificare, una cum consensu et voluntate episcopi ... licentiam habeat. Verum tamen ... alias ecclesias antiquiores ... nullatenus earum iustitiam aut decimam perdant, sed semper ad antiquiores ecclesias persolvantur; ferner cap. e canon. excerp. (813) c. 19 (Boretius S. 174): Ut ecclesiae antiquitus constitutae nec decima nec alia ulla possessione priventur, ita ut novis tribuatur ecclesiis. Im einzelnen wird z. B. 1178 bei der Einweihung der Klosterkirche von Altenburg bei Wetzlar ausdrücklich das Zehntrecht der Pfarrkirche vorbehalten (Guden c. d. I, p. 269). Vergl. ferner Imbart S. 148 ff. und 170.

[6]) Vergl. S. 21, n. 6: c. Langob. 11; ferner Stutz, Benefizialw. S. 242, n. 22.

fach den Pfarrkirchen durch Verpfändung, Pacht und Kauf etc. abhanden, anderseits finden wir sie aus demselben Grunde bei Nichtpfarrkirchen, Klöstern und in rein weltlichen Händen, so dass dann erst eine besondere Untersuchung die Herkunft des Zehnten erweisen muss[1]).

§ 7. Der Pfarrsprengel.

Der Zehntzwang hat vor allem ein wichtiges Merkmal der Pfarrkirche zwar nicht hervorgerufen, wohl aber zur weiteren Ausgestaltung gebracht: den Pfarrsprengel[2]). Schon oben S. 21, n. 2 erwähnten wir das karolingische Kapitulare von zirka 810, worin befohlen wird, dass bei jeder Pfarrkirche ein gewisses Gebiet (terminus) umschrieben werde, dessen Bewohner zehntpflichtig seien. Diese Verordnung aber darf man weder so verstehen, als ob jetzt erst den einzelnen Pfarrkirchen ihre Bereiche zugewiesen worden wären, noch auch in dem Sinne, dass damals alle bestehenden Pfarreien genau abgegrenzt seien[3]).

Bereits frühere Synodalbeschlüsse weisen unzweideutig darauf hin, dass zu den einzelnen Pfarrkirchen ein mehr oder weniger genau umschriebenes Gebiet gehörte. Bekannt ist die Bestimmung des Konzils von Agde im Jahre 506: „si quis etiam extra parochias, in quibus legitimus est ordinarius conventus, oratorium in agro habere voluerit" ... so soll er die hohen christlichen Feste doch nur feiern „in civitatibus aut parochiis"[4]). Hieraus geht hervor, wie es für bestimmt umgrenzte Landbezirke vorgeschriebene Mittelpunkte des Gottesdienstes und der Seelsorge gab; wurde innerhalb eines

---

[1]) Vergl. Imbart S. 171.
[2]) Vergl. Stutz, Benefizw. S. 240, n. 17.
[3]) So z. B. Dr. Jacobs in den Werdener Beiträgen 1892, S. 27, Kap. 2.
[4]) Corpus jur. can. c. 35, Dist. I de cons. Vergl. Stutz a. a. O., S. 67, n. 12; Hefele II, S. 654.

solchen Sprengels ein Bethaus errichtet, so waren die betreffenden Bewohner nichtsdestoweniger verpflichtet, an den hohen Festen ihre Pfarrkirche aufzusuchen[1]).

Ebenfalls ins 6. Jahrhundert gehört jene Notiz Gregors von Tours, dass in einem Gau von Nimes 15 Pfarrsprengel waren, über welche ein Bischof gesetzt werden sollte[2]). Auch aus dem 8. Kanon des Concil. Epaon. von 517 geht das Vorhandensein einer Pfarrumschreibung hervor[3]). Und wenn das 32. Kap. der erweiterten Regel Chrodegangs vorschreibt „in unoquoque anno tribus vicibus, id est in tribus quadragesimis populus fidelis suam confessionem suo sacerdoti faciat"[4]), so kann dies nur dahin verstanden werden, dass der Tätigkeit des betreffenden Seelsorgers ein bestimmter Sprengel zugehörig war, dessen Bewohner ihn als ihren allein in Betracht kommenden [Pfarr-] Priester anzusehen hatten.

Deutlich tritt auch das Vorhandensein von Pfarrsprengeln hervor in dem Schreiben des Papstes Zacharias an Bonifaz vom Jahre 747 über die „clerici, qui praefiniuntur parochiis"[5]); oder wenn es auf den bayrischen Provinzialsynoden von zirka 800 heisst „ut qui monachico voto est constitutus, nullo modo parochiam tenet"[6]). Am klarsten ist es in der epistola

---

[1]) Vergl. dazu auch Hinschius II, S. 264.

[2]) Gregor V, 5 „.... apud Arisitensim vicum episcopus instituetur, habens sub se plus minus dioceses quindecim, quas primum quidem Gothi tenuerant", vergl. Imbart de la Tour „les paroisses rurales" S. 11 ff.

[3]) presbyter dum diocesim tenet (Maassen S. 21).

[4]) Hartzheim S. 106.

[5]) Ebd. S. 80. Vergl. dazu das Schreiben Gregors II. an Bonifatius von 731 (Hartzheim S. 36): „ut consideratis locorum spatiis juxta gehennationem unius cuiusque ducis episcopia disponatis et subjacentia singulis sedibus terminetis".

[6]) Stutz S. 214. Dass die Pfarrkirchen schon seit alters ihre [Dezimations]-Sprengel besassen, geht auch aus dem 41. Kanon der Mainzer Synode von 813 (Hartzheim I, S. 412) hervor: „ecclesiae antiquitus constitutae nec decimis nec alliis possessionibus priventur, ita ut novis oratoriis tribuantur".

Theodulfi von a. 797 c. 14: Nullus presbyter fidelibus s. Dei ecclesiae de alterius presbyteri parochia persuadeat, ut ad suam ecclesiam concurrant (Mansi 13, S. 998, vergl. Hinschius II, S. 267, n. 2). Ein hervorragendes Beispiel der genauen Grenzbeschreibung eines Landpfarrsprengels vor dem Jahre 809 finden wir zum Jahre 805 bei Würdtwein, Dioecesis Mogunt. I, S. 470 für die Pfarrkirche zu Heppenheim, die betreffende Urkunde, auf einem Stein der Kirche eingemeisselt, trägt in allen ihren Teilen durchaus den Stempel der Gleichzeitigkeit.

Wenn wir hiermit hinlänglich erwiesen haben, dass es schon lange vor dem karolingischen Kapitulare von 810 eine Pfarreinteilung in den Diözesen gab, so sehen wir anderseits, dass auch nachher geraume Zeit hin, ja bis ins späte Mittelalter hinein einzelne Parochien nicht genau gegen die benachbarten Pfarreien abgegrenzt waren. Kommt es doch vor, dass selbst alte Bistumssprengel, wie Salzburg und Aquileja etc. noch im 9. Jahrhundert über die Zugehörigkeit gewisser Gebiete im Streite lagen[1]).

Mitunter verwischten sich auch im Laufe der Zeit die schon früher festgesetzten Grenzen. So war z. B. im Jahre 838 ein heftiger Streit über den seit alter Zeit bestehenden Sprengel von S. Maximin in Toul, welchen die suburbanen Pfarrkirchen unter sich verteilen wollten, Bischof Frothar musste die Grenzen neu bestimmen[2]); ferner war 896 der Bezirk der Pfarrkirche S. Michael zu Merisch (Diöz. Trier) bereits fest umgrenzt (ne anterior vel antiquior terminacio s. videlicet Michaelis ob hoc mutilari videatur[3]). Im Jahre 960 aber finden wir, dass aus Nachlässigkeit und widrigen Zeitumständen dem Pfarrsprengel einzelne Gebiete abhanden

---

[1]) Hartzheim I, S. 400. Weitere Grenzstreitigkeiten über bischöfliche Diözesen führt Ketterer, Karl d. Grosse u. die Kirche S. 142, n. 8 an.
[2]) Hartzheim II, S. 137.
[3]) Beyer I, 141, S. 206 f.

gekommen und die Grenzen nicht mehr bekannt waren. Infolge dessen musste Erzbischof Heinrich von Trier in dem genannten Jahre eine neue genaue Umschreibung der Parochie vornehmen[1]. Aus ähnlichen Gründen wird wohl Bischof Adalbert von Worms im Jahre 1080 die Grenzen der zum Paulusstift gehörigen Stadtpfarrei, welche bereits von seinen Vorgängern umschrieben waren (quod civitatem nostram ab ipsis divisam in quatuor accepimus barrochias), bis in alle Einzelheiten genau bestimmt haben[2]. Streitigkeiten über die Pfarrgrenzen kommen wiederholt vor. So entstand um 1300 ein grosser Prozess zwischen den Parochialkirchen zu Harthausen und Erbach, welcher von dem bischöflichen Gericht zu Konstanz entschieden wurde[3]. Besonders in den Städten begegnen wir Streitigkeiten in Fällen, wo die einzelnen Parochien nicht genau gegeneinander abgegrenzt oder die Grenzen verwischt waren. Es mag dies wohl vielfach mit dem Wachstum der Bevölkerung zusammenhängen, wenn ursprünglich unbebaute Stadtviertel, deren Parochialzugehörigkeit bis dahin belanglos war und sich deshalb keine Ueberlieferung darüber erhalten hatte, später mehr bevölkert wurden. So konnte erst 1147 von Bischof Philipp von Osnabrück ein sehr alter Zwist (fuit quondam et usque ad tempora nostra perduravit . . . quedam gravis pestis discordie) zwischen dem dortigen Domkapitel und dem S. Johannisstift über die Grenzen der zugehörigen Paro-

---

[1] Hontheim, Hist. Trev. I, S. 290: ... Ego Henricus ... Treverice sedis presul adveniens in villam Marisch terminationemque s. matris ecclesie in eadem villa constructe multis annorum curriculis ascriptam requirens, maxima ex parte in diebus antecessoris mei huc illucque decisam, negligentiaque subtractam repperi .... Descriptio itaque terminationis haec est: a Merlebach usque ad .... etc. Hierher gehört auch die Urk. von 948(?) (Hess, Urkb. v. S. Severin 3 u. Lac. I, 102), in welcher der Sprengel von S. Severin in Köln neu umschrieben wird. Vergl. dazu die scharfsinnige Untersuchung von Oppermann in Westd. Zeitschr. 1902, S. 40 ff.
[2] Wormser Urkb. I, 57, S. 49.
[3] Ulmer Urkb. I, S. 282 ff.

chien durch genauere Abteilung der betreffenden Gebiete beigelegt werden. Der Streit war hier vornehmlich über diejenigen Domministerialen entstanden, welche in der Johannesparochie wohnten. Naturgemäss hätten dieselben zu derjenigen Pfarrei gehört, in welcher sie ansässig waren. Aber das Domkapitel erhielt zur endlichen Beilegung des Streites diese Familien für seine Parochie zugewiesen[1]). Im mittelalterlichen Köln waren ebenfalls die Pfarrgrenzen nicht überall und zu allen Zeiten deutlich unterschieden. So wird das Gebiet der Corpus-Christi-Kapelle bald zu der Parochie S. Christoph, bald zu Maria-Ablass gerechnet[2]). Zwischen dem Kirchspiel S. Aposteln und S. Mauritius kam es noch im 18. Jahrhundert zu einem langwierigen Streit über die Zugehörigkeit des Reinoldiklosters zu dem einen oder anderen Pfarrsprengel[3]).

Ja, aus der sessio 24, Kanon 13 des Trienter Konzils ersehen wir, dass es noch mancherorts Stadtpfarreien ohne genau bestimmte Grenzen gab: In iis quoque civitatibus ac locis, ubi parochiales ecclesiae certos non habent fines nec earum rectores proprium populum ... Auch wird mitunter das Gebiet einer Parochie auf gütliche Weise zu Gunsten einer anderen verändert[4]).

---

[1]) Erhard, Urk. Nr. 261, S. 48 f. Wenn Hinschius II, S. 279, n. 4 diesen Streit dafür ins Feld führt, dass auch in Osnabrück die Pfarreinteilung nicht höher hinaufreicht, so ist dies nicht statthaft. Auch Philippi, Zur Gesch. der Osnabrücker Stadtverfassung, Hansische Gesch.bl. 1889, S. 164 scheint eine frühere Entstehung der „Johannislaischaft" anzunehmen. Die Auffassung Kelleters in der Mevissenfestschrift S. 232 ist verfehlt: „die haus- und hofhäbigen Ackerleute" sind nicht, wie Kelleter meint, andere Personen als die Ministerialen, sondern nur diese, im übrigen aber sind beide „Parochien" deutlich abgeteilt. Ueber Personalpfarren s. unten S. 28.

[2]) So heisst es in einer Orig.-Perg.-Urk. von 1404 „capella Sacramenti in civitate Colon. intra parochie s. Christofori .. limites" (Urk. 7242ᵃ des Stadtarchivs) und in einer Orig.-Perg.-Urk. von 1421 (no. 9792): „asserens capellam corporis Christi sitam infra muros civitatis Colon. in parochia b. Marie Indulgentiarum".

[3]) Vergl. ANR 71, S. 178, Nr. 7.

[4]) Z. B. 1231 in Hildesheim, wo Bischof Konrad die Pfarrgrenzen

Die alten Mauern der Römerstädte aber bildeten ebensowenig wie die mittelalterlichen Befestigungen eine notwendige Grenze für die Stadtpfarreien, vielmehr erstreckten sich diese häufig weit über die Mauern hinaus. Dies erkennen wir an dem Sprengel der ehemaligen Bonner Dietkirche[1], der dortigen Kirchen S. Martin und S. Gangolph[2], an S. Aposteln und Klein S. Martin (Maria im Kapitol) zu Köln[3], an S. Salvator zu Duisburg[4], S. Marien zu Bremen[5], S. Johann zu Osnabrück[6]. S. Viktor zu Xanten (Binterim u. Mooren III, 57) u. a.

§ 8. Personalpfarren.

Schliesslich hat es auch solche Stadtpfarreien gegeben, deren Glieder grundsätzlich nicht innerhalb eines räumlich abgegrenzten Sprengels, sondern über mehrere andere Parochien zerstreut wohnen konnten. Wir nennen sie Personalpfarren. Einen Ansatz zu einer solchen sahen wir deutlich in Osnabrück, wo 1147 die Domministerialen auch aus der Johannesparochie der Dompfarre überwiesen wurden[7]. In Köln war seit alters[8] S. Maria in Pasculo (im Pesch) an der nördlichen

---

von S. Andreas zu Gunsten der Kanoniker von S. Johann vermindert (Würdtw. nova subsidia I, S. 299).

[1] Vergl. R. Pick, Gesch. der Stiftskirche zu Bonn 1884, S. 22 ff.
[2] Maassen, Gesch. der Pfarreien des Dekanates Bonn I, S. 145 u. 206.
[3] Vergl. darüber meine Ausführungen in ANR 74, S. 67.
[4] Lac. I, Nr. 518, a. 1189.
[5] „parochia s. Marie tam extra quam intra civitatem (Brem. Urkb. I, 148).
[6] Erhard, Urk. Nr. 261, a. 1147: Die Parochie erstreckt sich über eine Anzahl von Niederlassungen extra civitatem.
[7] Erhard, Urk. Nr. 261, S. 49.
[8] Der „Pleban" von Maria im Pesch wird in einer Urkunde vom März 1302 (Lac. Archiv II, S. 142 ff.) wiederholt genannt bei Gelegenheit der Errichtung einer neuen Vikarie in seiner Pfarrkirche, die zur Unterstützung des Pfarrers gestiftet wird („sacerdos altaris b. Gregorii plebano in Pasculo in divino officio et in visitationibus infirmorum etc.

Domseite die Pfarrkirche für alle im Dienstverhältnis zum Dom oder dessen zahlreichen Klerus stehenden Personen, auch

.. fideliter assistat die noctuque etc., hiernach ist Ennen zu rektifizieren, welcher in seinem „alten Pfarrsystem der Stadt Köln" ANR 23, S. 40 behauptet, dass der Pfarrer im Pesch keinen Kaplan gehabt habe). Wenn es in der Urkunde von 1302 (Lac. Archiv II, S. 145) heisst „ne per huiusmodi novam institutionem dicto plebano in aliquo impedimentum vel preiudicium generetur" und wenn 1333 (Lac. III, Nr. 267) Erzb. Walram sagt: nos secundum institutionem servatam et habitam ab antiquo, ecclesie b. Marie in Pasculo ius suum (näml. ihr Pfarrrecht) .. volentes per omnia conservare .... hactenus observatum a tempore, cuius memoria non existit" — so müssen wir annehmen, dass das Pfarrecht der Kirche schon im 13. Jahrhundert bestanden hat. Die erste Erwähnung dieser Marienkirche (altare s. Marie in Paradiso) findet sich in einer Urkunde Erzbischof Annos vom Jahre 1062 (Kölner Dombriefe von J. Kreuser, Berlin 1844, S. 372). Wenn in den Prozessakten von Maria im Kapitol (a. 1300) nur 18 ecclesie parochiales unter Uebergehung von Maria im Pesch genannt werden, so erklärt sich dies einfach daraus, dass die letztere damals wie später nie eine Stadtparochie im gewöhnlichen Sinne bildete, sondern, wie aus der folgenden Anmerkung hervorgeht, nur die Pfarrkirche für das Dompersonal, also eben eine blosse Personalpfarre war. Noch im 14. und 15. Jahrhundert gehörte der Pfarrer von Pesch der Plebanatsfraternität nicht an, er wird in keiner ihrer Urkunden erwähnt; im Memorienbuch der Fraternität wird eine grosse Anzahl von Mitgliedern aus jeder der 18 benannten Stadtparochien namentlich aufgezählt, die Listen reichen bis ins 16. Jahrhundert. Die Pfarrkirche Maria im Pesch fehlt (Memorienbuch und Kopiar der Pfarrfraternität im Domarchiv). 1487 werden offiziell nur 18 Stadtkölnische Kirchspiele aufgezählt mit Uebergehung von Pesch (Greving S. XXX). — Wenn aber Keussen, Topogr. S. 47 darauf verweist, dass 1268 (Qu. II, S. 549 Nr. 501) Maria im Pesch noch capella und der dortige Priester capellarius genannt wird, so haben wir bereits oben S. 5, n. 1 bei den Bezeichnungen der Kirchen gesehen, dass eine „capella" sehr wohl die Pfarrqualität besitzen und ein „capellarius" auch die Befugnisse eines Pfarrers inhaben und ausüben kann. Wie sehr übrigens noch im 17. Jahrhundert der Personalcharakter der Pfarrei Maria im Pesch gewahrt blieb, erhellt daraus, dass z. B. gewisse Häuser in der Parochie S. Kolumba nur dann zum Sprengel von Pesch gehören, „wann sie von Domvikaren bewohnt werden, sonst gehören sie nach S. Kolumba" (Greving S. XV); genau dasselbe Bild einer Personalpfarre ohne wenn sie in verschiedenen städtischen Parochien ihren Wohnsitz hatten[1]).

In späterer Zeit sind auch bei anderen Kölner Stiftskirchen ähnliche Personal- oder Familienpfarren bezeugt. So bildete die Benediktuskapelle für die zum Marienstift gehörigen Personen die Pfarrkirche[2]). S. Gereon hatte ebenfalls besondere Pfarrseelsorge für sein Personal, obwohl der engere Sprengel von S. Gereon in S. Christoph eingepfarrt war[3]).

---

festen Sprengel ergibt sich aus einer Urkunde von 1769 bei Meering, Erzbischöfe etc. II, S. 128 ff. Die Gleichberechtigung des Pfarrers von Maria im Pesch mit den übrigen scheint erst sehr spät erfolgt zu sein, sie wird 1769 (Meering a. a. O.) verlangt, doch erscheint der Pfarrer von Pesch im 17. Jahrhundert schon als Mitglied der Plebanatsfraternität (Protokollbuch in S. Kolumba).

[1]) Lac. III, 267 von 1333: „quod omnes utriusque sexus persone, tam conducticie — zum Verständnis des Wortes conducticie sei auf Gudenus I, S. 269 hingewiesen, wo 1178 bei der Weihe des Klosters Altenburg bei Wetzlar diesem die Pfarrechte über seine Dienstleute (conducticii) ausdrücklich vorenthalten werden; ferner auf die Urk. 79 von 1179 bei Seibertz, I, S. 109, wo das Kloster Oelinghausen über sein [innerhalb der Klostermauern wohnendes] Dienstpersonal alle Pfarrechte erhält; auch hier heisst es conducticii, welche mit „mercedis conductu spectantes ad cellam illam" umschrieben und den Mönchen entgegengesetzt werden — quam non conducticie, hii etiam, qui ratione beneficii et officii ad ecclesiam nostram maiorem Colon. pertinentis nomine familie predicte ecclesie nostre maioris, prelatorum, canonicorum, vicariorum ac aliorum clericorum in choro eiusdem ecclesie installatorum censentur, et qui infra septa seu terminos mansionum eorundem canonicorum et clericorum ac emunitatis dicte ecclesie, necnon in domibus sitis extra emunitatem, quas prefati canonici et clerici inhabitant . . . . quamquam quidam ex eis uxorati vel non uxorati in aliis parochiis Coloniensibus . . habere domicilia dinoscuntur".

[2]) Gelen. de admir. magn. Col. S. 617.

[3]) Die besonderen Kirchenbücher der betreffenden (sehr kleinen) Kölner Personalpfarren sind noch im Stadtarchiv erhalten, auch von S. Caecilien und Maria ad gradus (Mitteil. aus d. Stadtarchiv von Köln, Bd. 9, S. 37 ff.). Personalcharakter hatte auch die Pfarrseelsorge von Kloster Oelinghausen (Seibertz, I, S. 79, a. 1179). Uebrigens haben wohl zu allen Zeiten bis heute auch die scharfumgrenzten Pfarrsprengel

Alle diese Beispiele von Personalpfarren aber sind Ausnahmen — meist späterer Zeit — und es bleibt als regelmässiges Merkmal der mittelalterlichen Pfarreien der **Pfarrsprengel** bestehen.

§ 9. Der Pfarrzwang.

Was den **Pfarrzwang** anlangt, so ist dieser Begriff bereits in dem des Zehntgebotes und des Pfarrsprengels in etwa enthalten. Denn wenn ein bestimmter Bezirk einer Kirche zur seelsorgerlichen Verwaltung überwiesen wird, so ist damit gesagt, dass sich die Bewohner jenes Gebietes an eben diese Pfarrkirche zu halten haben. Wie daher das Vorhandensein von besonderen Parochien, so ist auch der Pfarrzwang bereits in sehr früher Zeit nachweisbar, wir brauchen nur an die Bestimmung des 21. Kanons der Synode zu Agde von 506 zu erinnern, wo für die hohen christlichen Feste der Besuch der **Pfarrkirche** im Gegensatz zu den Nichtpfarrkirchen (oratoria) deutlich gefordert wird[1]). Zur schärferen Ausbildung des

---

insofern einen Personalcharakter besessen, als der Pfarrer die iurisdictio interna über sein Pfarrkind auch ausserhalb des eigenen Sprengels ausüben kann (vergl. Hinschius IV, S. 86, n. 13). Als Beispiel einer hervorragend grossen Personalpfarre der Gegenwart sei die Berliner Dompfarre (evang.) erwähnt, deren Angehörige über die ganze Stadt zerstreut wohnen.

[1]) Si quis etiam extra **parochias**, in quibus legitimus est ordinariusque conventus, oratorium in agro habere voluerit ... permittimus; pascha vero, natale Domini, epiphania .... vel si qui maximi dies in festivitatibus habentur, nonnisi in civitatibus aut in **parochiis** teneant. Clerici vero si qui in festivitatibus, quas supra diximus, in oratoriis nisi iubente aut permittente episcopo missas facere aut tenere voluerint, a communione pellantur. — Bruns II, S. 150; Stutz S. 67, n. 12; Hefele II, S. 654. Deutlich ist auch der Pfarrzwang in einem karolingischen Kapitulare ausgesprochen, wo es heisst, dass ein Priester nicht den Pfarreingesessenen eines anderen zur Messe zulassen soll, ausser wenn letzterer auf Reisen ist (Boretius, Ansegisi capit. S. 412, Kap. 147). Im übrigen vergl. über den Pfarrzwang Hinschius II, S. 267.

Pfarrzwanges scheint dann namentlich die germanische Eigenkirchenidee beigetragen zu haben[1]). Da für unsere Untersuchung der Pfarrzwang von geringerer Bedeutung ist, so gehen wir zu einem anderen wichtigen Kennzeichen der Pfarrkirche über, welches in der **vermögensrechtlichen Selbständigkeit** besteht und wegen seiner Bedeutung ein längeres Verweilen erfordert.

§ 10. Die „dos" oder das eigene Vermögen der Pfarrkirchen.

In der frühesten Zeit hat das gesamte kirchliche Vermögen, auch der Grundbesitz innerhalb jeder Diözese, im Eigentum des Bistums und in der freien Verfügungsgewalt des Bischofs gestanden, welcher dem untergebenen Klerus, auch den Pfarrgeistlichen, davon den Unterhalt in Form von Stipendien gewährte[2]). Dieses Einheitssystem wurde bald von der Drei- oder Vierteilung des Kirchenvermögens abgelöst, so dass der Bischof nicht mehr unbedingte Freiheit über die Verteilung der Einkünfte hatte, sondern je eine Quote für sich, für die Armen, für den Klerus und für den Kirchenbau verwenden musste[3]). Aber der Verselbständigung in der Seelsorge, welche bei einzelnen Diözesankirchen früh eintrat, folgte auch bald die Loslösung derselben von der Kathedrale hinsichtlich des Vermögens, und bereits um die Mitte des 5. Jahrhunderts geriet in Spanien und Gallien die Eigentumseinheit ins Wanken[4]). Im 6. Jahrhundert begegnen wir einer grossen Anzahl wirtschaftlich selbständiger Pfarrkirchen, wo der betreffende Priester allein die Verwaltung und Nutzung des Landkirchengutes

---

[1]) Vergl. U. Stutz, Die Eigenkirche, S. 28. Hierher gehört auch, was Hilling im Archiv f. kath. Kirchenrecht 79, 1899 ff. über Bannung von Pfarrsprengeln beibringt.
[2]) U. Stutz, Benefizialw. § 2 und Hinschius II, S. 262; Möller I, S. 256 ff.
[3]) Stutz § 3, besond. S. 27; Möller I, S. 335; Kraus, K.G.⁴, S. 97.
[4]) Stutz S. 68 ff.

kraft seines Amtes hatte, und in der spätmerowingischen bezw. der karolingischen Zeit sind die Pfarrkirchen durchweg Mittelpunkte von eigenem Vermögen[1]).

Als nämlich durch die germanische Eroberung die römische Kultur verdrängt und die alte Geldwirtschaft durch die fränkische Naturalwirtschaft mehr und mehr ersetzt wurde, war das bischöfliche Zentralisationssystem hinsichtlich des Unterhaltes der Kleriker unmöglich geworden. Die Verselbständigung der einzelnen Pfarrkirchen ist daher nicht das beabsichtigte Werk einer bischöflichen Verwaltungsreform und zwar umso weniger, als die Preisgabe der Vermögenseinheit nur eine Schädigung der bischöflichen Macht bedeuten konnte. Was aber besonders auf germanischem Boden schon sehr frühe die wirtschaftliche Selbständigkeit der einzelnen Kirche wesentlich befördert hat, ist die Idee der deutschen **Eigenkirche**, welche im Frankenreich derart wirksam war, dass hier die Eigenkirchen die überwiegende Mehrzahl aller Kirchen bildeten und „dass auch die wirtschaftliche Emanzipation der bischöflichen Landkirchen seit der zweiten Hälfte des 8. Jahrhunderts eine vollendete Tatsache war"[2]).

---

[1]) **Stutz** S. 77 f. u. S. 297. Die Selbständigkeit des Vermögens der einzelnen Pfarrkirchen gegenüber dem Bischof tritt uns besonders auch in den Kanones 8—12 der Synode zu Paris von 614 entgegen (**Hefele** 3, S. 69 = **Maassen**, S. 187 f). **Imbart de la Tour** S. 66 ff. zeigt, wie in Frankreich schon im 5. u. 6. Jahrhundert die wirtschaftliche Selbständigkeit der Landpfarreien bezeugt ist. Vergl. auch **Zorell**, l. c. S. 275. Ebd. S. 263 ff. auch weiteres über **Pfarrzwang**.

[2]) Diese Sätze findet man in der grundlegenden Arbeit von U. **Stutz** S. 195 u. besond. § 20 näher erörtert und belegt. Im übrigen wird die althergebrachte Selbständigkeit des Vermögens und eigene Verwaltung der Güter der einzelnen Kirchen gut illustriert durch die Kap. 45 u. 46 der erweiterten Regel Chrodegangs (**Hartzh.** I, S. 110) .. ut praelati ecclesiae — precedentium patrum exempla sectantes ... de rebus ecclesiae tantum ibidem (im Hospital der betr. Kirche) deputent, unde sumptus necessarios juxta possibilitatem rerum habere valeant, exceptis decimis, quae **de ecclesiae villis** ibidem conferuntur. Sed et canonici tam de **frugibus**, quam etiam de omnibus eleemosynarum

Im Einklang hiermit sehen wir, dass die karolingische Gesetzgebung sich bestrebt, jede Kirche vermögensrechtlich selbständig zu machen, auch die Eigenkirchen[1]), auf dem sächsischen Gebiete wird sogar für jede [Pfarr]Kirche als „dos" mindestens eine curtis und 2 Mansen zum unabhängigen Unterhalte des Geistlichen verlangt[2]). Die Pfarrkirchen wurden auch gegen irgend eine Schmälerung ihres Besitztums von seiten der Bischöfe sichergestellt[3]).

Umgekehrt folgerte man dann geradezu aus der wirtschaftlichen Selbständigkeit einer Kirche, dass dieselbe Pfarrkirche sei - im Gegensatz zu einer blossen Filialkapelle, deren Unterhaltung und geistliche Bedienung von einer Mutterkirche aus geregelt wurde[4]).

oblationibus, in usus pauperum decimas ... conferant (also die Fürsorge für die Armen und für das Hospital aus den Einkünften der einzelnen Kirche zu bestreiten) ... Die Vorsteher der Kirchen sollen ferner ihre Vermögensverwaltung so einrichten „quatenus a Domino de fideli administratione gradum bonum sibi acquirant".

[1]) Vergl. c. eccles. 10 bei Boretius S. 277, a. 818/19: sanccitum est, ut unicuique ecclesiae unus mansus integer absque alio servitio adtribuatur; dazu s. U. Stutz, Benefizialw. § 17, n. 59. 61 ff. 64; § 18, n. 65. Imbart de la Tour S. 143 ff.
[2]) Mon. Germ. Leg. I, S. 48, Kap. 15 de partibus Saxoniae, a. 785.
[3]) Ebd. S. 110, Kapit. 4 (a. 803): De ecclesiis baptismalibus ita censemus, ut per presviteros ordinate sint, et nulla violentia et superposita ab episcopis suis vel diminutionem de titulis patiantur ...
[4]) Hincmari Remensis epist. ad Hincm. Landun. vom 27. April 870 (Migne 126, col. 538): dicunt enim, quia ex quo memorari ab his, qui in carne sunt, potest, quoniam ipsa ecclesia per se fuit semper et nulli alteri ecclesiae fuit subiecta; vergl. dazu Stutz S. 307—309. Im frühen und späten Mittelalter aber konnte auch eine Nichtpfarrkirche, ja ein einzelner Altar seine „dos" besitzen. Vergl. Stutz, Benefizialw. § 4, S. 59 ff.; § 8, S. 97; § 19, S. 282. Die Mansusdotation Ludwigs d. Fr. (818/19) war überhaupt für alle Eigenkirchen angeordnet, ob sie Pfarrqualität hatten oder nicht; vergl. ferner z. B. das Oratorium des Konventes zum Olvund in der Parochie von S. Kolumba zu Köln: fratres .. desiderant capellam seu oratorium exigere et dotare pro uno sacerdote" (Urkunde von 1309 bei Greving S. 151); ferner die

Wenn nun auch im allgemeinen die wirtschaftliche Selbständigkeit der Diözesankirchen und insbesondere der bischöflichen Kirchen schon für das 8. Jahrhundert und früher feststeht, so ist dies doch in letzter Zeit noch für die Kölner Diözese von verschiedenen Seiten bestritten worden. Manche meinen sogar, dass bis in die Karolingerzeit hinein die bischöfliche Kathedrale für das ausgebreitete Kölner Bistum die [einzige] Pfarrkirche geblieben sei"[1]).

Man hat aus der bekannten Schenkung Erzbischof Gunthars (850—864) an mehrere benannte Kirchen in und ausserhalb der Stadt Köln den für die ganze weitere Auffassung der Kölner Geschichte folgenschweren Schluss gezogen, dass erst seit dieser Guntharschen Tat ein selbständiges Vermögen der einzelnen Kirchen begründet worden sei[2]). Sehen wir deshalb näher zu. Bereits 1892 hatte Dr. Jacobs in seiner Geschichte der Pfarreien des ehemaligen Stiftes Werden in der Kölner Diözese darauf hingewiesen, dass die Pfarreinteilung und das selbständige Vermögen der Pfarrkirchen schon unter Karl d. Gr. durchgeführt erscheint[3]). 1895 aber ist Kel-

---

Katharinenkapelle in Viltzbach zu Mainz (Würdtw. Dioec. Mogunt. I, S. 46 ff. a. 1369); der Gregorsaltar in der Pfarrkirche S. Maria im Pesch (Lac. Archiv II, S. 143 a. 1302): „nomine dotis offero ad altare ..." etc.

[1]) Vergl. Keussen, Topographie S. 16.

[2]) Kelleter, Mevissenfestschr. S. 222 ff. besond. S. 225; Keussen, Topogr. S. 16 u. 41, III. Vergl. auch St. Beissel, Baugesch. d. Kirche des hl. Viktor zu Xanten 1883, S. 31 u. 38, sowie Mooren, Altertüml. Merkwürdigkeiten der St. Xanten III, S. 58. Oppermann, Westd. Zeitschr. 1901, S. 127. An letzterer Stelle ist übrigens die von O. zitierte Geschichte des kirchl. Benefizialw. von U. Stutz irrtümlich so ausgelegt, als ob zu Anfang des 9. Jahrhunderts die bischöflichen Kirchen vermögensrechtlich noch nicht auf derselben Stufe wie die Eigenkirchen Privater ständen, während Stutz doch das Gegenteil besonders für das fränkische Reich bewiesen hat (S. 309: „So ergibt sich, dass in den germanischen Gebieten zu eben der Zeit, als die Eigenkirchen aufkamen .... die bischöflichen Landkirchen dem Bischof gegenüber .... ganz zu derselben Stellung gelangt sind, in der sich die Eigenkirchen den Grundherrn gegenüber befanden").

[3]) Werdener Beiträge 1892, II, S. 27.

leter in der Mevissenfestschrift unter Berufung auf die von der Kölner Synode 873 bestätigte Schenkung Gunthars dafür eingetreten, dass bis dahin das gesamte Kirchenvermögen der Diözese allein im Besitz des Bischofs gewesen und von ihm verwaltet sei.

Zunächst geht indessen aus den beiden Urkunden[1]), ihre Echtheit vorausgesetzt[2]), hinsichtlich der kirchlichen Besitzungen nur hervor, dass Erzbischof Gunthar an einige Kirchen seiner Diözese namhafte Schenkungen (ecclesie, predia, ville sive omnes res, quas... corroboravit) überwiesen hat.

Zweifelhaft aber muss es schon bleiben, ob diese Legate aus dem Privatvermögen Gunthars hervorgingen, wie z. B. 965 Erzbischof Bruno von Köln eine Anzahl von Kirchen seiner Stadt und Diözese testamentarisch bedachte[3]), wie 967 Chorbischof Wichfried von Trier eine umfangreiche Schenkung an die Trierer Marienkirche[4]) oder bald nachher Erzbischof Megingaud der Martinskirche eine grosse Dotation aus seinem Privatvermögen zuwandte[5]); oder ob Gunthar aus dem Besitztum der Kathedrale die Schenkungen vorgenommen hat[6]).

---

[1]) Urkunde Lothars II. von 866, Jan. 15 (Qu. I, 2 aber falsch datiert; Joerres, 1 u. 2 [= Hartzheim II, S. 356—59] die letztere Urkunde enthält die synodale Bestätigung von 873).

[2]) Gegen dieselbe liessen sich mehrere Gründe anführen: 1. dass in der Konzilsurkunde Erzb. Gunthar mehrmals mit ehrenden Prädikaten (sedis nostrae venerabilis pastor, vir pastoralis, ipse beatae et dignae memoriae vir) ausgezeichnet wird, während es bekannt ist, dass er exkommuniziert wurde und nach den Xantener Annalen wie den Bischofskatalogen auch als excommunicatus ein unrühmliches Ende genommen hat; 2. die ungewöhnlich langen Imprekationen der Konzilsurkunde; 3. die vereinzelte und späte Ueberlieferung. Bedenken gegen die Echtheit äussert auch H. Hüffer in Forschungen a. d. Gebiet des franz. u. rhein. Kirchenrechts, Münster 1863, S. 274.

[3]) Qu. I, 13.

[4]) Günther I, 20.

[5]) Ebd. Nr. 35.

[6]) Die betreffende Stelle, welche man so gedeutet hat, scheint uns korrumpiert (vergl. Jörres 2, S. 6, n. 1): Noverit..., qualiter Guntharius ... una cum consensu et voluntate suorum clericorum ac laico-

Gegen das letztere spricht nicht nur, dass die Kathedrale selbst mit einer Dotation bedacht wird[1]), sondern dass wir in den germanischen Bistümern überhaupt von solchen allgemeinen Landzuweisungen aus dem Besitztum der Kathedrale keine Kunde haben[2]). Indessen gesetzt auch den Fall, unter Gunthar sei eine Abschichtung aus dem alten Kölner Bistumsgute an eine kleine Anzahl von Kirchen erfolgt, und dem letzten Rest der ehemaligen Verwaltungseinheit ein Ende gemacht worden, so lässt sich doch nicht nur von einigen in der Guntharschen Schenkung genannten, sondern auch von anderen Kirchen der Diözese nachweisen, dass sie schon ein selbständiges Vermögen, eigene Grundstücke und sonstige Besitzungen lange vor Gunthar hatten.

Vor allen Dingen kann man schon aus den Fuldaer[3]), Lorscher[4]) und Churer[5]) Traditionen, wie aus den zahlreichen Schenkungs- und Bestätigungsurkunden an die Abteien Stablo, Malmedy, Prüm, Metlach, Pfalzel, Kesslingen, Echternach etc. etc.[6]), welche zum Teil weit in das 8. Jahrhundert hinaufreichen, leicht ersehen, dass damals

---

rum nostrae matricis ecclesie rebus privatim singulis monasteriis ad hunc pertinentibus .. delegavit.

[1]) „omnes res, quas ... tam in eadem s. matre ecclesia, quam que et in reliquis Deo dicatis locis ... corroboravit".

[2]) Vergl. U. Stutz, S. 310, Zeile 3 ff. Bei einzelnen Kirchen und besonders bei der Neugründung einer solchen kommt es allerdings frühzeitig vor, dass der Bischof sie aus dem Vermögen der Kathedrale dotiert, wie es z. B. Chrodegang von Metz im Jahre 745 gegenüber der Kirche von Gorze tut (Migne 89, S. 1120).

[3]) Dronke, Codex traditionum Fuldensis, 1850.

[4]) Codex diplomaticus Laureshamensis.

[5]) Mohr, Cod. diplom.

[6]) Die betreffenden Urkunden bei W. Ritz, Kartular der Abteien Stablo-Malmedy; Goerz, Beyer, Günther, Lacomblet I; besonders sei noch hier hingewiesen auf die Schenkung Erzb. Leodewins von Trier an das dortige Euchariusstift von 706/7 (Beyer I, 7ᵃ; Goerz, I, 118) und an das Paulinusstift (Goerz I, 119). Zahlreiche Beispiele für Frankreich gibt ausserdem Imbart S. 145 ff.

bereits Stadt- und Landkirchen der Rheinlande etc. vermögensrechtlich selbständig waren, wie dies von U. Stutz für alle sich über den Rang einer untergeordneten Kapelle erhebenden Kirchen des europäischen Festlandes in der Karolingerzeit als vollendete Tatsache im allgemeinen erwiesen ist[1]). — Für uns genügt hier eine noch näher liegende Urkundensammlung. — Da unter den in der Guntharschen Schenkung bedachten Stiftern auch das der hh. Cassius und Florentius in Bonn erwähnt wird, so müsste dies (wenn die bisherige Auffassung auf Grund der Guntharschen Verfügung richtig wäre) auch „erst seit 873 eigene Güter, Kirchen und Dörfer besitzen[2]).

Nun hat aber schon vor einer Reihe von Jahren M. Perlbach im 13. Band des Neuen Archivs der Gesellschaft für ältere deutsche Geschichtskunde (S. 147 ff.) die für unsere Frage sehr wichtigen Regesten Helmanns aus einem Codex traditionum der Bonner Münsterkirche S. Cassius und Florentius mitgeteilt[3]).

Hier erfahren wir, dass S. Cassius schon lange Zeit vor 873 zahlreichen Besitz an eigenen Gütern, Kirchen etc. gehabt hat. Wir sehen von dem Regest der Urkunde aus dem Jahre 658 (Nr. 31) ab, weil der Name des Stiftes nicht genannt wird, obwohl es wahrscheinlich ist, dass die betr. Urkunde eine Tradition an S. Cassius enthielt[4]). Dagegen finden wir in einer anderen Merowingerurkunde mit dem Datum „anno secundo

---

[1]) Stutz, Benefizialw. S. 319.

[2]) Kelleter sagt S. 225, dass erst „seit 873 die innerhalb und ausserhalb der Mauern Kölns gelegenen (nämlich die von Gunthar bedachten) Stifter eigene Güter und Güterverwaltung an Kirchen, Hofgütern und Dörfern erhielten".

[3]) Die Regesten des Kölner Archäologen Johannes Helmann entstanden in den Siebzigerjahren des 16. Jahrhunderts.

[4]) Das Regest enthält nur die Worte: „in villa cui vocabulum est Godenesberg anno II. regnante Theodorico rege". Wäre in der betreffenden Urkunde keine Tradition an S. Cassius enthalten gewesen, so würde sie wohl nicht in den Codex traditionum gekommen sein.

regnante domno nostro Clodoveo rege (Reg. 5¹) eine umfangreiche Schenkung an die „basilica ss. Cassii et Florentii sub oppido castro Bonna", nämlich einen Hof mit Gebäulichkeit, Ackerland, Waldung, Wiesen, Weinberg. — Aus der Urkunde vom Jahre 788 (Reg. 14) entnehmen wir ferner, dass damals in der Halle des Cassiusstiftes zu Bonn ein Hof mit allem Zubehör in Lessenich an das Stift tradiert wurde²). Ein anderer Hof in Godesberg wird unter Kaiser Karl d. Gr. an dieselbe Kirche geschenkt (Reg. 18). Im Jahre 804 erwirbt das Stift einen Hof zu Rüngsdorf (Reg. 20).

Im Jahre 832 wurde sogar im Auftrage des Erzbischofs Athabald die Marienpfarrkirche mit dem Pfarrhofe(!) in „Reide" an das Cassiusstift („ad refectorium fratrum" ist zu verstehen im ursprünglichen Sinne: zum Unterhalt der Brüder) geschenkt³), wie 10 Jahre später ein Vorgänger Bischof

---

[1]) Helmann hat die Urkunde unter König Chlodoweg I. gesetzt (a. 500), es kann aber auch Chlodoweg II. oder III., im spätesten Falle also 694 sein. Perlbach meint, der Stil sei für eine Merowingerurkunde zu gut, und will sie deshalb unter Ludwig III. (877) ausgefertigt sehen. Aber dieser Grund für die späte Datierung ist nicht stichhaltig, da der Stil unserer Urkunde (pro augmenti [!]; admonet nos .. prudentia ... aliquid pro remedio animae nostrae debemus adcogitare et ... participes .. mereamur esse in paradyso — hier sind mehrere grammatische und stilistische Fehler) nicht weniger mangelhaft ist als der zahlreicher Merowingischer Schriftstücke, man braucht nur an die Verordnungen der Merowinger Könige, Bischöfe (Pertz, Leges I), und Synoden (Maassen), an die Heiligenlegenden etc. zu denken, so wird man überzeugt, dass die Geistlichen der Merowingerzeit doch nicht alle auf dem Stile Fredegars angelangt waren.

[2]) Noch 1884 hatte R. Pick in seiner Geschichte der Stiftskirche zu Bonn S. 5 f. für festgestellt erachtet, dass das Cassiusstift nicht vor dem 9. Jahrhundert errichtet sein könne (!), auf Grund eines grossen fränkisch-christlichen Gräberfundes aus dem 7. Jahrhundert innerhalb und ausserhalb der Kirche. Diese Entdeckung aber hätte nach dem vorher über die Bedeutung der Kirchhöfe als Merkmale der Pfarrkirchen Gesagten ihn gerade darauf hinweisen sollen, dass sich an jener Stelle schon im 7. Jahrhundert eine Kirche mit Begräbnisrecht befand.

[3]) Regest 27. Ego in Dei nomine Asbaldus has res, quas mihi

Gunthars, der zum Kölner Bischofssitz erwählte Lutbertus, selbst eine bedeutende Dotation an das Bonner Stift gemacht hat[1]). Wir sehen also, was später Bischof Gunthar tat, als er auch dem Cassiusstift eine Schenkung zuwandte, ist nicht etwas grundsätzlich neues, wodurch er den Eigenbesitz des Stiftes erst begründete, — es war lediglich eine Gabe, wie sie das Stift ähnlich schon früher wiederholt erhalten hatte[2]).

Aber nicht nur der umfassende Eigenbesitz des Cassiusstiftes vor der Guntharschen Schenkung wird durch die Regesten aus dem genannten Codex traditionum erwiesen, wir sehen deutlich, dass auch andere Kirchen bereits vor jenem Termine (873) zum Teil weit abgelegene Güter ihr eigen nennen konnten. So heisst es in der Urkunde von 804 (Reg. 20), dass die Grenzen des Grundstückes zu Rüngsdorf, welches an das Cassiusstift übergeht, auf der einen Seite königliches Eigentum berühren und auf der anderen Seite den Besitz des Severinstiftes in Köln[3]). Und diese Kölner Kirche ist nicht die einzige, die also erwähnt wird. Aus demselben Jahre 804 stammt die Schenkung eines gewissen Corsus an das Cassiusstift[4]). Er übergibt demselben u. a. 23 (!) Manzipien, welche

---

domnus Athabaldus archiep. ad hoc tradidit, ut ad Petrum et s. videlicet Cassium et Florentium ... tradidissem, dono ad ecclesiam .... ecclesiasticum curtilem cum ecclesia in honorem s. Mariae dedicatam ...

[1]) Regest 16: Ego in Dei nomine Lutbertus electus episcopus ad Coloniae urbis sedem ... donamus seu tradimus ad ecclesiam ss. martirum Cassii et Florentii ... hoc est in pago Auelgawe etc.

[2]) Die Schenkung Gunthars wird in dem Bonner Codex traditionum selbst nicht erwähnt, wenn sie also trotzdem bedeutend gewesen ist, so würden wir schliessen müssen, dass auch andere frühere Schenkungen in dem Codex bezw. den Regesten übergangen wurden.

[3]) „ab uno latere terram domini regis et ab altero latere pertinet ad s. Severinum". Hieraus ergibt sich, dass es nicht „eine irrige Ansicht" der Kanoniker von Severin war, als sie im Jahre 948 nach der alten Stiftstradition (ut antiquitus dictum esset) die Besitzungen ihres Sprengels aus einer Zeit vor Bischof Gunthar herleiteten (Lac. I, Nr. 102; vergl. dazu Kelleter, Mevissenfestschrift S. 226).

[4]) Regest 13. Vergl. dazu Imbart S. 66: „Seit der 2. Hälfte des

von einer Hoddrada und deren Töchtern abstammen. Eine der letzteren wird genannt mit dem Zusatz „quam habuit homo s. Gereonis nomine Hotilgisus". Hieraus geht hervor, dass schon vor 804 S. Gereon in Köln — denn nur dieses kann gemeint sein — Eigenleute und demnach auch Grundbesitz hatte. Auch von S. Andreas hören wir in einer Urkunde (Reg. 4), dass bereits 875 von seinem Besitze bei Bonn Stücke an S. Cassius gekommen waren[1]).

Wir erkennen aus dem bisherigen, wie nicht nur drei in der Guntharschen Schenkung benannte Stifter: Cassius in Bonn, Gereon und Severin zu Köln bereits vor Gunthar eigenes Vermögen besassen, sondern auch, dass es ausser den in der Lotharschen Bestätigungsurkunde von 876 genannten Kirchen noch andere Gotteshäuser, selbst in Köln (S. Andreas), gab, welche von Gunthar, wie es scheint, nicht bedacht worden waren, aber trotzdem eigenen Besitz hatten.

Im allgemeinen geht dann die Selbständigkeit des Vermögens und der Verwaltung der einzelnen Stiftskirchen für die karolingische Zeit und vorzüglich für die Kölner Erzdiözese aus dem 116. und 139. Kanon der Aachener Synode von 816 hervor, wo es zu wiederholten Malen heisst, dass die Vorsteher der betr. Kirchen (Pröpste oder Prälaten) das Vermögen ihrer Kirchen treu verwalten und zweckentsprechend verwenden sollen[2]). Ja wir entnehmen dem Kanon 122 der Aachener Regel,

---

5. Jahrhunderts(!) hatte die Landpfarrkirche ihren Eigenbesitz, sie konnte Grundstücke, Waldungen, Weinberge und hörige Leute (des esclaves) erwerben".

[1]) „Simili modo tradidit ipse Guntramus de sancto Andrea in eadem villa"; das Stift S. Andreas in Köln war sowohl in Plittersdorf als auch besonders in dem nahen Dottendorf seit alters begütert. P. Maassen, Gesch. der Pfarreien des Dekanates Bonn II, S. 146 u. 209); Näheres wird sich aus den von dem Verfasser eben bearbeiteten Regesten des Pfarrarchivs von S. Andreas ergeben.

[2]) Hartzh. I, S. 500: „Praelati de rebus sibi commissis .. et subditos gubernent et pauperes foveant cunctisque utilitatibus ac necessitatibus ecclesiae fideliter administrando consulant,

wie gewaltig gross die Besitzungen der einzelnen Kollegiatkirchen zur Zeit Karls d. Gr. schon gewesen sein müssen, wenn das Vermögen derselben von 200 bis auf mehr als 8000 Mansen taxiert wurde[1]).

Es ist hier nicht der Platz, auf die zahlreichen anderen Kirchen und Klöster hinzuweisen, welche zwar 876 nicht genannt werden, aber dennoch schon vorher in der Diözese Köln vorhanden waren und eigenen Besitz hatten[2]).

Für uns kommt an dieser Stelle nur der prinzipielle Beweis in Betracht, den wir im vorhergehenden geliefert haben, dass auch für die Kölner Diözese das von U. Stutz für die germanischen Gebiete allgemein bewiesene Faktum besteht von der (durch vielfache Schenkungen) bereits im 8. Jahrhundert bezeugten vermögensrechtlichen Selbständigkeit der bischöflichen Kirchen[3]).

Als ein wesentliches Merkmal für die Pfarrkirche aber erscheint der Eigenbesitz deshalb, weil einerseits die Selbständigkeit in der Seelsorge mit der eigenen Vermögensverwaltung zusammenhängt, ja ihr vorauszugehen pflegt, und weil, wie wir bereits sahen, im früheren Mittelalter aus der Selbständigkeit des Grundbesitzes einer bischöflichen Kirche ihre Pfarrwürde gefolgert wurde.

---

quatenus de fideli administratione ab ipso, cuius ministri esse noscuntur, ineffabiliter remunerari mereantur" (ihre Verantwortung also nur Gott gegenüber); vergl. dazu Kanon 139 (Hartzh. S. 511): „Prepositi ... quatenus a Domino de fideli administratione gradum bonum acquirant".

[1]) In locis ubi maiores facultates sunt ecclesiae, verbi gratia tria aut quattuor aut certe octo et eo amplius millia mansi ... in minoribus locis ducentos aut trecentos mansos habentibus.

[2]) In den Helmannschen Regesten werden allein für Bonn vier Kirchen mit eigenem Vermögen vor 876 bezeugt, die in der Guntharschen Schenkung nicht genannt werden. Wir kommen darauf in Kap. 3, § 31 zu sprechen.

[3]) Die vier genannten Stifter waren keine Eigenkirchen des Königs oder Privater, sondern standen stets direkt unter dem Bischof von Köln.

Kapitel 2.

Verschiedene Namen für den Träger des Pfarramtes im Mittelalter.

Wie die Worte im Laufe der Zeiten bisweilen ihren Sinn ändern und für denselben Begriff neue Ausdrücke geprägt werden, wie namentlich manche weltliche und geistliche Titel bedeutsame Wandlungen erlebt haben[1]), so verhält es sich auch mit dem Namen für den Träger des Pfarramtes. So bedeutungsvoll und vielseitig sein Beruf, so mannigfach sind die Bezeichnungen, welche ihm zu teil wurden. Ihnen wollen wir hier nachgehen, weil es für unsere weiteren kirchenhistorischen Untersuchungen von Wichtigkeit ist, darüber Klarheit zu gewinnen. Und zwar soll es uns hier darum zu tun sein, die ungefähren Perioden des Gebrauchs und den ursprünglichen Sinn einer Reihe von Ausdrücken festzulegen[2]).

§ 11. Pastor.

Wir beginnen mit dem heutzutage am meisten angewandten und am meisten zutreffenden Titel Pastor. Dieser ist nicht etwa erst seit der Reformation des 16. Jahrhunderts im Ge-

---

[1]) Vergl. N. Hilling, Beiträge zur Gesch. etc. des Bistums Halberstadt, 1902, S. 55, n. 3.
[2]) Die speziellen Bezeichnungen für die Leiter der Kollegiatpfarrkirchen werden unten Kap. 3, § 29 behandelt.

brauche[1]), und auch die Behauptung, dass er im Mittelalter für den einfachen Pfarrgeistlichen als anmassend galt[2]), wird sich uns als nicht stichhaltig erweisen. Bereits in den karolingischen Kapitularen des 8. Jahrhunderts begegnet uns dieser Titel und zwar unzweifelhaft im Sinne des Pfarrgeistlichen. Wenn z. B. verboten wird, dass ein schwerer Uebeltäter, der sich ohne Zustimmung des Pastors in dessen Kirche geflüchtet hat, dort Lebensunterhalt empfange[3]).

Wiederholt findet sich der Name pastor und das ministerium pastorale für den Seelsorger in der ursprünglichen und der erweiterten Regel Chrodegangs. So ermahnt dieser z. B. im Prolog den einzelnen Pastor, für das leibliche und geistliche Wohl seiner Untergebenen Sorge zu tragen[4]); so werden die schlechten Priester getadelt, welche das ministerium pastorale zu erlangen begehren, aber der Gemeinde keine Predigt zu halten vermögen[5]).

Auch in den Statuten der Aachener institutio canonicorum von 816 begegnet uns häufig der Titel pastor für den leitenden Seelsorger[6]). Oftmals finden wir den gleichen Namen für den Pfarrgeistlichen in der lex Alamannorum[7]).

Um nun auf einige praktische Beispiele zu kommen, so machen wir die Erfahrung, dass unser Titel besonders im Rheinland schon in sehr früher Zeit vielfach angewandt wurde; es

---

[1]) So könnte es nach Achelis, Prakt. Theologie 1898, S. 16 scheinen.
[2]) So Moll, Kirchengesch. der Niederlande II, S. 136.
[3]) Kapitulare Langobardicum 8 von 779 (Leg. I, S. 36 f.). Dass die Bezeichnung „pastor" in der ältesten Kirche, ja in den Schriften der Apostel (I. Petri 5, 2 ff. wo an die πρεσβύτεροι die Mahnung ergeht „ποιμάνατε τὸ ἐν ὑμῖν ποίμνιον τοῦ θεοῦ" etc.) ihre Wurzeln hat, muss hier unberücksichtigt bleiben.
[4]) Migne 89, Sp. 1098; Hartzh., Conc. Germ. I, S. 97.
[5]) Hartzh. S. 119, Kap. 79.
[6]) Ebd. S. 445 ff., Kap. 12 ff. Hier ist der Ausdruck Pastor im Sinne von Pfarrseelsorger aus noch älteren Vätern übernommen.
[7]) Lex Alamannorum II. VI. XI. XVIII. XIX. (Mon. Germ. Leg. III).

werden im Jahre 874 die pastores ecclesiarum in Meiderich, Somborn, Mintard und Pier genannt[1]). 1067 der pastor ecclesie in Roesberg[2]); 1150 der Pastor von Giesenkirchen[3]); 1154 der von Mehlem[4]); 1156 der zu Rheinkassel[5]); 1160 erscheint der Pastor von Rhens[6]), 1163 der pastor ecclesie in Kruft[7]), 1166 in Freialdenhofen[8]), 1172 in Vilich[9]); 1173 finden wir den Trierer Dompropst als pastor ecclesie s. Marie iuxta pontem[10]); 1177 den Pastor Walther von Gräfrath[11]). In demselben Jahre werden in einer Urkunde Alexanders III. sieben Pastores der Trierer etc. Diözese genannt[12]); 1178 Pastor Heinrich von Neunkirchen[13]); 1179 der Pastor von Hüsten in Westfalen[14]) und die Pastores von Altrei, Gindorf und Noviant[15]); 1181 Pastor Theoderich von Schleidweiler[16]); 1185 nennt P. Lucius die pastores plebis in Kruft[17]); um dieselbe Zeit begegnen die Pastores von Meschede, Soest etc.[18]), 1182—86 Pastor Herm. von Spiel[19]), 1185 der Pastor von Wald bei Solingen[20]) und

[1]) Lac. I, 68.
[2]) Ebd. 209, S. 136.
[3]) Ebd. Nr. 369.
[4]) Ebd. N. 381.
[5]) Ebd. Nr. 386.
[6]) Ebd. Nr. 400. Vergl. auch Seibertz I, 58, a. 1160: pastor eccl. in Hoynkhausen.
[7]) Beyer I, 696.
[8]) Lac. I, 422.
[9]) Ebd. Nr. 462, S. 309 vergl. Nr. 460 a. 1176 pastor Vilicensis.
[10]) Beyer II, 17, S. 54.
[11]) Lac. I, 462.
[12]) Beyer II, 25, S. 63.
[13]) Lac. IV, 634.
[14]) Seibertz I, S. 109 f.
[15]) Beyer II, 36, S. 78 u. Nr. 37.
[16]) Ebd. Nr. 42/43.
[17]) Günther I, 212.
[18]) Seibertz I, S. 134 ff. vergl. ferner über Soest besonders das Register zu dem Knippingschen Regestenwerk S. 393 f.
[19]) Lac. IV, 637.
[20]) Lac. I, 497.

der Pastor zu Rheinkassel[1]), 1189 der Pastor von S. Salvator zu Duisburg[2]), 1190 eine Reihe von Pastores der Zülpicher Dekanie[3]). 1198 der Pastor von Mettmann[4]) etc. etc. Besonders häufig lässt sich derselbe Titel im 12. Jahrhundert für die Kölner Pfarrgeistlichkeit nachweisen. So lernen wir 1158 bis 1168 den Heinricus pastor de s. Maria (Maria-Ablass[5]) und den Gerhardus pastor s. Albani[6]) kennen; der erstere wird auch in einer Urkunde von 1188 als pastor ecclesie b. Marie Virg. super Vallum genannt[7]). Um 1170 tritt Godefridus pastor s. Columbe[8]) und Gernandus pastor s. Cuniberti[9]) auf. 1188 wird der pastor ecclesie s. Jacobi[10]), 1205 Gerh. pastor ecclesie s. Mauritii[11]) genannt. In einer Urkunde Erzbischof Philipps von 1190 werden 13 Kölner Stadtpfarrer mit dem Titel Pastor angeführt[12]). Dass sich die Pfarrer dieser Amtsbezeichnung selbst bedienten, geht aus mehreren Urkunden vom Ende des 12. Jahrhunderts hervor. So unterzeichnen 1188 die Pfarrer von Maria Ablass und S. Jakob[13]), und 1198 sechs Kölner Seelsorger als Pastor[14]); 1196 tun dasselbe drei Pastores der Trierer Diözese[15]), 1201 ebenso fünf Pfarrer des

---

[1]) Ebd. Nr. 499.
[2]) Ebd. Nr. 519.
[3]) Ebd. Nr. 526.
[4]) Ebd. Nr. 561.
[5]) Schreinskarten Nied. 3, III, 3; durch ein merkwürdiges Versehen im Register hat man diesen ältesten Kölner pastor bisher unberücksichtigt gelassen.
[6]) Nied. I, X, 12, 14 u. 4, I, 2 etc.
[7]) Gelen. de admir. magn. Colon. S. 546.
[8]) Col. 1, X, 1.
[9]) Nied. 11, VI, 5.
[10]) Gelen. a. a. O.
[11]) ANR 38, S. 4 ed. Cardanus.
[12]) Vergl. Knipping, Reg. 1362.
[13]) Gelen. a. a. O. S. 546 vergl. ANR 31, S. 77.
[14]) Lac. I, 564; Knipping 1534.
[15]) Günther I, 236 vergl. auch Nr. 240 von 1197.

deutschen Teiles des Lütticher Sprengels[1]). Diese Beispiele liessen sich noch um viele vermehren.

Im 13. und 14. Jahrhundert finden wir ebenfalls die Bezeichnung Pastor für den Pfarrgeistlichen[2]), aber sie wird doch in jener Periode des teilweisen Verfalls der kanonischen Zucht durch andere Benennungen vielfach zurückgedrängt. Vielleicht hängt das damit zusammen, dass die offiziellen Inhaber des Pfarramtes dieses häufig nicht selbst ausübten, sondern durch einen Stellvertreter verwalten liessen[3]) und daher allzuoft gar nicht die Priesterweihe besassen, wie wir weiter unten ausführen werden. Soweit zu sehen, hielt man aber im praktischen Leben, besonders im Volke, regelmässig an der Sitte fest, nur den die Pfarrseelsorge tatsächlich ausübenden Priester mit dem Titel Pastor auszuzeichnen[4]). Erst mit dem Einsetzen der allgemeinen Reformbewegung des 15. Jahrhunderts

---

[1]) Lac. II, 2.

[2]) Z. B. Joerres S. 106 a. 1235; S. 125 a. 1246; Lac. II, 89 a. 1220; in den Prozessrollen von S. Maria im Kap. a. 1299 z. B. Rotul. 1, Art. 3 etc.; Statuta Colon. S. 174, c. 25 a. 1357. Qu. 6, S. 83 a. 1393; ferner im Kalendar des Domkustos (13. s.) Qu. II, S. 596; Württb. Urkb. III, S. 179 a. 1225 etc. Das Volk hat auch in der Zeit des kirchlichen Niedergangs wenigstens in der Kölner Diözese an dem altgewohnten Titel „pastoir" festgehalten und den tatsächlichen Seelsorger bezw. Verwalter des Pfarramtes so bezeichnet; dies geht aus dem Gebrauche in S. Aposteln und den Schreinsaufzeichnungen hervor. Dieselbe Beobachtung hat nach einer freundlichen Mitteilung Herr Pfarrer Füssenich in Lendersdorf bei seinen Arbeiten auf dem Gebiet der Jülicher Kirchengesch. wiederholt gemacht. — Bisweilen findet man in offiziellen Urkunden des 13. Jahrhunderts den Titel pastor für den Pfarrinhaber, gleichsam als ein Erbstück aus der Zeit, als der Pfarrinhaber auch noch selbst die Seelsorge ausübte, obwohl jetzt der eigentliche Seelsorger der sog. vicarius [perpetuus] war; vergl. Binterim u. Mooren, Erzdiöz. Köln², S. 168 ff., S. 221, S. 286 ff. etc.; s. auch Seibertz, I, 479, a. 1299.

[3]) Vergl. die Note 2 bei Joerres zitierten Stellen, wo pastor im Gegensatz zu dem stellvertretenden vicarius steht, u. Lac. II, 741 etc.

[4]) Vergl. Anm. 2; ferner z. B. auch Joerres S. 106 de curis animarum ... ordinabuntur pastores pro tempore personaliter in eis deservientes; ebd. S. 129; sacerdotes pastores.

ward der Misstand mehr und mehr gehoben; daher wohl die eigentümliche Erscheinung, dass seitdem der Name Pastor wieder häufiger in offiziellen Schriftstücken angewandt wird[1]). Von ca. 1500 an erscheint er in Kölner Urkunden und Akten vornehmlich, aber auch anderweitig in Deutschland als vorwiegender Titel für den Pfarrgeistlichen.

Wir kehren nun zum frühen Mittelalter zurück und machen da die häufige Beobachtung, dass die Bischöfe ebenfalls mitunter Pastor genannt werden oder diesen Titel für sich gebrauchen. So heisst es in einer Schenkungsurkunde an Echternach von 715—39, „ubi Willibrordus archiep. pastor preesse videtur"[2]). So nennt 873 Erzbischof Willibert von Köln seinen Vorgänger Guntharius „sedis nostrae venerabilis pastor[3]); Erzbischof Rotger von Trier bezeichnet sich 924 als humilis pastor[4]); Erzbischof Theoderich 973 als s. Treverensis pastor ecclesie[5]); ebenso Erzbischof Hermann I. und Wichfried von Köln[6]). Erzbischof Hermann III. von Köln bezeichnet 1091 seinen Vorgänger Anno II. als „sedis nostre venerab. pastor"[7]). Bischof Burchard von Worms wird im Prolog des Wormser Hofrechtes Pastor genannt[8]). P. Martin I. bezeichnet das

---

[1]) Vergl. ANR 71, S. 17 Nr. 79. 81; S. 123 Nr. 11. 12. 17 etc.; S. 189 Nr. 23. 26. 29. 31. 33 etc.; S. 142 Nr. 51. 69 etc.; ferner besonders die Statuta Colon. fol. 271^b ff. von Erzbischof Hermann IV.

[2]) Beyer II, 4 (Nachtrag).

[3]) Hartzh. II, S. 356.

[4]) Beyer I, 164.

[5]) Ebd. Nr. 244.

[6]) Qu. I, S. 458 a. 922 nennt sich Herm. I. pastor s. Colon. ecclesie; Qu. I, S. 464 a. 950 sagt Erzb. Wichfried „si quis autem successorum meorum pastorum". Hierher gehört auch die Urk. von 871 (Qu. I, S. 451), in welcher Klerus und Volk von Köln an Hadrian II. schreibt, „condolemus enim nos tanto pastore (scil. Erzb. Günther) penitus destitutos ... et cum septennio eodem pastore essemus privati". Vergl. unten S. 49, n. 4.

[7]) Lac. I, 245.

[8]) Boos, Urkb. I, S. 39. 37.

bischöfliche Amt als pastorale obsequium[1]); Chrodegang von Metz als pastorale officium[2]). Noch 1197 nennt sich Erzbischof Adolf von Köln „Colon. eccl. pastor humilis"[3]) und 1206 wird in dem dialogus clerici et laici, der Erzbischof von Köln „pastor vester intra parochiam vestram, id est episcopatum" genannt[4]). 1251 heisst es nach dem Tode des Bischofs von Lüttich „Leodiensi ecclesia pastore vacante"[5]). Es liessen sich noch weitere Beispiele anführen[6]), aus den obigen erhellt genugsam, dass im frühen Mittelalter der Name Pastor noch kein starrer Titel war, sondern die wirkliche Amtstätigkeit des Seelsorgers, ob er nun Bischof oder vorstehender Geistlicher einer Kollegiat- oder einfachen Pfarrkirche war, bezeichnete. Daher finden wir noch früher in den merowingischen Kapitularen den Titel Pastores für Bischöfe und einfache Pfarrpriester gemeinsam gebraucht[7]).

§ 12. Presbyter und sacerdos.

Wichtig ist nun die weitere Tatsache, dass vielfach bis ins 12. Jahrhundert und darüber hinaus der Pastor einer einfachen Pfarrkirche keinen besonderen Titel führte, sondern sich nur als Priester (presbyter oder sacerdos) bezeichnete beziehungsweise genannt wurde, wie es noch heute vielfach

---

[1]) Hartzh. I, S. 28 a. 649.
[2]) Ebd. S. 97.
[3]) Lac. I, 557.
[4]) Waitz, Chronica regia S. 320; Kelleter, Mevissenfestschrift S. 231, n. 5 hat diese Stelle u. S. 225, n. 3 die oben S. 48 in Anm. 6 angeführte verhängnisvoll missdeutet, indem er pastor und parochia im heutigen Sinne fasste als Pfarrer und Pfarrsprengel (der Bischof noch Stadtpfarrer!).
[5]) Cartulaire de s. Lambert II, S. 13.
[6]) Seit dem frühesten M.A. lautet die Messoration in anniversario electionis [episcopi]: Deus, omnium fidelium pastor .. famulum tuum N., quem pastorem N. preesse voluisti ..
[7]) Boretius, Edictum Guntramni a. 585; andere Stellen s. das Register von Boretius-Krause (Mon. Germ. Leg.).

in den später christianisierten Teilen Norddeutschlands der Fall ist[1]).

Daher wird es oftmals schwierig oder unmöglich, im einzelnen Falle zu sagen, ob der Pfarrgeistliche selbst oder ein nicht mit dem Pfarramt betrauter Priester gemeint ist, da an vielen Kirchen, Kapellen, Oratorien etc. ohne Pfarrwürde ebenfalls presbyteri (sacerdotes) erscheinen und anderseits an den älteren Parochialkirchen häufig mehrere presbyteri unter dem Pfarrgeistlichen standen (vergl. u. Kap. 3, § 29 über den archipresbyter). Unzweifelhaft auf den Träger des Pfarramtes zu beziehen sind dagegen Stellen, in denen befohlen wird, an den Taufkirchen presbyteri einzusetzen[2]), oder wo es heisst, dass die Gläubigern bei ihrem Priester beichten sollen und der letztere ausdrücklich als Seelsorger der Gemeinde bezeichnet wird[3]); oder wenn ein Priester die ihm anvertraute Kirche ohne Erlaubnis des Bischofs nicht verlassen soll[4]), sowie die Bestimmung, dass ein Priester nur eine Kirche annehmen dürfe[5]), oder wenn besondere Strafen für den verordnet werden, welcher sich gegen einen von dem Bischof an einer Pfarrkirche angestellten presbyter und dessen curtis vergangen hat[6]), oder wenn befohlen wird, dass jeder Priester seine Pfarrangehörigen über ihre Zehntpflicht unterrichten soll[7]).

---

[1]) Achelis, Prakt. Theol. S. 16.
[2]) Boretius S. 195, Kap. 4 „De ecclesiis baptismalibus ita censemus, ut per presbyteros ordinate sint".
[3]) Hartzh. I, S. 32, c. 3 u. 6 u. S. 106, Kap. 32: suam confessionem suo sacerdoti faciant — presbytero proprio confiteantur sua peccata subditi — quod si presbyter remisse ea curet — presbyter super grege vigilet.
[4]) Ebd. S. 55 u. 73: de sacerdotibus, qui suos titulos absque licentia episcopi dimittunt — ut nullus presbyter creditam sibi ecclesiam sine consensu episcopi derelinquat. Vergl. c. 13 C. II q. 5: presbyter a plebe sibi commissa ... infamatus.
[5]) Ebd. S. 117, Kap. 67: presbyter non amplius quam unam ecclesiam habeat.
[6]) Lex Alamannorum X.
[7]) Boretius S. 106, c. 6, a. 802; vergl. Stutz, Benefizialw. S. 240, n. 18.

Wenn ferner die deutsche Synode von 742 verordnet, dass der Bischof auf seinen Firmungsreisen von dem einzelnen Priester aufgenommen werden soll, so ist auch hier der betreffende Pfarrgeistliche gemeint [1]). Im 75. Kapitel der erweiterten Regel Chrodegangs wird bestimmt, dass die Pfarrgeistlichen genaue Zehntregister führen u. s. f., sie werden sacerdotes populi genannt [2]).

In dem 81. Kapitel (Schreiben eines Geistlichen an die Seelsorger) kommt auch der Ausdruck spiritales sacerdotes vor [3]). Es liessen sich zahlreiche Beispiele besonders aus den karolingischen Kapitularen hinzufügen [4]); wir wollen im allgemeinen noch hinweisen auf die Bestimmung der Aachener Synode von 836, wo im 2. Kanon [5]) die Pflichten des Kuratpriesters auseinandergelegt werden; ferner auf die klassische Stelle bei Walafrid Strabo, de exordiis et incrementis etc. c. 32 (Boretius-Krause S. 515, 35): centenarii ... presbyteris plebium, qui baptismales ecclesias tenent ... conferri queunt, und auf die römische Pfarrgeistlichkeit, deren Unterschriften seit alters bekanntlich in der Form humilis presbyter (oder cardinalis presbyter) tituli s. Clementis, s. Marci etc. begegnen [6]). Im einzelnen finden wir den ältesten bekannten

---

[1]) Hartzh. I, S. 49: Quandocunque jure canonico episcopus circumierit parochiam ad confirmandos populos, presbyter semper paratus sit ad suscipiendum episcopum.

[2]) Ebd. S. 118 f.

[3]) Hartzh. I, S. 120, Sp. 2. Chrodegang selbst hat in der ursprünglichen Regel mehrmals die Bezeichnung „fratres spirituales" für die ihn beratenden Geistlichen im Gegensatz zu dem Volk und den niederen Klerikern gebraucht (Prolog u. Kap. 34); demnach ist der Ausdruck spirituales doch nicht so ganz vereinzelt („nur im 4. u. 9. Jahrhundert"), wie Achelis, Prakt. Theologie S. 15 annimmt.

[4]) Hartzh. I, S. 420 ff. Boretius-Krause S. 406 ff.

[5]) Hartzh. II, S. 80. Weitere Beispiele dafür, dass presbyter in früher Zeit den Pfarrer bedeutet, führt A. Tibus, Gründungsgesch. S. 27 ff. an.

[6]) Z. B. Hartzh. S. 65, a. 745; ausserdem in zahlreichen päpstlichen Urkunden des früheren Mittelalters.

Seelsorger einer einfachen Kölner Pfarrkirche (nicht Kollegiatpfarrkirche) an S. Maria-Ablass unter dem Titel Ruothbertus presbyter im Jahre 927[1]). Bischof Hezilo von Hildesheim bezeichnet den Pfarrgeistlichen der von ihm mit Parochialrechten ausgestatteten Cäcilienkirche in Goslar als presbyter[2]). In Urkunden des 11. und 12., ja noch des 13. Jahrhunderts treffen wir viele Pfarrgeistliche unter derselben Bezeichnung in den Diözesen bezw. Städten Köln[3]), Trier[4]), Strassburg[5]), Basel[6]),

---

[1]) Lac. I, 88. Die Bedenken, welche Keussen (Topogr. S. 66, n. 276) und Oppermann (Westd. Zeitschr. 1902, S. 114) wegen der für diese Zeit auffallenden Zahl der 11000 Jungfrauen äusserten, sind von ihnen zurückgezogen, weil sich herausgestellt hat, dass jene Zahl bereits im 9. Jahrhundert verbürgt ist, vergl. unten § 31 die Anm. über S. Ursula in Köln. Die Auffassung der betreffenden Stelle von seiten Steins (die Pfarre zur hl. Ursula, S. 13), welcher den „presbyter" als Gehilfen des Pfarrers (scolaris magistri) nimmt, ist haltlos, weil magister nie als Titel des Pfarrgeistlichen gegolten hat, vielmehr ist dieses Wort Apposition zu presbyteri.

[2]) Urkb. des Hochstiftes Hildesheim I, 94 (1054—1079.

[3]) 1094 wird der Presbyter von Bacharach genannt, Lac. I, Nr. 251; 1125 Euerwinus, presbyter parochie Sigebergensis (Siegburg), Lac. I, Nr. 300; 1144 presbyter, qui recturus est parochiam (in Millen), Lac. I, Nr. 351; ferner im 12. Jahrhundert für Köln: Gerh. sacerd. s. Albani, Schreinskarten Nied. 1, XI, 7; Herm. sacerd. s. Pauli, Nied. 5, VI, 23; sacerd. s. Cuniberti, 11, VI, 5; im 13. Jahrhundert Herm. sacerd. de Ahrweiler, Annalen 4, S. 301, a. 1203; Gerh. sacerd. de Adenauwe, ebd. S. 304, a. 1218; sacerd. s. Christophori (Köln), Qu. II, S. 80, a. 1219; ferner sacerd. de Süchtelen Lac. II, 90, a. 1220; Anselm. sacerd. de Berendorf, Alb. sacerd. de Ripsdorf, Annalen 4, S. 305, a. 1226 etc.; 2 Fälle für Medebach bei Seibertz I, Nr. 62, a. 1172 und vor 1131. Zahlreiche Fälle für den Archidiakonat Emmerich gibt A. Tibus, Der Gau Leomerike S. 29 vergl. mit S. 31. Beyer III, 218 (sacerd. de Ahrweiler und sacerd. de Lezenich), Nr. 303 etc.

[4]) Z. B. Beyer I, S. 442 Nr. 385 wird der Pfarrgeistliche von S. Nicolai zu Mesenich Presbyter genannt (a. 1088); Beyer III Nr. 264 (presbyter in Kirberg); Nr. 278ᵃ (sacerd. in Dudelindorf).

[5]) Strassb. Urkb. I Nr. 52: presb. eccl. s. Aurelie; Nr. 118: Hugo, sacerd. de s. Aurelia etc.

[6]) Basel. Urkb. I, S. 49, 12; S. 64, 19 etc.

Hildesheim[1]), Braunschweig[2]), Münster[3]), in der Lütticher Diözese[4]) etc. In Frankreich erscheint sogar noch in der 2. Hälfte des 13. Jahrhunderts der Titel Presbyter am meisten gebräuchlich für den Träger des Pfarramtes[5]).

In Deutschland aber begann, wie bereits erwähnt, um jene Zeit ein gewisser Verfall der kanonischen Zucht, so dass die Inhaber des Pfarramtes oft ihren Dienst nicht selbst verrichteten, ja vielfach sogar der Priesterweihe entbehrten[6]). Bei ihnen hatte also der Titel Presbyter ebensowenig Sinn als Pastor. Daher konnten hier neue Ausdrücke Anklang finden, welche einen Hinweis auf die priesterliche Würde des Pfarrinhabers vermieden. Allerdings wird ein Hauptgrund für die Umnennung des Pfarrgeistlichen auch darin zu suchen sein, dass in vielen Kirchen (namentlich in den sogenannten Stiftskirchen[7]), mehrere Priester fungierten, welche nicht die pfarramtlichen Handlungen ausübten, und deshalb der hiermit betraute durch einen besonderen Titel von den übrigen Priestern unterschieden werden musste[8]); deshalb begegnen wir wohl auch dem Ausdruck sacerdotes pastores[9]).

§ 13. Plebanus.

Jedenfalls tritt in Stiftskirchen der im 13. und 14. Jahrhundert so überaus häufige Titel plebanus für den Ver-

---

[1]) Urkb. des Hochstifts H. I, 174, a. 1117.
[2]) Braunschw. Urkb. II, S. 7, 9 a. 1158; 14, 19 a. 1204.
[3]) Besond. Erhard, Urk. 507 um 1190; Seibertz I, 76, a. 1179.
[4]) Cartulaire de s. Lambert I, S. 340, a. 1235; II, S. 38, a. 1250; S. 266, 479 etc. und im Cartulaire de s. Paul vielfach, hier finden wir auch das Pfarramt selbst als presbyteratus bezeichnet z. B. S. 20, a. 1195 etc.
[5]) Dies geht aus zahlreichen Stellen der Visitationsprotokolle Erzb. Rigauds von Rouen hervor, z. B. S. 18. 19. 20 etc.
[6]) S. unten § 19 die Ausführung über persona.
[7]) S. unt. Kap. 3.
[8]) Ebd. § 42.
[9]) Joerres S. 129.

walter der Seelsorge zuerst und vornehmlich auf[1]). Und zwar scheint er besonders in deutschen oder an Deutschland angrenzenden Gebieten gebraucht worden zu sein[2]). Dieses Wort leitet sich her von plebs[3]), welches in früheren Zeiten wiederholt ganz konkret im Sinne von Pfarrkirche und Pfarrsprengel steht. Einige Beispiele seien angeführt. So heisst es in einem Kapitulare Karls d. Gr. von 814[4]) sehr deutlich „de decimis

---

[1]) Irrig ist die Ansicht Evelts und Tenhagens, dass sacerdos oder presbyter als Titel für den Geistlichen einer mehr oder minder abhängigen Filialkirche gebraucht werde, während der Pfarrer einer ganz selbständigen Pfarrkirche plebanus hiesse (Zeitschr. f. vaterl. Gesch. u. Altertumsk. Bd. 31, II, S. 116 u. Bd. 49, S. 99, Anm. 1. Ebenso A. Tibus, Der Gau Leomerike, Münster 1877, S. 72). So wird z. B. 1219 der Pfarrer von S. Christoph in Köln sacerdos genannt, während er schon 1213/14 plebanus heisst (vergl. ob. S. 52, Anm. 3 mit Joerres Nr. 59 u. 60); so erscheint der Pfarrer Gerh. von Alban bald mit dem Titel pastor (s. ob. S. 46, Anm. 6), bald als sacerdos s. Albani (s. ob. S. 52, n. 3), beides um 1190, während 1205 u. 1210 der Pfarrer plebanus genannt wird (Qu. II Nr. 17 u. 31). Dass in dem von A. Tibus a. a. O. erwähnten Zehntregister die Pfarrer von Emmerich und Elten plebani genannt werden, während alle übrigen Pfarrgeistlichen noch presbyter oder sacerdos heissen, erklärt sich eben daraus, dass an jenen Orten Kanonichenkapitel waren, aus denen heraus ein canonicus presbyter als plebanus die Pfarrseelsorge erhielt.

[2]) In den Visitationsprotokollen Erzbischof Rigauds von Rouen im 13. Jahrhundert kommt er nicht vor; Du Cange nennt ihn für Frankreich nicht. In Italien scheint er nach den päpstl. Bullen, welche den Titel enthalten (z. B. Qu. II, Nr. 17, a. 1205; Joerres Nr. 59, a. 1213) gekannt zu sein; aber man muss berücksichtigen, dass diese Schriftstücke der päpstl. Kanzlei immer an dem Orte des Adressaten gebrauchten Titel wiederholen, welche in den vorhergehenden Bittgesuchen etc. enthalten waren. Für die Lütticher Diözese ist der Titel plebain in dem Cartulaire de s. Lambert II, S. 435, a. 1288 bezeugt. Auch in Holland wird er gebraucht mit deutlicher Beziehung nach Köln (Lac. IV, Nr. 666, a. 1254, die Pfarre von Nimwegen wurde durch S. Aposteln in Köln besetzt).

[3]) So steht z. B. sehr bezeichnend in einer Urk. der Kölner Pfarrfraternität von 1314 (Domarchiv) „plebanus plebis ecclesie s. Joh. Baptiste".

[4]) Hartzh. I, S. 427, Kap. 24.

vero, quae a populo in plebibus vel baptismalibus ecclesiis offeruntur", und in einem Kapitulare Karls II. von 876 hören wir, dass man die Taufkirchen gewöhnlich plebes nannte¹). Kaiser Karl der Dicke tauschte 881 mit der Kirche von Chur mehrere Pfarrkirchen mit Zubehör ein, es heisst hier jedesmal „plebem in N. cum appendiciis suis"²). Der hiervon gebildete Titel plebanus im Sinne von Pfarrer („Leutepriester"³) tritt aber verhältnismässig erst spät auf. Soviel zu sehen, begegnet er zum ersten Male um die Mitte des 12. Jahrhunderts für den in Kollegiatkirchen die Seelsorge verwaltenden Kleriker⁴). Dann aber finden wir ihn bald allenthalben auf deutschem Boden heimisch. Er wird gebraucht in den Diözesen bezw. Städten Köln, Trier, Mainz, Strassburg, Speier, Ulm, Zürich, Konstanz, Freiburg, Basel, Hildesheim, Halberstadt, Bremen etc.⁵); ebenfalls in den österreichischen Ländern⁶).

Die Kölner Stadtpfarrer, so kann man beobachten, bedienen sich im 13. und 14. Jahrhundert am liebsten dieses

---

¹) Boretius-Krause, S. 102, Kap. 11: ut ecclesias baptismales, quas plebes appellant, ... instaurent.

²) Mohr, Cod. diplom. I, 30. Weitere Beispiele für plebes in der Bedeutung von Pfarrkirchen gibt Zorell a. a. O. S. 262 f.

³) In der Kölner Diözese wurde dieser deutsche Titel nicht gebraucht, wohl aber vielfach in Süddeutschland und Oesterreich, vergl. z. B. für Konstanz, Beyerle, Grundeigentumsverhältnisse etc. in Konstanz II, S. 334 f., S. 436; ferner Haltaus, Glossar. Germ. col. 1265; Maassen, Dekanat Bonn I, S. 214. Bossert, Württb. K.G., S. 164.

⁴) In einer Urk. König Konrads III. für das in der Kölner Diözese gelegene Frauenstift Vilich a. 1144, Lac. I, 350; ferner für dasselbe Jahr im chronicon Reichersperg. (Du Cange VI, S. 364); 1156 für das Frauenstift zu Katzis, Mohr I, 131. Es ist daher ein Irrtum, wenn Möller-Kawerau, K.G. II², S. 96 den Titel plebanus schon in karolingische Zeit setzen.

⁵) Wir können hier nicht die einschlägigen Urkundenbücher alle erwähnen; noch sei bemerkt, dass auch für die Diözese Chur der Gebrauch des Namens durch Mohr, Cod. diplom. wiederholt bezeugt ist.

⁶) Z. B. Archiv für Kunde österr. Geschichtsquellen Bd. 2, 1849, S. 258 ff. a. 1283—85.

Titels. Zum ersten Male ist er hier um 1170 für den Pastor von S. Kolumba bezeugt[1]). Besonders gern wurde er, wie oben schon bemerkt, von und für die mit der Seelsorge des Volkes betrauten Kanonichen angewandt, welche vielfach die Kustoden (= Thesaurare) der betreffenden Stiftskirche waren[2]). Da sich diese, wie auch die Plebane an einfachen Pfarrkirchen, in späterer Zeit nicht selten durch ständige Vikare (die tatsächlichen Seelsorger) vertreten liessen, so kommt es, dass bisweilen die mit dem Titel plebanus ausgezeichnete Person nur der offizielle Pfarrinhaber, nicht aber der Seelsorger ist[3]).

Im 15. Jahrhundert nimmt der Gebrauch des Titels ausserordentlich ab, bis er im 16. fast ganz verschwindet[4]).

§ 14. Ecclesiasticus.

Ein Name, der, soviel zu sehen, eine kurze Zeit lang vornehmlich in Köln für den Pfarrgeistlichen auftritt, ist ecclesiasticus. Er erscheint in vereinzelten Urkunden des endenden 12. Jahrhunderts. So werden 1176 mehrere Kölner Stadtpfarrer als Zeugen mit diesem Beiwort erwähnt[5]). Ausserdem ist derselbe Titel noch bei sechs Pfarrern in den Schreinskarten[6]) und für den Pastor von S. Christoph im 2. Memorien-

---

[1]) Greving, Steuerlisten des Kirchspiels S. Kolumba 1900, S. 139.

[2]) Vergl. m. Aufsatz über Entwicklung von Namen und Beruf des Küsters in Annalen des Niederrheins, Heft 74, S. 165.

[3]) Vergl. z. B. Württb. Urkb. III, S. 133, a. 1222: Der königl. Notar Marquard heisst als Inhaber der Pfarrei Ueberlingen plebanus. Im allgemeinen vergl. unt. Kap. 3, § 42 am Ende; hier ergibt sich auch eine Richtigstellung der Ansichten Bosserts in Württb. K.G., S. 164.

[4]) Er kommt noch vor in der sess. 5, Kap. 2 der canones et decr. Concilii Tridentini.

[5]) Lac. I, 461.

[6]) Schreinskarten Nied. 10, XI, 16: Teodericus eccl. de s. Maria in Campo; Nied. 2, II, 5: Herm. eccles. s. Pauli; Br. 3, IV, 9: Christian eccl. s. Albani; Mart. 3, III, 36 etc. Gerlivus eccl. s. Martini; Scab. 2, IV, 6, 7 Herm. eccl. s. Martini; Bd. II, S. 63[2]: Albero eccl. s. Albani.

buch von S. Gereon[1]) bezeugt. Auch kommt er um dieselbe Zeit in Gerresheim bei Düsseldorf[2]), in westfälischen und sächsischen Urkunden vor[3]). Von allen Bezeichnungen, welche für den Träger des Pfarramtes bekannt sind, ist diese, abgesehen von dem unten noch zu besprechenden persona, die farbloseste, ohne eine dem Wesen des Amtes eigentümliche Seite hervorzuheben. Denn mit einer ecclesia standen wohl die meisten Kleriker von der untersten Weihe an in irgend einer Beziehung, so dass man auch ganz allgemein von ecclesiastici und ecclesiasticae personae sprechen[4]) und sogar die Kirchendiener ecclesiastici nennen konnte[5]).

Dass hier ecclesiasticus in der Bedeutung von Pfarrer gebraucht wird, zeigen andere gleichzeitige Stellen, wo dieselben Personen als pastor bezeichnet werden. So treffen wir um 1170 den Godefridus als pastor s. Columbe (Col. 1 X, 1), während er 1176 ecclesiasticus genannt wird und um dieselbe Zeit auch plebanus heisst (Greving a. a. O. S. 139). Aehnlich wird der 1176 als ecclesiasticus bezeichnete Gerlivus von S. Martin für dieselbe Zeit als pastor (s. m. Aufsatz in ANR 74, S. 94) und als plebanus angeführt (Prozessrollen von S. Maria im Kap.). Es ist aber zu weit gegangen, wenn Kelleter (Mevissenfestschrift S. 233) meint, dass bei den Kölner Pfarrgeistlichen in der Regel der „ortsübliche" Titel ecclesiasticus und selten der Name pastor gebraucht werde.

[1]) Lac. Archiv III, S. 114.
[2]) Pick, Monatsschrift III, S. 264; Urk. von 1168/88.
[3]) Seibertz I, 79, a. 1179: eccles. matricis ecclesie in Hustene. Halberst. Urkb. I, 332 vergl. mit I, 186.
[4]) So bereits in den karolingischen Kapitularen (vergl. Brunner, R.G. II, S. 320, n. 28); ferner Statuta Colon. S. 21 ff., Kap. 4. 6. 10 etc. a. 1266; Ulmer Urkb. I, 54. 61; vergl. ferner Du Cange, welcher ecclesiasticus im Sinne von Pfarrer überhaupt nicht kennt, ebensowenig wie Hinschius etc.
[5]) So schon im 3. Kanon des Konzils von Vaison a. 442, wo den Pfarrgeistlichen befohlen wird, das Chrisma entweder selbst zu holen oder durch einen Subdiakonen holen zu lassen, nicht aber „per quemcunque ecclesiasticum .... quia inhonorum est inferioribus summa committi" (Conc. edit. reg. VII, S. 285 f.); niedere Kirchendiener (kirchner) sind auch unter den ecclesiastici im Bamberger Georgenstift zu verstehen (Weber, Die Georgenbrüder, S. 26); ebenso noch im 16. Jahrhundert in Halle (P. Redlich, Kardinal Albrecht etc. S. 24).

Der Titel Ecclesiast, welcher sich (scheinbar im Sinne von Pfarrer) noch bis in die neueste Zeit z. B. an der Marienkirche zu Marburg für einen (ev.) Pfarrer erhalten hat und auch sonst um die Wende des 15. und 16. Jahrhunderts bezeugt ist, stammt nicht von ecclesiasticus in der Bedeutung Pfarrer, sondern von ecclesiastes im Sinne von Prediger und wird geradezu im Gegensatz zu dem Träger des Pfarramtes gebraucht[1]).

§ 15. Rector ecclesiae.

Der in deutschen Urkunden für den Pfarrer vorkommende „kirchherr"[2]) ist nicht gleichbedeutend oder zu übersetzen mit ecclesiasticus[3]), sondern mit dem vom 13.—15. Jahrhundert gleichsam offiziellen Titel[4]) für den Inhaber des Pfarramtes als „rector ecclesie". Dieser Name ist in jener Periode

---

[1]) So war für das Jahr 1523 Kaspar Hedio im Dome zu Mainz „ecclesiastes non plebanus" (Guden. II, S. 752 Anm. u. S. 755); so wird in Wetter der erste nichtkatholische Geistliche ecclesiastes a. 1527 erwähnt (Heldmann, Zeitschr. f. hess. Gesch. neue Folge 24, S. 94). In demselben Jahre erscheint Joh. Althus parochus in Mönchhusen und sein Kaplan Kaspar Gruber als ecclesiastes in Mönchhusen (Kolbe-Heldmann, Der Christenberg im Burgwalde 1895, S. 44). Es war um 1500 Sitte, neben dem Pfarrer noch besondere Prediger anzustellen; vergl. auch Thomas, Gesch. der Pfarre S. Mauritius in Köln S. 134 und Redlich, Kardinal Albrecht S. 38 u. 53.

[2]) So z. B. bei Godfried Hagen, Chroniken der deutschen Städte, Köln I, S. 130 v. 3788 und in den Kölner Amtleutebüchern des 14. Jahrhunderts; vergl. Qu. I, S. 238 (Brigiden fol. 3b); ferner Joerres S. 567, a. 1446, auch in Westfalen (Zeitschr. f. vaterl. Gesch. u. Altertumsk. 49, S. 100, n. 2 ff., S. 102 ff.); in Süddeutschland vergl. Urkb. d. Stadt Rottweil (Günther) I, Register; ferner Bossert, Württb. K.G. S. 164. Für die Diözese Bamberg vergl. Arch. f. kath. K.R. 1894, S. 55.

[3]) Kelleter, Mevissenfestschr. S. 233, meint, dass „kirchner" als Uebersetzung von ecclesiasticus Pfarrer bedeute, aber einmal kommt diese Bezeichnung, soviel zu sehen, in Kölner Urkunden nicht vor sd. kircher = kirchherr, und anderweitig ist darunter ein Kirchendiener zu verstehen (Weber a. a. O.).

[4]) So auch Michael, Gesch. d. deutschen Volkes 2, S. 41, n. 4.

nächst plebanus wohl am meisten von allen Bezeichnungen für den Pfarrer verbreitet. Er wurde nicht etwa damals erst geprägt oder ausschliesslich im obigen Sinne gebraucht. Wir begegnen ihm schon im 8. Jahrhundert und sehen, dass besonders die Leiter von Klöstern und vorstehenden Geistlichen der Kollegiatpfarrkirchen[1] sich gern rector nennen bezw. genannt werden[2]. So die Aebte von Prüm[3], Echternach[4], Fulda[5], von S. Marien in Chevremont[6] etc. Selbst für Bischöfe wird der Titel rector in diesem Sinne angewandt; so heisst in einer Urkunde von 804 Erzbischof Hildebald v. Köln rector des Cassiusmünsters zu Bonn[7], und in einer Urkunde um d. J. 823 heisst es von B. Bernharius von Worms mit Bezug auf das Stift Neuhausen: „ubi ven., vir Bernh. episc. rector preesse videtur"[8]. Ja noch in einer Urkunde von 1178 sagt Erzbischof Philipp von Köln „nos qui rectores ecclesie dicimur„[9]. Auch in rein weltlicher Bedeutung findet sich der Titel, so 1159 in Köln, wo die Schöffensenatoren darunter verstanden sein sollen[10].

Im 9. Jahrhundert erschienen aber schon deutlich die Leiter von Pfarrkirchen als rectores[11]. Im Jahre 1022 werden dann die vorstehenden Geistlichen der Kölner Kirchen ebenso

---

[1] Darüber s. Kap. 3, § 29.
[2] Im allgemeinen vergl. Capitul. Ludowici II. (845—50) Nr. 9 u. 10 bei Boretius-Krause S. 82, wo die rectores monasteriorum wiederholt genannt werden.
[3] Beyer I, S. 36, a. 775 etc.
[4] Ebd. Nr. 36, a. 794 etc. Beyer II, 26 ff. (Nachtrag).
[5] Dronke, Cod. diplom. Tuld. Nr. 28. 34. 43. 51 etc.
[6] Lac. I, 1 von 779.
[7] Perlbach, Aus einem verlorenen Cod. traditionum, Reg. Nr. 12.
[8] Württb. Urkb. I, S. 98.
[9] Lac. I, 466; vergl. auch Hartzh. I, S. 401, a. 811.
[10] Qu. I, 73 vergl. Liesegang, Sondergemeinden S. 11. Andere nicht kirchl. Anwendungen von rector s. Du Cange VII, S. 61.
[11] Boretius-Krause S. 81 f., Kap. 4: primum quidem ipsius loci presbyteri vel caeteri clerici idoneum sibi rectorem eligant, deinde populi qui ad eandem plebem aspicit, sequatur assensus; ferner Bore-

genannt, als Erzbischof Hermann den Bitten willfahrt, welche ihm "a rectoribus pro confirmandis ecclesiarum suarum rebus" vorgebracht werden[1]). Allgemein gebräuchlicher Titel wird jedoch dieser Ausdruck für den Pfarrseelsorger, bezw. den Inhaber der Pfarrstelle[2]) erst später. Im 13. Jahrhundert beginnt er öfter angewandt zu werden und erreicht im 14. den Höhepunkt der Häufigkeit. Für rheinische Städte ist er 1251 in Bingen bezeugt, wo der Mainzer Erzbischof den "rector parochie Bingensis" mit dem Archipresbyterat betraut[3]). Auch in Lüttich[4]), Gent[5]), Utrecht[6]), Speier[7]), Ulm[8]), Basel[9]) etc. ist der gleiche Titel schon im 13. Jahrhundert zu finden.

Er wird wiederholt gleichbedeutend mit plebanus gebraucht[10]), doch im 13. Jahrhundert meist so, dass wir den letzteren Namen gewöhnlich aus dem Munde der Pfarrer selbst hören, während rector ecclesie vorwiegend von kirchlichen Vorgesetzten und in Schriftstücken oder Aussagen über die Pfarrer gebraucht wird[11]).

---

tius I, S. 369 titula quoque earundem [scil. baptismalium] ecclesiarum una cum rectoribus acque sibi prepositis; S. 287: rector ecclesiae, rectores ecclesiarum.

[1]) Qu. I, 21.

[2]) Dass mitunter die den Titel "rector ecclesie" tragende Person die Priesterweihe nicht besitzt, zeigt Rigaud S. 672. Vergl. unt. S. 61, n. 13.

[3]) Guden. III, S. 1117.

[4]) Cartulaire de s. Lambert II, S. 32, a. 1252; S. 90, a. 1256; S. 271 ff., a. 1277.

[5]) Cartulaire de s. Pierre, Urk. von 1266.

[6]) Vergl. die Urk. des thesaurarius von S. Peter in Utrecht bei Rübel, Dortm. Urkb. I, 121, a. 1266.

[7]) Hilgard, Urkb. von Speier S. 68, 4, a. 1259.

[8]) Ulmer Urkb. I, S. 141, a. 1272.

[9]) Baseler Urkb. I, S. 211, 33 u. 279, 6; II, 135 f. etc.; irrtümlicherweise ist hier im Register der "rector ecclesie" als "Kirchherr" in Gegensatz zu dem Pleban etc. gestellt worden.

[10]) Vergl. z. B. Joerres S. 567, a. 1446 u. Seibertz I, 400 u. 407, a. 1282 f.

[11]) Besonders in den zahlreichen Prozessrollen von S. Maria im Kap. aus dem Jahre 1299 und Joerres Nr. 307, a. 1324 (während hier

Aehnlich ist es in Dortmund[1]) und anderen Orten. In Frankreich finden wir diesen Namen ebenfalls in den Visitationsprotokollen von Erzbischof Rigaud um die Mitte des 13. Jahrhunderts; aber doch weit seltener als das einfache presbyter[2]). Im 14. Jahrhundert bezeugen zahlreiche Urkunden den häufigen Gebrauch besonders für Köln[3]). Hier bedienen sich jetzt die Pfarrer selbst dieses Titels[4]). Vielfach beglaubigt ist derselbe für die damalige Zeit auch in Basel[5]), Strassburg[6]), in den österreichischen Ländern[7]), in Bremen[8]), Lübeck[9]), Quedlinburg[10]), Braunschweig[11]) etc. In Worms scheint er selten gebraucht worden zu sein. Man findet ihn, soviel ersichtlich, nur einmal im Munde des Offizials des dortigen Dompropstes[12]). Wie schon bei dem Titel plebanus zu beobachten, so kann auch die als rector ecclesie bezeichnete Person die eigentliche Seelsorge und die damit verbundenen Pflichten einem Stellvertreter übertragen, so dass der „rector ecclesie" nur im Besitz der Pfarrgerechtsame, der Pfründe, ist, ohne Residenz zu üben[13]). Von dem Konkretum rector bildete man auch das abstrakte rectoria im Sinne von Pfarrei[14]). Im 15. Jahrhundert beginnt der Titel

z. B. offiziell Konrad Rektor von S. Christoph heisst, nennt er sich ebd. Nr. 270 plebanus.).

[1]) Dortm. Urkb. I, besonders S. 100 ff., a. 1285.

[2]) Rigaud S. 222, a. 1255; S. 351, a. 1259; S. 610. 614 etc.

[3]) Z. B. ANR 71, S. 49, 36; 52, 6; 187, 10; ferner Sauerland, Urk. u. Regesten aus den Vatikan. Archiven für das Rheinland I, 713 von 1329; Lac. IV, S. 809, Nr. 675; Joerres S. 313 u. 381 etc.

[4]) ANR 71, S. 137, 24; 122, 10.

[5—6]) Vergl. die Register der Urkundenbücher von Strassburg u. Basel.

[7]) Archiv f. österr. Geschichtsquellen, Bd. 2, S. 259 f., wo rector ecclesie mit plebanus identisch ist.

[8—11]) S. die Register der betr. Urkundenbücher; im Lübecker Urkb. z. B. II, S. 484, Nr. 84 etc.

[12]) Wormser Urkb. II, S. 367, 1.

[13]) Vergl. Westfäl. Urkb. III, 798, a. 1267: der Domscholaster von Münster ist rector ecclesie in Beckum, die Seelsorge übt ein vicarius perpetuus. Ferner s. Bossert, Württb. K.G. S. 164.

[14]) Z. B. in Neuss, Urk. von 1414 bei Tücking S. 67. Ebenso

pastor bezw. pfarrer, wie die übrigen, so auch diese Bezeichnung für den Seelsorger allmählich zurückzudrängen. Doch gebraucht noch 1425 Martin V. z. B. für den Pastor von S. Kolumba in Köln überwiegend den Titel rector ecclesie[1]). Ja, letzterer kommt noch einmal in der sess. 24 cap. 18 des Trienter Konzils für den Pfarrer vor und der Aufnahmeeid des Kölner Pfarrkollegiums, welcher noch im 17. Jahrhundert gebraucht wurde, enthielt den offiziellen Titel „rector parochialis ecclesie"[2]), während die Statuten des Kollegiums[3]) fast ausschliesslich den Namen pastor aufweisen. Allerdings deutet der Zusatz r. parochialis eccl. darauf hin, dass den Namen rector auch die Geistlichen solcher Kirchen oder Kapellen führten, welche keine Pfarrgerechtsame hatten. In der Tat lässt sich des öfteren nachweisen, wie in derselben Periode nicht nur die Pfarrer, sondern auch Geistliche an Kapellen, ja Vikare und Inhaber blosser Altäre in Stifts- und Pfarrkirchen rector genannt wurden[4]). Infolgedessen wohl verlor der gleiche Titel für den Träger des Pfarramtes mehr und mehr an Gewicht; doch wird noch heute die Bezeichnung rector parochialis ecclesiae bei der offiziellen Eidleistung des Pfarrers gebraucht (Collectio rituum, Colon. Boisserée 1900, p. 106).

§ 16. Die von parochia abgeleiteten Titel.

Bevor wir nun auf die weiteren Namen für den Pfarrer eingehen, müssen wir kurz dasjenige Wort besprechen, welches

kommt von plebanus das Wort plebania als Pfarrei (ebd. S. 69 u. Würdtw., Dioec. Mogunt. I, S. 116); von presbyter in demselben Sinne presbyteratus (Cartulaire de l'église de s. Paul de Liége S. 10, a. 1178; S. 22, a. 1193 etc.); von pastor pastoria (Würdtw. a. a. O. S. 254 f.) und von persona personatus (s. unten § 19).

[1]) Archiv von S. Kolumba, Urk. 53.
[2]) Im Protokollbuch des Pfarrkollegiums, Archiv von S. Kolumba.
[3]) Stadtarchiv zu Köln, Geistl. Abt. 238 a.
[4]) Für Köln s. Joerres S. 385, a. 1348; 397, a. 1353; 438, a. 1368; ANR 71, S. 136, a. 1349; 186, Nr. 9, a. 1350; 15, Nr. 66, a. 1412 etc.;

im Mittelalter und in der Neuzeit meist für die Bezeichnung des Pfarrsprengels angewandt wird.

Wie uns der Name pastor für den Träger des bischöflichen Amtes in der älteren Zeit oft begegnet, so finden wir mindestens ebenso häufig in den frühmittelalterlichen Quellen die parochia auf die bischöfliche Diözese bezogen. König Chlodoweg I. spricht von der parochia des Bischofs Eusebius von Orleans[1]). Gregor III. schreibt 740 an Bonifatius „quia tres alios ordinasses episcopos et in quattuor partes provinciam illam divisisti, id est in quattuor parochias, et unusquisque episcopus suum habeat parochium" (!)[2]). Auf dem deutschen Konzil von 742 wurde im 3. Kap. bestimmt „unusquisque prebyter in parochia habitans, subjectus sit illi episcopo, in cujus parochia habitat"[3]). In anderen fränkischen Konzilsstatuten aus derselben Periode heisst es „ut unusquisque episcopus in sua parochia diligenter discutiat suos presbyteros"[4]) oder „ut unusquisque episcoporum potestatem habeat in sua parochia tam de clero quam de regularibus vel secularibus"[5]). In der gegen Ende des 11. Jahrhunderts verfassten vita Annonis lesen wir „episcopatus sui parochia"[6]), Erzbischof Sigewin von Köln kann darum 1083 die Bewohner seines Sprengels „parochiani nostri" nennen[7]). Noch in dem dialogus clerici et laici von 1206 wird parochia = episcopatus und der Dom paro-

---
für Dortmund s. Rübel I, Nr. 121 f., a. 1266; S. 75 ff., a. 1272. Für die Diözese Utrecht s. Moll = Zupke, K.G. II, S. 137: „Rektoren wurden auch die Kapellen-Paapen genannt".

[1]) Pertz, Diplom. I, 1.
[2]) Hartzh., Conc. Germ. I, S. 41.
[3]) Ebd. S. 49 u. Boretius S. 25, c. 3.
[4]) Hartzh. S. 74.
[5]) Concil. Vernense, Boretius S. 33, c. 3, ähnlich Kap. 8. Vergl. weitere Beispiele in den karolingischen Kapitularen (Register bei Boretius-Krause); ebenso bei Du Cange. S. auch Zorell a. a. O. S. 77.
[6]) Mon. Germ. Scr. 11, S. 470. Vergl. auch Herigeri gesta episc. Leod. c. 48 (Scr. 7, S. 184): quia autem [Malmedy] in Agrippinensi parochia situm est.
[7]) Qu. I, S. 491.

chialis ecclesia im Sinne der für die ganze Diözese massgebenden Kathedralpfarre genannt: tota siquidem Colon. ecclesie diocesis vestra est parochia[1]); wie es in den Domstatuten von Utrecht heisst: „ecclesia nostra matrix tocius dyocesis et parochialis est" in dem Sinne, dass für alle Diözesanen die pfarramtlichen Handlungen im Dome vorgenommen werden können[2]).

Indessen finden wir doch schon in karolingischer und in noch früherer Zeit solche Stellen, aus denen hervorgeht, dass der Ausdruck parochia auch für die Pfarrsprengel in heutigem Sinne angewandt wurde. Ein schönes Beispiel besitzen wir in Hincmars „collectio de ecclesiis et capellis" (ed. Gaudentius, Bononiae 1892), wo es heisst: „sicut episcopus generaliter omnem parochiam cum omnibus rusticanis parochiis ... in sua ordinatione ... habet, ita unusquisque presbiter parochiam suam cum dote aecclesiae ... habeat"[3]). Und bereits in den fränkischen Synodalverordnungen des 6. Jahrhunderts haben wir zahlreiche Stellen, aus denen unzweifelhaft hervorgeht, dass dort die parochia als Pfarrsprengel bezw. Pfarrkirche aufzufassen ist[4]). Wir erinnern an den 21. Kanon der Synode von Agde a. 506 „si quis etiam extra parochias, in quibus legitimus est ordinarius conventus"[5]), an den 7. Kanon der Synode von Epaon vom Jahre 517 „quicquid parochiarum presbyteri... distraxerint"[6]) und an den 2. Kanon der Synode von Vaison a. 529 „placuit, ut non solum in civitatibus sed etiam in om-

---

[1]) Waitz, Chron. reg., Anh. S. 320. Aehnl. noch 1300, Hartzh. IV, S. 39, c. 7.

[2]) Müller, Domstatuten S. 261 Nr. 19.

[3]) Bibliotheca juridica medii aevi II, S. 10.

[4]) Ob auch in can. 17 concilii Chalcedonensis von 451 die Landpfarrsprengel als parochiae bezeichnet werden (τὰς καθ'ἑκάστην ἐκκλησίαν ἀγροικικὰς παροικίας ἢ ἐγχωρίους ... Hefele II², S. 520), wie Hincmar a. a. O. annimmt, oder ob nur Gemeinden ohne Rücksicht auf etwaige Sprengeleinteilung gemeint sind, wage ich nicht zu entscheiden.

[5]) Concil. coll. regia X, S. 378.

[6]) Conc. aev. Merow. ed. Maassen S. 20.

nibus parochiis verbum faciendi daremus presbyteris potestatem"...[1]). Aus der grossen Zahl weiterer Stellen[2]) heben wir nur die für uns wichtigeren hervor. So schreibt 747 P. Zacharias an Bonifatius von den „clerici, qui praeficiuntur parochiis vel qui ordinantur in monasteriis et basilicis martyrum"[3]). Auf den bayrischen Provinzialsynoden um 800 wird bestimmt „ut qui monachico voto est constitutus, nullo modo parochiam teneat"[4]). 874 bestätigt Erzbischof Bertolf von Trier dem Kölner Kunibertstift „parochiarum ad ecclesias pertinentium decimationem"[5]); ebenso 891 Stephan VI. dem Erzbischof Hermann I. von Köln die „jura parochiarum ac dioeceseos et monasteriorum" und spricht von „ecclesiae, monasteria atque parochiae, quae ad s. Colon. ecclesiam pertinere noscuntur"[6]). 943 werden von Erzbischof Robert von Trier die „sacerdotes ad regendas parochias" erwähnt[7]). 1016 finden wir in der Stadt Worms die quarta parochia civitatis genannt[8]). In einer Urkunde von 1080 heisst es ergänzend „secundum quod civitatem nostram ... divisam in quattuor accepimus barochias, nos barochiam s. Pauli terminamus ..."[9]). Von weiteren Beispielen können wir absehen. In den deutschen Urkunden wird parochia in pharre, pfarre verwandelt oder mit kirchspiel (kirspel) wiedergegeben[10]).

Von diesem Worte parochia im Sinne des Pfarrsprengels oder der Pfarrkirche hat sich ebenfalls schon sehr früh auch derjenige Titel gebildet, welcher im Mittelalter und vornehm-

---

[1]) Ebd. S. 56.
[2]) Z. B. Concil. Arvernense a. 535, c. 10 (ebd. S. 67); ferner Conc. Aurel. a. 541, c. 11 (ebd. S. 89); Conc. Cabilon. can. 5 (ebd. S. 209) etc. vergl. Hinschius II, S. 264, 3.
[3]) Hartzh. I, S. 80.   [4]) Boretius S. 228, c. 25.
[5]) Lac. I, 67.   [6]) Qu. I, S. 456.   [7]) Beyer I, S. 240.
[8]) Boos, Urkb. I, S. 34, 27.   [9]) Boos, Urkb. I, S. 49, 18.
[10]) Ebd. II, S. 498, 10 u. 15; 442, 12 etc. Im Kölner Amtleutebuch von S. Brigiden (zirka 1300): „in senthe Bryden kyrspele" oder „bynnen sent Brigiden kirspell" gelegen. Ferner s. Grimm (Hildebrand), Deutsch. Wb. 5, Sp. 823.

lich seit dem Trienter Konzil für den Träger des Pfarramtes gebraucht wird: presbyter parochialis oder parochianus, Pfarrer und parochus. Zwar ist es ein Irrtum, wenn Rettberg angibt, dass parochus canonicus im Sinne von Stadtpfarrer schon um 535 im 15. can. des Konzils zu Clermont begegne[1]). Denn hier kommt der Ausdruck parochus nicht vor[2]).

Um dieselbe Zeit finden wir aber die Bezeichnung parochienses presbyteri[3]) und 747 die parochiales presbyteri[4]) im Sinne von Pfarrer. Wichtig ist nun, dass wir in gleichem Sinne den Namen parochianus mit oder ohne Zusatz von presbyter in den Urkunden des früheren Mittelalters bis ins 13. Jahrhundert antreffen, was man bisher kaum beachtet hat, indem parochianus nur als Pfarreingesessener angesehen wurde[5]). So wird schon in der lex Alamannorum XII der presbyter parochianus als der Pfarrgeistliche kenntlich gemacht. Von einzelnen Beispielen erwähnen wir, dass 1028 der Pfarrer Wolfard von Kirchdorf parochianus[6]) und 1080 der Pfarrer der zu S. Paul in Worms gehörigen Parochie barrochianus prespiter genannt wird[7]). 1112 erscheint der Pfarrer der Kollegiatkirche in Münstereifel als parochianus[8]). 1124 nennt sich der Zülpicher Stadtpfarrer presbyter parochianus[9]) und 1140 einfach parochianus ohne Zusatz von presbyter[10]), wie 1150 der Pfarrer Werner von Gymnich[11]). Ebenso ist die letztere Benennung bei einer Reihe von Kölner Pfarrgeistlichen des 12. Jahrhunderts nachzuweisen. 1144 wird der Pfarrer

---

[1]) Rettberg, K.G. I, S. 495, n. 2. Vergl. unten S. 68, n. 1.
[2]) Conc. aevi Merow. ed. Maassen S. 69.
[3]) Hefele, Konziliengesch. II, S. 722.
[4]) Hartzh. I, S. 78, Kap. 1.
[5]) Hinschius II, S. 291 f. erwähnt bei seiner Aufzählung der Namen für den Pfarrer weder den parochianus, noch den ecclesiasticus, noch den blossen presbyter. U. Stutz hat in der Zeitschr. der Savignystiftung, Germ. Abteil. 21, 1900, S. 131, Anm. 5 auf die Bedeutung des parochianus als Pfarrer schon aufmerksam gemacht.
[6]) Lac. I, 165.   [7]) Boos, Urkb. I, 57.   [8]) Lac. IV, 614.
[9]) Lac. I, 299.   [10]) Lac. I, 341.   [11]) Lac. I, 370.

von S. Mauritius parochianus genannt[1]), 1174 der Pfarrer Gerhard von S. Alban[2]), 1165—85 Heinrich von S. Maria-Ablass[3]), 1170—90 Godfried von S. Maria-Lyskirchen[4]), 1147—65 Gerhard von S. Peter[5]). In einer Urkunde von 1180 wird allgemein von der durch den Pfarrer zu erteilenden Erlaubnis der Sepultura gesprochen, auch hier heisst es „cum parochiani sui licentia"[6]). 1203 begegnet uns der Stadtpfarrer von Xanten unter dem Titel parochianus[7]). 1225 werden die Pfarrer von Halberstadt[8]), 1221 der von Wiernsheim in Württemberg[9]) und 1233 die von Quedlinburg[10]), 1259 der Pfarrer von Drübeck[11]), 1264 einmal ein Wormser Stadtpfarrer[12]) ebenso bezeichnet. In Aachen führte der Pfarrer von S. Foilan noch bis in die neuere Zeit den Titel parochian, prochian oder proffion[13]). Sonst liest man in deutschen Urkunden meist parherr oder perher[14]), pherer, perner[15]), pharrer, pfarrer, und in dieser Gestalt hat sich der Titel das ganze Mittelalter hindurch bis in die Gegenwart erhalten, während parochianus im 14.[16]) und 15. Jahr-

---

[1]) Ebd. Nr. 352.
[2]) Günther I, 193; Knipping Nr. 1014.
[3]) Hoeniger, Nied. 3, III, 3 und Gereon 1, III, 2.
[4]) Col. 1, XI, 18 vergl. Lac. I, 461.
[5]) Hoeniger I, S. 300, Anm. 4.
[6]) Lac. I, 476.   [7]) Knipping Nr. 1635.
[8]) Halberst. Urkb. Nr. 23.   [9]) Württb. Urkb. III, S. 122.
[10]) Quedlinb. Urkb. II, 1, Nr. 25. 26.
[11]) Jacobs, Urkb. v. Drübeck Nr. 26.
[12]) Boos, Urkb. II, S. 729, Nr. 227.
[13]) R. Pick, Aus Aachens Vergangenheit S. 27.
[14]) Würdtw., Dioec. Mog. I, S. 150 ff. Ferner Grimm (Lexer), Deutsch. Wb. 7, Sp. 1622.
[15]) Boos, Urkb. II, S. 543, 20; 617, 38 etc. Guden., Cod. diplom. IV, S. 14, a. 1403 (pfarrer u. pferrer zu Fritzlar); Doebner, Hildesh. Urkb. II, S. 76, Nr. 131 (pernere), Quedlinb. Urkb. II, 2, S. 58, Nr. 608 (pfferner); Braunschw. Urkb. II, S. 356, 4 ff. (pernere); Jacobs, Urkb. des Klosters Drübeck Nr. 143 (perner), 152 (parner). Ausserdem vergl. v. Raumer, Die Einwirkung des Christentums auf die althochdeutsche Sprache 1845, S. 299. Ferner Grimm (Lexer), ebd., Sp. 1625.
[16]) So auf d. Synode zu Kremsier a. 1318, c. 3, Hartzh. IV, 270.

hundert kaum noch anzutreffen und in der gekürzten Form als parochus erst im 16. Jahrhundert seit dem Tridentinum in häufigeren Gebrauch gekommen ist[1]). Die Bedeutung aller dieser von parochia abgeleiteten Namen beruht darauf, dass sie den Träger des Titels als den Inhaber einer Pfarre und ihrer Einkünfte charakterisieren ohne Rücksicht darauf, ob der Betreffende sein Amt selbst verwaltete oder auch nur die Priesterweihe besass.

Sonstige Titel, welche man namentlich auf französischem Sprachgebiet (Frankreich und Belgien) häufig antrifft, wie curatus, curio, investitus und persona, sind auf deutschem Boden verhältnismässig selten.

§ 17. Curatus.

Die Bezeichnung curatus hat schon im 13. Jahrhundert hie und da Anwendung gefunden. Zuerst scheinen die mit der Seelsorge beauftragten Vikare als curati vicarii von anderen Vikaren unterschieden zu sein[2]). Dann werden auf der Synode zu Cambrai von 1300, ferner in einer Bulle Johannes XXII. die Seelsorger curati bezw. rectores curati genannt[3]). In einer Urkunde der Kölner Pfarrfraternität von 1345 heisst es von einem Pfarrer plebanus seu curatus und curatus allein[4]). In den Statuten des Pfarrkollegiums wie in den Statuta Coloniensia von 1423 (p. 234) werden die Stellvertreter der Pfarrer vicecurati genannt. Aus dem 15. Jahrhundert besitzen wir einen „libellus, qui dicitur manipulus cura-

---

[1]) In den mittelalterlichen Quellen ist uns dieser Titel noch nicht begegnet. Er scheint überhaupt früher nicht gebraucht worden zu sein. Du Cange gibt keinen Beleg dafür. Vergl. auch U. Stutz in der Zeitschr. der Savignystiftung 21, S. 131, Anm.

[2]) Vergl. Conc. Ultraj. a. 1291, c. 7; Hartzh. IV, S. 6; ferner ebd. S. 18, c. 30, a. 1293, S. 361, a. 1350 etc.; s. auch Moll-Zuppke II, S. 137.

[3]) Orig. im Archiv von S. Kolumba Urk. 16; für Cambrai Hartzh. S. 69 etc.

[4]) Kopiar der Fraternität im Domarchiv zu Köln.

torum"¹), worin genaue Verhaltungsmassregeln für den Pfarrgeistlichen bei Verwaltung der Sakramente und den übrigen pfarramtlichen Handlungen erteilt werden. Ein ähnliches Handbuch aus derselben Zeit trägt die Ueberschrift „pro curatis"²). Der Sinn dieses Titels braucht nicht näher erklärt zu werden, der curatus ist ein mit der cura betrauter Geistlicher und unser deutsches „Seelsorger" die genaue Uebersetzung desselben. Der Träger des Namens aber gibt sich als den die Seelsorge wirklich ausübenden Priester zu erkennen; allerdings bleibt es zweifelhaft, ob er auch der offizielle Inhaber der betreffenden Pfarrkirche und ihrer Einkünfte war.

§ 18. Investitus.

Anders steht es mit der Bezeichnung investitus. Auch sie kommt nur vereinzelt vor. So lesen wir in einer Urkunde von 1361 „Gerh. Kanel, investitus seu rector ecclesie parochialis in Odinchoven"³). Häufiger scheint sie in der Lütticher Diözese gebraucht worden zu sein. In den dortigen Urkunden des 12. und 13. Jahrhunderts tritt investitus zunächst noch als reiner Verbalbegriff auf, wenn es z. B. heisst „investitus de presbyteratu ecclesie de Lisia"⁴). Bald aber finden wir es auch substantivisch gebraucht wie rector ecclesie, z. B. Petrus investitus ecclesie de Momalia, Fredericus ecclesie de N. investitus⁵). Ebenfalls finden wir investitus ganz absolut ge-

---

¹) Kölner Stadtarchiv, theol. Miszellen 300*; der codex aus dem Konvent der Regularissen von S. Agnes zu Xanten.
²) Ebd. G.B. 4⁰. 142, fol. 119ᵃ ss. Curio begegnet in Deutschland z. B. 1142 in Syn. Trevir. c. 3 u. 4 (Hartzh. III, S. 345).
³) Lac. IV, 679, a. 1361. Vergl. auch Binterim u. Mooren III, 176, a. 1271: W. canonicus ac investitus de Ambere.
⁴) Cartulaire de s. Paul de Liége S. 10, a. 1178; vergl. S. 15 Johannem canonicum de hoc presbyteratu nomine ecclesie investivit.
⁵) Ebd. S. 14, a. 1182 u. Cartulaire de s. Lambert II, S. 132, a. 1261; S. 486, a. 1292; S. 523, a. 1295 etc.

braucht¹), wie man etwa dem Eigennamen den Titel pastor hinzusetzt ohne Angabe der Kirche. Die Bedeutung des investitus beruht darauf, dass der betreffende Kleriker mit der Pfarrstelle gleichsam belehnt (symbolisch mit dem Amtsgewand bekleidet) ist, abgesehen davon, ob derselbe das Amt persönlich ausübt und die Priesterweihe besitzt, oder ob er nur als Benefiziat im Genuss der Pfarrgerechtsame etwaige überschiessende Einkünfte, namentlich aus den Zehnten, bezog und davon einen Vikar besoldete. So werden z. B. 1193 Subdiakonen mit Pfarrstellen investiert²). Die sogenannten Personatare am Niederrhein waren förmlich oder stillschweigend investiti der betreffenden Kirchen und hielten regelmässig einen vicarius, welcher als der eigentliche Seelsorger anzusehen ist³).

§ 19. Persona.

Hiermit kommen wir zu dem letzten von uns an dieser Stelle zu behandelnden Titel⁴), welcher fast ausschliesslich Nichtpriestern bezw. Nichtklerikern oder wenigstens nicht residierenden Klerikern als blossen Pfründenempfängern der Pfarrstellen beigelegt wurde. In dem in Anm. 3 erwähnten Hefte der ANR hat Mooren eine Studie über die Personatare am Niederrhein veröffentlicht, welche sich hauptsächlich mit nachtridentinischen Verhältnissen beschäftigt. Er meint, dieser Begriff der persona und des personatarius sei erst in verhältnismässig später Zeit (16. Jahrhundert) entstanden und zwar aus persona aliena d. h. ein seiner Gemeinde fremder (nicht

---

[1]) Ebd. I, S. 258, a. 1280.
[2]) Cartulaire de s. Paul S. 22. Vergl. auch die canonici investiti von Aachen bei Sauerland, Vatikan. Urkunden f. d. Rheinld. II, 2377.
[3]) ANR 25, S. 184: Henricus de Byland investitus; S. 185 investitus est d. Henricus ... ad personatum.
[4]) Ueber Prepositus, abbas, archipresbyter etc. als Bezeichnungen des urspr. Seelsorgers von Kollegiatpfarrkirchen wird unten in Kap. 3, § 29 des längeren die Rede sein.

residierender) Pfarrer, indem man das aliena im Laufe der Zeit wegliess¹). Mooren hat fernerhin bei seiner Studie ausdrücklich die schwierige und bisher ungelöste Frage²) der Personate an den Stiftern beiseite gelassen und dieselben in Gegensatz zu den Pfarrpersonaten gestellt. Vielleicht aber wirft gerade das eine in etwa Licht auf das andere, wenn wir hier beides kurz untersuchen.

Von Wichtigkeit ist es, dass wir den Ausdruck persona und das davon abgeleitete Abstraktum personatus zuerst bei den Kanonikern der Kollegiatkirchen antreffen. Wir werden unten in Kap. 3, § 34 sehen, wie gerade sie dazu berufen waren, für die Seelsorge an zahlreichen Pfarrstellen einzustehen. So wird im Jahre 1122 das Aachener Marienstift von dem Bischof von Cambrai der Verpflichtung enthoben, für seine in dem Sprengel Cambrai gelegenen Kirchen Pfarrer zu besolden; Vikare sollen genügen. Es heisst hier „altaria libera a persona permanere concessi" ³). In einer Lütticher Urkunde von 1189 schenkt der Kanonikus Gottschalk dem dortigen Johannesstift den personatus ecclesie Thenensis, nach dem Tode der bisherigen persona soll irgend ein Stiftskanonikus den Personat erhalten und die Kirche durch gewissenhafte Priestervikare versehen lassen⁴). Im Jahre 1200 werden dem Trierer Kathedralkapitel die Personate der Kirchen zu Perl und Ochtendung inkorporiert, die betreffende Seelsorge soll durch Vikare ausgeübt werden⁵). 1226 vergibt Ritter Balduin die Eigenkirche von Waterulit „cum personatu eiusdum ecclesie" an das Petersstift in Gent⁶). 1229 privilegiert

---

¹) ANR 25, S. 176.
²) Vergl. Hinschius II, S. 111 ff. Schneider, Domkapitel S. 85 Moll-Zupke, K.G. II, S. 137, 2.
³) Lac. I, 296.
⁴) Miraeus diplom. I, S. 190; zu vergleichen sind damit solche Kirchenschenkungen an Stifter, in denen es heisst, dass nach dem Tode des bisherigen Pfarrinhabers die betr. Kirche dem Stift zugehören soll z. B. Lac. I, 88 u. 251 (Maria-Ablass u. Bacharach).
⁵) Günther II, 1.   ⁶) Cartulaire de l'église de s. Pierre Nr. 488.

Kardinal Nikolaus die Kanonichen von S. Paul in Lüttich, dass sie in ihren Pfarrkirchen, wo sie den Personat besitzen, die Seelsorge durch vicarii perpetui ausüben dürfen[1]) (wie schon 1122 das Aachener Marienstift ein ähnliches Privileg erhalten hatte). In den Lütticher Domstatuten von 1250 werden daher die „canonici habentes personatum" besonders kenntlich gemacht (Hartzh. III, S. 580 u. 584).

An allen diesen Orten haben wir unter personatus eine Pfarrstelle zu verstehen, welche einer persona übertragen wurde. Daher der oft zu beobachtende Ausdruck „persona personatus in N."[2]). Dasselbe geht hervor aus einer Verordnung Erzbischof Rigauds von Rouen an die Dekane seines Sprengels betreffend die Kanoniker. Rigaud war ausserordentlich eifrig für die kirchliche Reform seiner Diözese tätig und suchte auch das Personatswesen zu beseitigen. Deshalb befiehlt er den Dekanen, die Pfarrkirchen aller „personae [canonici], qui non se representarent ad ordines" und derjenigen „qui non resident in ipsis parochiis" ohne weiteres einzuziehen[3]).

Dass der personatus eine Seelsorgerstelle bedeutet, entnehmen wir auch einer Verordnung des Bischofs Nikolaus von Regensburg (1319), die Kustodie der dortigen Kollegiatkirche S. Johann nicht als ein Personat oder (seu) Kuratbenefizium anzusehen[4]). In den Stiftsstatuten von Bingen heisst es daher, obwohl der Kustos sich ein Personat angeeignet habe, so sei er doch von der Ausübung der cura etc. exempt[5]).

---

[1]) Cartulaire de l'eglise de s. Paul de Liége S. 36 f.

[2]) Z. B. Hess, Urkb. von S. Severin Nr. 162, a. 1495; Nr. 165, a. 1498 etc.

[3]) Rigaud S. 190.

[4]) Mayer, Thesaur. 4, 218: deffinimus praefatam custodiam non esse personatum aut officium seu beneficium tale, quod cum personatu seu beneficio curati conpati se non possit, sed esse simplex; vergl. Sauerland, Vatikan. Urkunden u. Regesten f. d. Rheinland II, 1823, S. 299: personatus seu curati officii possessionem.

[5]) Würdtwein subs. II, S. 342: custos, licet personatus officio potiatur, tamen praelatione et cura est exemptus.

Wie es nun eine unten (§ 34) näher zu erweisende Tatsache ist, dass der einzelnen Stiftskirche oft eine Reihe von Pfarrkirchen zugehörte, deren Seelsorge ursprünglich von den Kanonikern im Namen des Propstes ausgeübt wurde, so erklärt es sich, dass wir gerade an den Stiftern in erster Linie den Inhabern von Personaten begegnen.

Wenn wir somit den Begriff des personatus als einer Pfarrstelle, gleichbedeutend etwa mit rectoria und plebanatus ansehen können, so bleibt die wichtige Frage nach der Bedeutung der persona selbst noch zu beantworten[1]). Die Visitationsprotokolle Erzbischof Rigauds gewähren auch hier die Handhabe, den Sinn und die Anwendungsweise dieses Wortes näher zu bestimmen. In den bei weitem meisten Protokollen bezeichnet Rigaud den Pfarrer als presbyter, manchmal auch als rector ecclesie, wie wir bereits erwähnten. Nur in zwei Fällen wendet er ausschliesslich persona an: wenn der betreffende Pfarrinhaber nicht die höheren bezw. überhaupt keine Weihen besitzt[2]), oder wenn er keine Residenz übt[3]); also handelt es sich jedesmal um einen Kleriker oder Laien, welcher zwar die Einkünfte der Pfarrstelle bezog und gleichsam die Rolle des Pfarrers (persona im klassischen Latein!) spielte, nicht aber das Amt desselben ausübte, weil er nicht die höheren Weihen erwerben wollte oder konnte[4]). Er hatte stets einen Stellvertreter für den Pfarrdienst zu be-

---

[1]) Vergl. Moll-Zupke, K.-G. der Niederlande II, S. 137 „über die Bedeutung von persona ist man nicht klar".

[2]) Z. B. Rigaud S. 29: persona de Revilla se non presentat ad ordines; S. 160 Rogerus, persona ecclesie de Limesiaco muss dem Erzbischof versprechen zu resignieren, „nisi presentaret se succesive ad ordines"; S. 226 mag. Robertus, persona de Rokefort, excusavit se sufficienter propter infirmitatem suam de instantibus ordinibus etc., vergl. auch die oben angezogene Stelle auf S. 190.

[3]) Rigaud S. 29. 173. 135. 190.

[4]) Ebd. S. 226 „propter infirmitatem". Vergl. auch Luchaire, Manuel S. 6, 3.

stellen[1]). Dass ein **Kleriker**, ohne im Besitze der **Priesterweihe** zu sein, das Regiment einer Pfarre führen bezw. Inhaber einer Pfarrstelle werden konnte, ist an sich keineswegs auffallend und darf nicht bloss unter dem Gesichtspunkt eines später eingetretenen Missbrauchs angesehen werden.

Schon öfter haben wir bei den Titeln pastor, plebanus und presbyter darauf hingewiesen, dass viele Pfarrinhaber weder die Seelsorge selbst ausübten noch die Priesterweihe besassen.

Wir müssen hier eine parallele Entwicklung zwischen den Stifts- und einfachen Pfarrkirchen feststellen. Wie in jenen der Propst die von ihm ursprünglich[2]) ausgeübte Seelsorge und den Pfarrgottesdienst einem oder mehreren Stellvertretern übertrug und besonders seit dem 13. und 14. Jahrhundert vielfach gar nicht die Priesterweihe besass[3]), so

---

[1]) Ebd. S. 45: persona de Harquevilla non facit deserviri in ecclesia sua; vergl. auch S. 515 u. 671: persona de Blinguetuit. Ganz dasselbe ist aus rheinischen Urkunden zu ersehen. So wird z. B. der Inhaber der von S. Severin zu besetzenden Pfarrstelle in Vischeln, welcher keine Residenz übte, persona genannt (Hess, Urkb. S. 255 u. 258 f. Die Pfarrgeschäfte wurden von einem vicarius perpetuus versehen (ebd. S. 256, a. 1496). Ebenso erscheint in einer Urk. von 1333 der Inhaber der Emmericher Aldegundispfarrkirche Wilh. Griwel als persona, weil er als kaiserlicher Notar nicht daran dachte, die Seelsorge auszuüben (A. Tibus, Alter der Kirchen ... in Emmerich S. 38). Nach einer Urk. des Kölner Jesuitenkollegs von 1581 (Stadtarchiv) resigniert Hartm. Leiffgens, vicarius perpetuus parochialis ecclesie in superiori Budberg, in die Hand des Joh. Hertzig „tamquam personae personatus dictae paroch. eccl." zu Gunsten eines anderen vicarius perpetuus: Wilh. Krauthof. In anderen Diözesen finden wir das nämliche. Bei der Ueberweisung der Personate von Bardorf u. Esekenrode an das Stift Walbeck (Halberst. Diöz.) wird dem letzteren die Bestellung von vicarii perpetui zur Pflicht gemacht (Hilling, Beitr. z. Gesch. etc. des Bistums Halberstadt I, S. 68). Hierhin gehören auch die englischen parsons und ihre vicars.

[2]) Vergl. unt. Kap. 3, § 41.

[3]) So hatte z. B. der Propst von S. Aposteln, Dietr. von Heinsberg, als er 1209 zum Erzbischof von Köln erwählt war, noch nicht die Priesterweihe empfangen, Ennen, Gesch. d. St. Köln II, S. 52. Vergl.

machten es auch die Inhaber einfacher Pfarrkirchen, mochten sie nun selbst einer Stiftskirche angehören oder nicht: sie liessen sich durch Vikare vertreten und nahmen dann selbst oft nicht die erforderlichen Weihen. Deshalb lesen wir sehr bezeichnend in der bereits erwähnten Lütticher Urkunde, dass der mit dem personatus Thenensis betraute Kanonikus des Johannesstiftes Propst (!) jener Kirche heissen und die Seelsorge durch geeignete Priester versehen lassen solle[1]). — Zur Leitung einer Pfarrkirche (nicht zur faktischen Ausübung aller seelsorglichen und gottesdienstlichen Handlungen) war nämlich seit alters die Priesterweihe nicht für unbedingt nötig erachtet worden. So hören wir schon in dem 77. Kanon der Synode von Elvira (a. 305—306) „si quis diaconus regens plebem sine episcopo vel presbytero aliquos baptizaverit, episcopus eos per benedictionem perficere debebit"[2]). Wir erinnern uns ferner an die Archidiakonen, welchen vielfach als Dompröpsten die Leitung des Kathedralklerus anvertraut wurde[3]). So können wir auch die bekannte Verordnung Alexanders III. (1159—81) verstehen, worin es heisst, dass jemand ausnahmsweise eine Pfarrstelle übernehmen dürfe, auch wenn er nur niedere Weihen besässe, obwohl nach kirchlicher Ordnung mindestens die Weihe zum Subdiakon erforderlich sei; nur müsse die Aussicht bestehen, dass sich der Betreffende in absehbarer Zeit die Priesterweihe geben lassen könne[4]).

Chron. regia ed. Waitz S. 229. Im ältesten Memorienb. von S. Gereon (im Besitze des Herrn Dompropstes Dr. Berlage) werden unter zirka 30 der früheren Pröpste 4 als diaconi, 1 als subdiaconus und 16 als presbyteri besonders kenntlich gemacht.

[1]) Miraeus diplom. I, S. 190, a. 1189.
[2]) Vergl. auch Imbart de la Tour a. a. O., S. 60 u. 61 f. Wenn aber Imbart der Meinung ist, dass eine Kirche mit einem Geistlichen von Diakonenrang an ihrer Spitze nicht die vollständigen Pfarrechte besitze, so scheint dies doch auch für die ältere Zeit nur in dem Falle zuzutreffen, wenn an der betr. Kirche auch kein Priester vorhanden ist.
[3]) Vergl. unt. Kap. 3, § 40.
[4]) c. 5, X de aetate et qualitate I, 14: licet ad regimen parochialis

Hatte man aber als Subdiakon oder durch Dispensation gar als niederer Kleriker, ja als Nichtkleriker eine Pfarrkirche erhalten, so mussten alle nur dem priesterlichen Ordo vorbehaltenen pfarramtlichen Handlungen durch stellvertretende Priester besorgt werden.

Eine verderbliche Unsitte und eine Zuwiderhandlung gegen das kanonische Recht war es nur, Pfarrstellen anzunehmen, obwohl man von vornherein vorhatte, sich den geistlichen Weihen und den sonstigen kirchlichen Verpflichtungen, welche das übernommene Amt mit sich brachte, nicht zu unterziehen, oder keine Residenz zu üben, vielmehr alle Arbeit durch Vikare verrichten zu lassen und selbst bei oft [1]) sehr geringer Besoldung des Stellvertreters die Haupteinkünfte zu geniessen [2]). Die mittelalterliche Benefizialtheorie hat auch hier viel Unheil angerichtet [3]). Bei den Stiftskirchen trat freilich dieser Missbrauch zunächst noch nicht so auffällig zu Tage, solange keine umfassenden Kumulationen von verschiedenen Stellen stattfanden. Die betreffenden Kanoniker, denen Pfarreien übertragen waren, blieben an ihrer Kollegiatkirche weiter beschäftigt oder gingen zum weiteren Studium an die Universität (vergl. unten Kap. 3, § 29) und liessen nur ihre Personate durch Vikare verwalten. Wir sahen bereits, dass dieser Modus im Kapitel von S. Paul zu Lüttich die Bestätigung des Kardinals Nikolaus erhielt [4]).

---

ecclesiae non debeat aliquis, nisi subdiaconus sit, ad minus admitti, dispensative tamen minoribus ordinibus constituti consueverunt assumi, dum tamen tales sint, quod infra breve tempus possint in presbyteros ordinari.

[1]) Dass mitunter die Einkünfte der Vikarie reichlich bemessen waren, zeigt Westf. Urkb. III, 798, wo der Vikar zu Beckum überzeugt ist „quod de fructibus vicarie sue plures quam unus ad cultum divinum ibidem ampliandum valerent sustentari".

[2]) Vergl. auch U. Stutz, Benefizialw. S. 147, Anm. 60.

[3]) Vergl. N. Hilling, Die Halberstädter Archidiakonate S. 21 f. Erzb. Friedr. III von Köln spricht daher von dem Vikariatsunwesen als einem „morbus detestabilis et perniciosus" (Hartzh. IV, S. 516).

[4]) Cartulaire de s. Paul S. 36 f., a. 1229.

Aehnlich geschah es im 13. Jahrhundert in vielen Stiftern[1]). In erster Linie wurden die sogenannten Stiftsdignitäten, d. h. die oberen Kapitelsstellen mit den Personaten bedacht. So kann es geschehen, dass manchmal dignitas und personatus, wie man im übertragenen Sinne nun auch die betreffenden mit einer Pfarrstelle verbundenen Kanonikate nannte, identisch zu sein scheinen[2]), bald aber dieselbe Stiftsstelle unter dem Gesichtspunkt der dignitas, bald unter dem des personatus genannt wird[3]).

Die ausserhalb der Stifter bestehenden Personate, wie sie uns besonders durch Mooren für den Niederrhein veranschaulicht werden, stehen offenbar mit dem Eigenkirchen- und Patronatswesen weltlicher Herren in Zusammenhang[4]). Von den Patronen der Kirchen (fundus, dos, edificatio) und ihren Nachkommen wurde sehr oft das Besetzungsrecht ausgeübt. Hatte das betreffende Gotteshaus nun reiche Einkünfte, so lag es in ihrem Interesse, einem Verwandten oder jüngeren Sohne die

---

[1]) Das älteste Beispiel bietet das Kölner S. Georgsstift u. seine Filialkirche Bremen bei Werl, Seibertz I, 49, a. 1149; ferner für S. Gereon, Joerres, Urk. 99, a. 1234; Nr. 126, a. 1246; Lac. IV, 809, a. 1287 etc. Für Severin s. Hess, Urkb. Nr. 25, a. 1258: der Scholaster von Severin war Inhaber der Rodenkirchener Stelle; ferner ebd. S. 125 ff. Urk. von 1208 u. 1210, wo auch der Ausdruck persona mehrfach vorkommt, aber, wie es scheint, noch nicht in dem technischen Sinne des blossen Pfarrinhabers, da die persona hier gerade die cura animarum wirklich ausüben soll. Erzb. Rigaud zeichnete sich dadurch aus, dass er, wie schon bemerkt, das Personats- und Vikariatswesen der Kanoniker, wo immer es ging, bekämpfte, vergl. Rigaud S. 190.

[2]) Hinschius II, S. 112, n. 8.

[3]) Ebd. S. 113.

[4]) Vergl. Mooren a. a. O. S. 174, dazu S. 178 f. u. 180 etc., wo wir hören, wie viele Personate durch adelige Häuser konferiert wurden. Vergl. auch Kuhl, Gesch. von Jülich IV, S. 319 (Pfarrkirche zu Müntz). Ferner s. Württb. Urkb. III, S. 437, a. 1239. In Süddeutschland scheint im späteren Mittelalter der Ausdruck rector ecclesie vielfach in gleichem Sinne wie persona gebraucht zu sein (vergl. Bossert, Württb. K.G. S. 164 u. 169).

Pfründe zu verleihen[1]). Die also Bedachten waren aber vielfach nicht gewillt oder nicht in der Lage[2]), das Amt und seine Verpflichtungen persönlich auszuüben, sie bestellten darum einen Vizekuraten oder Vikar zum eigentlichen Pastor[3]), während sie selbst als persona oder personatarius die offiziellen Inhaber und Niessnutzer der Stelle waren und die Rolle des Pfarrers spielten. Mitunter kam es dann sogar vor, dass sich der „vicarius verus" ebenfalls einen vicarius oder mercenarius bestellte[4]). Bischöfe und Synoden sind ohne dauernden Erfolg gegen das Unwesen aufgetreten[5]), und in mancher Gemeinde mag es im 16. Jahrhundert den Bruch mit der Kirche befördert haben[6]). Dass aber diese Missbräuche nicht im späteren Mittelalter zuerst auftauchen, sondern zum Teil in recht frühe Zeit, bis in die merowingische Periode zurückreichen mögen, zeigen wiederholte strenge Synodalvorschriften des 7. Jahrhunderts gegen die Uebernahme von Pfarrstellen durch Laien, welche die geistlichen Funktionen durch Vikare versehen liessen[7]).

---

[1]) Vergl. U. Stutz, Freiburger Münster S. 10.

[2]) Sie waren vielleicht durch ein Stiftsamt oder durch Krankheit verhindert.

[3]) Dieser hatte in der Regel das Pfarrhaus (domus dotalis, widemhof) inne, da die persona regelmässig nicht residierte, wohl aber die Haupteinkünfte bezog; so heisst es z. B. in einer Beschreibung der Kirche zu Jusdorf (bei Kempen, Kölner Stadtarchiv, Jesuitenakten 476, 17. Jahrhundert): personatus non habet aliam domum et habitationem quam parochus, sed suos peculiares redditus proventus ... decimas maiores etc.

[4]) Vergl. Kuhl, Gesch. v. Jülich IV, S. 318 (Müntz) u. Lac. II, 741.

[5]) Z. B. Hartzh. III, S. 530 Conc. Trevir. a. 1227, c. 7 u. Hartzh. IV, S. 516 ff., a. 1375.

[6]) Vergl. Rosellen, Dekanat Brühl S. 275.

[7]) Vergl. U. Stutz, Benefizialw. S. 76, Anm. 53, S. 147, Anm. 60. Sägmüller, Tüb. Univ.-Progr. S. 45.

Kapitel 3.

Entstehung und Entwicklung der Stiftskirchen mit besonderer Rücksicht auf Pfarrgottesdienst und Seelsorge.

Schon im frühen Mittelalter begegnen uns verhältnismässig zahlreiche und gut beglaubigte Nachrichten über die sogenannten Stiftskirchen, welche fast an allen bedeutenderen Ortschaften — mitunter in grösserer Anzahl[1]) — oft auch vereinzelt auf dem Lande vorhanden sind.

§ 20. Die bisherige Auffassung.

Ihre Entstehung und wesentliche Bedeutung für das innere kirchliche Leben und namentlich für die Pfarrseelsorge wurde, wie uns scheint, bisher nicht näher untersucht und richtig gewürdigt[2]). Weit verbreitet ist die Anschauung, dass

---

[1]) So sind z. B. in Köln bereits im 9. Jahrhundert 7 oder 8 Stiftskirchen nachweisbar (s. unt. § 31). Unsere Definition v. Stiftskirche s. S. 85.

[2]) Eingehendere Darstellungen gibt es nur über die Domstifter, deren Zusammensetzung und rechtliche Befugnisse in den Handbüchern des Kirchenrechts. Eine Monographie über die bischöflichen Domkapitel, ihre Entwicklung und rechtliche Stellung im Organismus der Kirche gibt P. Schneider, Mainz, 1885, mit umfangreicher Literaturangabe; doch ist auch hier die Pfarrseelsorge S. 102 u. 390 nur gestreift. Die Entstehung des ausschliesslichen Wahlrechts der Domkapitel ist von G. v. Below (Leipzig 1883) behandelt. Weitere Literatur bei Luchaire, Manuel des institutionis françaises 1892, S. 51.

sich die Aufgabe der Kanoniker im Chordienst und Stundengebet erschöpft habe, dass die Stifter nur gleichsam Versorgungsanstalten für den Adel gebildet, aber „keine eigentlichen Parochialrechte" besessen und die ihnen etwa überwiesene Pfarrseelsorge gleichsam als unwesentlichen Anhang durch einen vicarius hätten verwalten lassen[1]). Es werden auch Entwicklungsperioden der Stiftskirchen und der darauf folgenden, im Gegensatz dazu stehenden, freien Pfarrkirchen angenommen[2]). Ja man kann in kirchenrechtlichen Zeitschriften lesen, dass es unmöglich gewesen sei, in ein und derselben Kirche den Stifts- und Pfarrgottesdienst abzuhalten[3]). Wir wollen im folgenden versuchen, über das Wesen der Stiftskirchen Klarheit zu gewinnen.

§ 21. Beispiele dafür, dass der Pfarrgottesdienst in Stiftskirchen stattfand.

Es mag zunächst unsere Aufgabe sein, durch den Hinweis auf einige, aus einer grossen Anzahl von Stiftskirchen mit Pfarrgottesdienst herausgegriffene Beispiele darzutun, dass der Pfarrgottesdienst nicht nur in den Kollegiatkirchen stattfinden konnte, sondern auch stattgefunden hat. Wir werden im weiteren Verlaufe unserer Untersuchung sehen, wie es durch besondere Verhältnisse bedingte Ausnahmen sind, wenn im späteren Mittelalter an einzelnen Stiftskirchen selbst (z. B. in Worms und Köln) der Pfarrgottesdienst nicht abgehalten wurde.

Gehen wir von den zunächst liegenden Stiftern aus. In Köln bildeten die Kirchen der hh. Severin, Kunibert und Aposteln im Mittelalter und bis in die Gegenwart zugleich

---

[1]) Vergl. z. B. das Osterprogramm des Apostelngymnasiums 1902, Aufsatz von Oberl. Stelzmann S. 5 ff. Auch Thomas, Gesch. der Pfarre S. Mauritius zu Köln, 1878, S. 37 f. hält Kloster- u. Stiftskirche hinsichtlich der Seelsorge nicht auseinander.
[2]) Kelleter in der Mevissenfestschrift S. 226 ff. 233 ff.
[3]) So Falk im Archiv f. k. Kirchenrecht 1892, S. 262 ff.

die gottesdienstlichen Stätten für die betreffenden Parochien[1]), ebenso auch das Chorherrnstift Mechtern (Köln = Ehrenfeld), so lange es bestand[2]). Von den Stiftskirchen S. Gereon[3]) und S. Maria im Kapitol[4]) wissen wir, dass in ihnen ursprünglich der Pfarrgottesdienst abgehalten wurde. Von dem Dom heisst es noch 1206 „ecclesia b. Petri vestra est parochialis ecclesia" in dem Sinne, dass in der Kathedrale (im Gegensatz zu den Pfarrkirchen, welche ihren bestimmten kleineren Sprengel hatten) pfarramtliche Handlungen aus der ganzen Diözese vorgenommen werden konnten[5]), wie es in ausführlicher Darstellung die Domstatuten von Utrecht für die dortige Kathedrale dartun: omnes de dyocesi possunt in eccle-

---

[1]) Für S. Aposteln s. vorläufig Beil. 2, woraus hervorgeht, dass die Verwaltung des Pfarrgottesdienstes ein Annex des Thesauraramtes war; und Urk. von 1328 bei Sauerland, Vatikan. Urkunden II, S. 137. Hiernach ist auch die Behauptung Stelzmanns im Osterprogramm des Apostelngymnasiums (1902, S. 7) zu berichtigen, dass der Pleban von S. Aposteln nicht der Stiftsgeistlichkeit angehört habe. Für S. Kunibert s. Beilage 3; für S. Severin s. unten § 42 drittletzte Note; ferner Hess, Urk. von S. Severin, 1901 (Register) und ANR, Heft 32 Urk. von 1269 ... sacerdos [in ecclesia s. Severini] in dicto altari non celebrabit, nisi prius sit evangelium lectum in missa parochiali ...

[2]) Qu. I, 93. Dass Mechtern im 13. Jahrhundert Kollegiatstift war, geht auch aus einer Urk. von 1256 (Hennes, cod. dipl. Theuton. II, S. 116) hervor: Wilh. canonicus de Martiribus. Diese Kirche erscheint noch im 13. Jahrhundert als Pfarrkirche neben anderen, deren Kollation dem Propst von S. Gereon zustand; Joerres, S. 175, a. 1283.

[3]) S. vorl. Beil. 1.

[4]) Vergl. meinen Aufsatz über das Alter der Pfarrei Kl. S. Martin = S. Maria im Kapitol in ANR 74.

[5]) Dialogus clerici et laici in Waitz, Chronica Regia S. 320; noch 1300 wird der Kölner Dom parochialis ecclesia der Diözese genannt Hartzh. IV, S. 39, c. 7); vergl. oben S. 49, Anm. 4. — Eine bekannte pfarramtliche Handlung, die Taufe des bekehrten Israeliten und späteren Kanonikus Hermann von Kappenberg im Kölner Dom (zirka 1100) wird von diesem selbst in seiner Konversionsschrift geschildert (ed. J. B. Carpzov 1687 vergl. Wattenbach, Geschichtsqu. II², S. 186).

sia nostra audire divina et recipere sacramenta et eciam sepeliri [1]).

Als Pfarrkirchen erscheinen fernerhin die Kollegiatkirchen zu Münstereifel[2]) und Zülpich[3]), Kerpen[4]), S. Marien zu Prüm[5]), das Münster[6]) und das Adalbertstift zu Aachen[7]), die Kollegiatkirchen in Xanten, Kleve, Rees[8]), S. Martin zu Rütten bei Aachen[9]); S. Marien[10]) und das Apostelnstift zu Lüttich[11]). S.S. Lambert, Liudger, Aegidien, Marien, Martin und der Dom zu Münster[12]); die Kathedrale und das Johannesstift in

---

[1]) Müller, Domstatuten von Utrecht, S. 261 Nr. 19 u. S. 262. Diese beiden Stellen für die Kölner u. Utrechter Kathedrale sind von grosser Bedeutung, weil aus ihnen hervorgeht, dass der bischöflichen Kirche gegenüber niemals ein ausschliessender Pfarrzwang bestanden hat, auch dann nicht, als derselbe bei allen anderen Pfarrkirchen längst im Gebrauche war (s. oben § 9); hiermit fällt ein prinzipieller Einwand von Hinschius gegen das Vorhandensein der Stadtpfarrkirchen neben der Kathedrale in früherer Zeit, indem er bezweifelt, dass die Christen ausschliesslich auf jene tatsächlich vorhandenen Stadtkirchen angewiesen waren (Hinschius 2, S. 278). Merkwürdig ist, dass selbst heute noch vielfach unter den Laien die Ansicht herrscht, sie könnten ihrer österlichen Pflicht, ungeachtet ihrer Zugehörigkeit zu einer anderen Pfarrkirche, im Dome genügen (Freundl. Mitteilung von Herrn Dr. Lauscher, Kapl. an S. Gereon).

[2]) Lac. IV, 614, a. 1112.   [3]) Ebd. Nr. 341, a. 1140.

[4]) Binterim u. Mooren, Erzdiöz. Köln I.², S. 104.

[5]) Beyer II, S. CLXXXVII.

[6]) Loersch, Aachener Rechtsdenkmäler, Urk. v. 1269 u. Zeitschr. des Aachener Geschichtsvereins, Bd. 10, S. 130 f.

[7]) Lac. I, 152, a. 1018 (cimiterium et decimae), der Pleban Wilhelm von S. Adalbert 1269 als Zeuge erwähnt (Loersch, S. 34).

[8]) A. Tibus, Alter der Kirchen z. h. Martin etc. in Emmerich, S. 29; ders., Die Pfarre Cleve von ihrer Gründung etc. S. 73; für Rees noch besonders Lac. II, 1020 u. Knipping, Regesten II, 462, a. 1148.

[9]) Lac. I, 100, a. 947 u. Anm.

[10]) S. unten § 29.

[11]) Cartulaire de s. Lambert I, 42 (ecclesia populorum).

[12]) Erhard, Urk. 507, a. 1190/92 u. das Register zum Westfäl. Urkb. III, S. 56 ff. Ueber den Pfarrgottesdienst im Dom vergl. A. Tibus, Gründungsgesch, S. 56 ff.

Osnabrück[1]), S. Martin zu Bingen[2]); S. Martin[3]) und S. Viktor[4]) zu Mainz; S. Servatius und S. Marien in Mastricht[5]); S. Lambert zu Düsseldorf[6]), S. Reinold in Dortmund[7]); die Stiftskirche Dietkirchen in Bonn[8]); S. Marien zu Carden a. d. Mosel[9]); S. Marien neben dem Dom zu Trier[10]), S. Marien zu Wadgassen[11]), auch die Frankfurter Stiftskirche[12]); S. Johann[13]) und S. Andreas[14]) zu Hildesheim; ferner die zahlreichen Kollegiatstifter zu Strassburg[15]); S. Alban und S. Peter zu Basel[16]), S. Johann und S. Stephan, sowie die Abtei Kreuzlingen (canonici) zu Konstanz[17]). Für das nördliche Frankreich geht aus den Visitationsprotokollen des überaus eifrigen Erzbischofs Rigaud von Rouen (1248—75) hervor, dass die Stiftskirchen zugleich Pfarrkirchen waren. Es seien hier nur zwei Stellen erwähnt, worin er Bestimmungen über den Pfarrgottesdienst trifft. So verordnet er, dass zu Sauquevilla in der dortigen Stiftskirche täglich **zwei Pfarrmessen** gesungen werden

---

[1]) Erhard, Urk. Nr. 261.
[2]) Würdtwein, Subsid. diplom. II, S. 372.
[3]) Guden. I, 652; II, S. 752 ff.
[4]) Falk, Organ f. christl. Kunst 1871, S. 93.
[5]) Franquinet I, 1, a. 1132 u. Nr. 4.
[6]) Lac. III, 39, a. 1306.
[7]) Lac. I, 220 (ecclesia matrix) u. Dortmunder Urkb. Nr. 172 (ecclesia collegiata habens curam animarum oppidi Tremon.).
[8]) R. Pick, Gesch. der Stiftskirche zu Bonn 1884.
[9]) Würdtw. Dioeces. Mogunt. I, S. 69.
[10]) Günther I, 66, a. 1083 wird der Sprengel von S. Marien erwähnt; s. auch Marx 4, S. 52; Beyer II, S. CXCIV.
[11]) Fritz, Gesch. der Abtei Wadgassen S. 22, Urk. von 1135.
[12]) Böhmer-Lau, Frankf. Urkb. I, 42 u. 275.
[13]) Doebner I, 215 etc.
[14]) Ebd. Nr. 57 etc.
[15]) S. Strassb. Urkb. an vielen Stellen besond. I, 326 von 1248 und Register.
[16]) Baseler Urkb. I, 1031 u. 126.
[17]) Beyerle, Grundeigentumsverhältnisse etc. in Konstanz II, Register, S. 483 ff.

sollen¹), und dem Collegium s. Laudi zu Rouen verbietet er, dass im Münster irgend ein Kanonikus sich mit Nichtstiftsinsassen unterhalte ausser der **Pfarrpriester**, welcher wegen des **Beichthörens** auch länger im Münster verweilen dürfe²). Wir könnten noch eine grosse Menge von Stiftskirchen namhaft machen³), welche zugleich Pfarrkirchen waren, doch ist unseren nächstliegenden Zwecken schon mit den obigen gedient. Nur sei noch besonders auf einige Beispiele von **Frauenstiftern**⁴) hingewiesen, welche ebenfalls als Pfarrkirchen bezeugt sind. Zu dem bereits erwähnten Maria im Kapitol in Köln und Dietkirchen zu Bonn fügen wir noch hinzu das Quirinusstift zu **Neuss**⁵), die Stiftskirchen zu **Essen**⁶), Rellinghausen⁷), Freckenhorst⁸) und zu Vreden in Westfalen⁹), das Frauenstift zu **Niederehe** in der Eifel¹⁰), zu Dünwald im Bergischen¹¹), zu Vilich und Schwarzrheindorf¹²), zu Lamspringe

---

¹) **Rigaud** S. 209: Ordinavimus, quod qualibet die duae missae cantarentur **parochiales** in mane et alia missa ad magnum altare.

²) Ebd. S. 204: nullus audeat in monasterio ... cum extraneis hominibus loqui nisi solus presbyter parochie et ille ... redeat ad claustrum nisi propter necessitatem confessionum parochialium. Ferner S. 222: Kapitul. Vernon. etc. etc.

³) So führt z. B. **Marx** in seiner Geschichte der Trierer Diözese zahlreiche Stiftskirchen an, welche zugleich Pfarrkirchen waren. Der Fortgang unserer Untersuchung wird noch zahlreiche und sehr frühe Kollegiatpfarrkirchen zur Sprache bringen.

⁴) Die Frauenstifter gehören in dieses Kapitel nur, insofern an allen diesen „Kanoniker" den Gottesdienst verrichteten, s. unt. § 37. Im übrigen behalten wir uns eine besond. Würdigung der Frauenstifter für eine andere Stelle vor.

⁵) **Tücking** S. 61; Lac. II, 408 u. 470.

⁶) Vergl. oben S. 19, n. 3.

⁷) Essener Beiträge, Heft 14, S. 16.

⁸) E. **Friedländer**, Cod. traditionum Westf. I, S. 100.

⁹) Zeitschr. f. vaterl. Gesch. u. Altertumskunde, Bd. 49, S. 99 ff.

¹⁰) ANR 4, S. 296 Urk. von 1197: cathedraticum ipsius **parochialis ecclesiae**, in qua constructum est coenobium ...

¹¹) Lac. I, 288, a. 1118 und Nr. 403, a. 1160.

¹²) Lac. I, 460, a. 1167: von dem Vilicher Stift als der Tauf- und Mutterkirche erhält Schwarzrheindorf die Pfarrqualität.

(Diözese Hildesheim[1]), sowie das Marienstift zu Wetter bei Marburg[2]).

Wenn wir hiermit hinlänglich erwiesen haben, dass Stifts- und Pfarrgottesdienst sehr wohl nebeneinander bestehen konnten und bestanden haben, so wenden wir uns jetzt der Frage nach dem Wesen und der ursprünglichen Bedeutung der sogenannten Stiftskirchen oder Kollegiatstifter zu.

Im allgemeinen verstehen wir unter einer mittelalterlichen Stiftskirche eine solche, an welcher ein Kollegium, d. h. eine Mehrheit von Kanonikern gottesdienstliche Funktionen verrichtet, daher wir auch von Kanonikat- oder Kollegiatstiftern zu sprechen pflegen[3]). Das wesentliche Element bildet also eine Mehrheit von „canonici". Mit ihnen haben wir es im folgenden zu tun.

I. Hauptteil.
§ 22. Herkunft und Bedeutung des „canonicus".

Seit wann findet sich dieser Name, und welches ist seine ursprüngliche Bedeutung?

Die hergebrachte Meinung lautete bis vor nicht langer Zeit, die „canonici" und die „vita canonica" des Klerus überhaupt hätten von Bischof Chrodegang von Metz (742—766)

---

[1]) Es wird als ecclesia matrix bezeichnet und seine parochia erwähnt im Urkb. des Hochstifts Hildesheim I, 387, a. 1178.

[2]) Zeitschr. f. hess. Gesch., neue Folge, Bd. 24, I, S. 69 ff. (Heldmann).

[3]) Der Ausdruck „Stift" (zuerst wohl im 13. Jahrhundert als „gestichte" bezeugt in einer Urk. Erzb. Arnolds von Trier a. 1248, Günther II, 126) kann an sich verschiedene Deutungen zulassen; denn soweit er auf einer grösseren Stiftung beruht, kann auch ein Klosterkonvent, eine Benediktinerniederlassung Stift genannt werden, wie es noch heute vielfach bei alten Klöstern in Oesterreich vorkommt. Doch scheint man schon im M.A. „Stift" vorzugsweise für Kirchen der Kanoniker gebraucht zu haben; vergl. Grimm-Hildebrand-Kant: D. Wörtb. IV. I, 2, Sp. 4223 f.

ihren Ausgang genommen, und der Name canonicus stamme von der Regel Chrodegangs, dem sogenannten canon, her[1]). Dass indessen Name und Begriff des canonicus schon vor Chrodegang bestand, ist eine in der Gegenwart wohl allgemein anerkannte Tatsache[2]). Merkwürdig bleibt es aber, dass man sich bisher über den Sinn und die Ableitung des canonicus nicht einigen konnte und mehrere, wie uns scheint, irrige Theorien darüber aufgestellt hat. Man schwankt darüber, ob der Ausdruck von canon im Sinne eines ordo clericorum[3]) oder einer matricula[4]), oder gar einer annona (Abgabe an den Klerus, Pfründe[5]) abzuleiten sei.

---

[1]) So Weingarten, Zeittafeln⁴, 1891, S. 69; Kurz, Abriss der K.G.¹², 1889, S. 70. J. Schneider in ANR 6, die älteste Gesch. von Emmerich etc. S. 107 f. Selbst Hauck, K.G. II², S. 62 meint, dass Chrodegang das „kanonische Leben eingeführt" habe und spricht I², S. 226 oben, nur von einem vorher „nicht seltenen gemeinsamen Leben" der Kleriker der Bischofsstadt.

[2]) Binterim, Deutsche Konzilien, Bd. 2, S. 139; Rettberg I, S. 495; Hinschius II, S. 49 ff.; Schneider S. 24 ff., Stutz S. 76, n. 54; Kraus, K.G.⁴, S. 286. Hauck in Herzogs RE³, X, S. 35.

[3]) So Hinschius und Schneider nach einer Bemerkung Hefeles (Konz. Gesch. I¹, S. 494; I², S. 514); doch hat Hefele I², S. 420 f. im Anschluss an München (Bonner Zeitschr. f. Philosophie u. kath. Theol. Heft 26, S. 64) schon eine doppelte Erklärung (ebenso auch Luchaire, Manuel S. 51), deren erste der von uns gegebenen nahe kommt (s. unt. S. 90, n. 1); Hinschius u. Schneider bringen aber (wohl nach dem Vorgang von Thomassin, vet. et nov. eccl. discipl. I, lib. III, cap. a) auch canon mit matricula zusammen, ersterer schliesslich auch mit dem neutestamentl. Kanon (S. 51, n. 4).

[4]) So auch Hinschius; Kraus, K.G. S. 286; Marx, Gesch. des Erzstiftes Trier, II. Abt., Bd. 2, S. 12; Rettberg a. a. O.; Beyer II, CXXI; Stutz meint, dass es zwei Klassen von Klerikern gegeben habe, solche die in der Stadt in den Kanon eingetragen seien, und solche die in der Matrikel einer Pfarre standen (Benefizialw. S. 76, n. 54). Hauck, K.G. II, S. 63 aber versteht unter den matricularii der Chrodegangschen Regel einfache Stadtarme, ebenso Uhlhorn II, S. 24; Loening, K.-R. II, S. 333; Richter, K.R.⁸, S. 440.

[5]) So Schneider nach Barbosa, de canon. et dignitatibus c. I, § 1.

Die zunächstliegende und unserer Meinung nach allein richtige Deutung hat man übersehen.

Bevor wir jedoch auf diese näher eingehen, wollen wir kurz die bisherigen Auffassungen von canonicus auf ihre Stichhaltigkeit hin untersuchen. Dass die Ableitung des canonicus von canon im Sinne einer annona oder portio statuta, eines Unterhaltes der Kleriker, eine in den Quellen durch nichts begründete Theorie ist, bedarf keines weiteren Beweises, da es keine Stelle gibt, welche man dafür ins Feld führen kann, und canon zwar als Wurtzins oder Weichbildrecht, nicht aber als Klerikerpfründe gebraucht wird[1]).

Wichtiger ist die Erklärung des canon als ordo clericorum, wie sie Hefele und nach ihm Hinschius und Stutz gegeben haben. Hefele beruft sich auf den 16. und 17. Kanon des Konzils von Nicäa. Wir wollen auch die übrigen Kanones hinzunehmen: Im 16. Kanon heisst es „ὅσοι ... μήτε τὸν φόβον τοῦ θεοῦ πρὸ ὀφθαλμῶν ἔχοντες μήτε τὸν ἐκκλησιαστικὸν Κανόνα εἰδότες, ἀναχωρήσουσι τῆς ἐκκλησίας, πρεσβύτεροι ἢ διάκονοι ἢ ὅλως ἐν τῷ κανόνι ἐξεταζόμενοι"[2]). Hier kann Κανών ἐκκλησιαστικός offenbar nicht als ordo clericorum im Sinne einer Liste der Kleriker verstanden werden. Im 18. Kan. werden diejenigen Diakonen getadelt, welche dem Kanon und der kirchlichen Gewohnheit zuwider den Priestern die h. Eucharistie reichen (ὅπερ οὔτε ὁ κανὼν οὔτε ἡ συνήθεια παρέδωκε), ebenso auch die, welche sich mitten zwischen die Priester setzen, entgegen dem Kanon und der kirchlichen Ordnung[3]). In diesem Falle kann κανών auch nicht das Neue Testament bedeuten, weil in ihm eine derartige Bestimmung nicht vorkommt. Dass aber darunter irgend ein festgelegtes kirchliches Gebot zu verstehen ist, zeigt der 5. Nicäische Kanon, der eine Verordnung trifft „gemäss dem Kanon, welcher verkündet, dass die von den einen [Bischöfen] fortgegangenen [Kleriker] von

---

[1]) Schröder, Deutsche Rechtsgesch.², S. 612 oben.
[2]) Hefele I, S. 420.
[3]) παρὰ κανόνα γὰρ καὶ παρὰ τάξιν ἐστὶ τὸ γενόμενον (ebd.).

den anderen nicht aufgenommen werden dürfen[1]). Ferner spricht der 6. Kanon von Nicäa von der Wahl der Bischöfe κατὰ κανόνα ἐκκλησιαστικόν. Im 15. Kanon wird verboten, dass ein Geistlicher von einem Ort zum anderen übergeht, was eine συνήδεια παρὰ τὸν κανόνα sei. Schliesslich wird durch den 13. Kanon von Nicäa unzweifelhaft deutlich, dass κανών als Kirchengesetz zu verstehen ist. Hier heisst es nämlich, dass die Darreichungen der Sterbesakramente nach dem παλαιὸς καὶ κανονικὸς νόμος bestimmt werden sollen[2]). Wir könnten noch den 2., 9. und 10. Kanon von Nicäa anführen, wo in gleichem Sinne von κανὼν ἐκκλησιαστικός die Rede ist. Aus dem bisherigen ergibt sich, dass zu Nicäa der Ausdruck κανών in kollektiver Weise von **kirchlichen Verordnungen** zu verstehen ist, ganz ebenso wie der νομοκανών des Joh. Scholastikus (6. Jahrh.) und des Photius (9. Jahrh.[3]) und wie der ordo canonicus bei Chrodegang von Metz[4]) und in den karolingischen Kapitularen[5]) und zwar in erster Linie von der **auctoritas canonum**[6]), die uns vielleicht am frühesten in einzelnen der sogenannten apostolischen Konstitutionen und canones Apostolorum[6]) oder in den Verordnungen der vor-

---

[1]) „κατὰ τὸν κανόνα τὸν διαγορεύοντα τοὺς ὑφ' ἑτέρων ἀποβληθέντας ὑφ' ἑτέρων μὴ προσίεσθαι" (ebd. S. 386).

[2]) Hefele I, S. 417.

[3]) Vergl. Möller, K.G. II², S. 226 u. F. X. Kraus, K.G. S. 134; Lauchert, Die Kanones der wichtigsten altkirchlichen Konzilien, Freiburg 1896, S. VII.

[4]) Migne 89, Sp. 1097 D.

[5]) Boretius S. 33, 40. 45; 35, 25; 191, 30; 200, 35; 276, 15; hier kommt auch der deutlichere Ausdruck ordo canonum vor: Boretius-Krause S. 184, 5.

[6]) Migne a. a. O.: B.

[7]) Es kann hier nicht unsere Aufgabe sein, über das Alter der sogenannten apostolischen Kanones, in denen wir fast alle oben angeführten Nicäischen Verordnungen ihrem Sinne nach wiederfinden, eine Untersuchung anzustellen. Man hat in neuerer Zeit die Sammlung dieser 50 bezw. 85 Kanones ins 5. Jahrhundert verlegt (Harnack, Texte u. Untersuchungen II, 1886, Heft 1 u. 2, 170—266 u. Heft 5). Bemerkenswert

nicäischen Konzilien bezw. Provinzialsynoden entgegentritt[1]) und späterhin durch die neu hinzukommenden Kanones der verschiedenen Konzilien bereichert wurde.

Indessen bleibt noch eine für die Erklärung des „canonicus" wichtige Ausdrucksweise der Konzilsväter von Nicäa klarzulegen: die schon oben erwähnte Bezeichnung der Kleriker als „ἐν τῷ κανόνι ἐξεταζόμενοι"; sie kommt im 16. u. 17. Kanon vor. Nach dem allgemeinen Sprachgebrauch sowohl[2]), als auch nach dem neutestamentlichen[3]) und besonders nach dem des Konzils[4]) bedeutet „ἐξετάζειν" ausforschen, prüfen, erproben. Nach dem 9. Kanon wurden die Geistlichen in der Tat vor ihrer Zulassung einer Prüfung oder Erprobung unterzogen[5]), worin diese bestand, zeigt das „ἐν τῷ κανόνι ἐξεταζόμενος": Es ist darunter zu verstehen der in dem kirchlichen Kanon (kollektiv) geprüfte und erprobte Kleriker, gleich dem „[clericus] sub ecclesiastica regula constitutus" des Konzils

---

ist, dass man das ganze Mittelalter hindurch das kanonische Leben der Geistlichen in seinen ersten Anfängen auf die Apostel zurückführte; vergl. z. B. epist. Gregorii III ad Bonif. a. 737 (M.G. Ep. 3, S. 294): si aliquid excedit extra canonicam regulam, doce ... apostolicam atque canonicam traditionem eos tenere edocabis. Ferner Urkb. des Hochstifts Halberst. I, 147, a. 1120; Lac. I, 292, a. 1121, Zeile 4 ff. Migne, 157, S. 429 B etc.; ferner vergl. Scherer, K.R. I, S. 181.

[1]) Es ist sehr wahrscheinlich, dass die aus allen Teilen der Erde in Nicaea zusammengekommenen Bischöfe auch die Kanones der schon mehrfach stattgehabten Provinzialsynoden im Auge hatten. Vergl. auch Hefele I², S. 387 u. 413 etc.

[2]) Pape u. Benseler.

[3]) C. L. W. Grimm, Lexicon Graeco-Latinum in libros Novi Testamenti, Lipsiae 1888.

[4]) So Kanon 5 u. 9.

[5]) Εἴ τινες ἀνεξετασίως προσήχθησαν πρεσβύτεροι. Zur weiteren Beleuchtung fügen wir hinzu, dass Gregor II. 726 ermahnte, nur solche Priester und Diener Gottes anzunehmen „quorum canonicam approbaveritis extitisse promotionem" und nicht solche, quorum non claruerit recta fides ... aut approbata solemnitas canonicae ordinationis (Hartzheim I, S. 35).

zu Antiochien von 341 (can. 11) und den „clerici sub ecclesiastico canone constituti" des Konzils von Fréjus (a. 791, c. 6)[1]).

§ 23. Die matricularii.

Was nun die Ansicht anlangt, dass canon = matricula, und demnach canonicus = matricularius sei, welche fast allgemein vorgetragen wird, so hat U. Stutz die dann entstehende Schwierigkeit dadurch zu beseitigen versucht, dass er, wie schon oben bemerkt, zwei Klassen von Klerikern annimmt, „die in der Stadt in den canon eingetragenen", also die canonici, und diejenigen, welche [auf dem Lande?] in die matricula einer Pfarrkirche eingeschrieben wurden, also die matricularii[2]).

---

[1]) Hefele selbst gibt in der 2. Aufl., Bd. I, S. 420 f. die Erklärung des ἐν τῷ κανόνι ἐξεταζόμενος" als „jemand der zum Kirchendienst gehört und unter dessen Regel (κανών) oder — in dessen Verzeichnis steht". Die Auffassung, welche Hinschius u. Schneider nach Hefele vortragen, ist also bei ihm schon halbwegs aufgegeben. Es kommt allerdings der Ausdruck „personae, quae in ipsis canonibus continentur" in den Kanones des Konzils von Chalon (zirka 639—654, Maassen in Mon. Germ. Leg. III, 1, S. 209) vor, aber bei näherem Zusehen ergibt sich gerade hieraus mit Sicherheit, dass unter den Kanones auch an dieser Stelle die kirchlichen Verordnungen zu verstehen sind. Es wird nämlich a. a. O. bestimmt, dass kein Geistlicher eine weibliche Person in seinem Hause zur Führung des Haushaltes annehme ausser solchen Frauen, welche in den Kanones als erlaubt verzeichnet stehen [nämlich seine nächsten Verwandten]: Licet iam prioribus canonibus fuerit statutum, placuit tamen renovare, ut si quis episcopus, presbyter aut diaconus vel quicumque ex sacerdotali catalogo, praeter personas, quae in ipsis canonibus continentur, cum qualicunque extranea muliere familiaritatem habere presumpserit . . . . juxta statuta canonum ab ordine degradetur; vergl. die Bestimmung des Concil. Latunense (673—75, Maassen S. 218): Mulierem sane aliam nisi iuxta scripturarum patrum instituta nullus clericus in propria domum abere praesumet u. Conc. inc. loci p. 614, c. 8 (Maassen S. 194).

[2]) Hiernach wäre wohl schon die von Hinschius etc. und zuletzt noch von H. Kraus vertretene Identifizierung von canon und matricula zurückzuweisen.

Indessen werden ebenfalls die Kleriker von selbständigen Landpfarreien, die unter einem archipresbyter stehen, als canonici bezeichnet[1]). Es wird nicht ohne Nutzen sein, wenn wir versuchen, die Bedeutung der in Urkunden und Kanones öfters auftretenden und so verschieden ausgelegten Namen matricula und matricularii genauer zu umgrenzen.

Beim Durchlesen der 34 Kapitel von Chrodegangs Regel wird uns das letzte auffallen wegen der darin allein vorkommenden matricula und matricularii. Hauck in seiner Kirchengeschichte Deutschlands und Loening in seinem Kirchenrecht haben darunter kurzerhand die Stadtarmen verstanden[2]). Dass sie nicht mit den canonici der früheren Kapitel gleichzusetzen sind, ergibt sich schon aus dem Uebergang „venimus ad matricolarios tam domi, quam et in suburbanis"[3]) und dass für sie besondere, eingehende Vorschriften erlassen werden. Anderseits scheint uns aus den einleitenden Worten der Regel Chrodegangs und einigen gleich zu erwähnenden Stellen des 34. Kapitels hervorzugehen, dass wir unter den matricularii nicht mit Uhlhorn, Hauck und Loening ohne weiteres Arme zu verstehen haben, sondern Kirchenpersonal in weiterem Sinne. Zunächst erhellt aus dem Prolog, dass Chrodegang seine Statuten allein in Bezug auf den Klerus verfasst hat. Dieser soll daraus entnehmen, wie er nach den kanonischen Vorschriften der Kirche leben muss[4]).

In gleicher Absicht wendet sich Chrodegang im 34. Kapitel an die matricularii „quia non, secundum institutionem anti-

---

[1]) Synode zu Tours von 567, c. 20, Maassen S. 127; vergl. unten § 24 am Ende.

[2]) Band II², S. 66 im Anschluss an Uhlhorn, Liebestätigkeit II, S. 25; Loening 2, S. 242.

[3]) Migne 89, Sp. 1117, Kap. 84.

[4]) Si ... canonum auctoritas perduraret et clerus atque episcopus secundum eorum rectitudinis normam viverent, superfluum videretur ... aliquid retractari ... quid aliud agendum nobis est ... nisi ut ... ad rectitudinis lineam clerum nostrum reducamus. ... Volui parvulum decretulum facere, per quod se clerus ab illicitis coerceat etc.

quae ecclesiae, eorum esset conversatio". Sie müssen also schon viel früher eine Einrichtung der Kirche und Gegenstand der kirchlichen Gesetzgebung gewesen sein. Wir hören dann, dass die matricularii sich nicht nur an der Kathedrale befinden, sondern an allen Kirchen der Stadt und vor der Stadt[1]). Sie sind ferner „in ordinibus", nach Rangordnungen unterschieden[2]), ebenso wie die canonici[3]). Wie die letzteren, so haben sie auch ihren primicerius. In gleicher Weise wie jenen[4]) wird ihnen ferner die zweimalige jährliche Beichte zur Pflicht gemacht, welche sie dem Bischof oder dessen Stellvertreter in der Seelsorge, dem Domkustos, abzulegen haben. Bezeichnend ist auch die Anordnung Chrodegangs, dass die matricularii am Samstag[5]) morgen alle 14 Tage in den Dom kommen sollen, um dort von dem Bischof oder dem Kustos (Priester) Erbauung und Belehrung zu erfahren. An den Sonntagen waren sie wahrscheinlich in ihren einzelnen Kirchen unabkömmlich. Schliesslich geht aus gelegentlichen Erwähnungen der milden Gaben an die pauperes (z. B. in Kap. 31) hervor, dass diese nicht mit den matricularii zu identifizieren sind.

Dass wir hiernach weder mit Hinschius etc. unter den matricularii schlechthin den Klerus, noch mit Hauck, Loening[6]) etc. die Ortsarmen zu verstehen haben, sondern das niedere Kirchenpersonal, scheint auch aus denjenigen Synodalbestimmungen hervorzugehen, welche man für die Gleichheit von canon und

---

[1]) Matricularii tam qui in domo sunt quam illi qui per caeteras ecclesias infra civitatem vel vicis matriculas habent.

[2]) Omnes in ecclesia in domo veniant mane primo, exspectantes in ordinibus suis ... (Migne 89, Sp. 1118).

[3]) Kap. 2 „Ordines suos canonici ita conservent, ut ordinati sunt in gradibus suis secundum legitimam institutionem Romanae ecclesiae ...

[4]) Vergl. Kap. 14 Migne S. 1104.

[5]) Migne Sp. 1118: „in sabbato" ist am Samstag und nicht wie Hauck II, S. 63 (in der neuen Auflage emendiert) der Sonntag.

[6]) Loening 2, S. 243 fasst die matricula allgemein nur als Armenverzeichnis und die matricularii als die Armen und Bettler, wenn auch als die „Aristokratie der städtischen Bettler" auf.

matricula angeführt hat. Im 13. Kanon der Synode von Orleans (a. 541¹) wird verordnet, dass Bischöfe, Priester und Diakonen von der Vormundschaftspflicht befreit sind, dass dagegen diejenigen Kleriker, welche an der Kirche zu niederen Dienstleistungen verpflichtet (altario mancipatos) und (vel = et) deren Namen in der Matrikel eingeschrieben sind, nicht zu öffentlichen (Staats-) Diensten herangeholt werden dürfen und auf Mahnung des betreffenden Pfarrpriesters²) davon zu entbinden sind. Hier werden also deutlich die niederen Kleriker, zu welchen die matricularii gehören, von den höheren Weihen des Diakonats etc. unterschieden. Ebenso tritt dieser Gegensatz in den Verordnungen der Synode von Agde (a. 506) zu Tage. Es wird nämlich in Kanon 64 eine Strafe für die [niederen] Kleriker festgesetzt, wenn sie von ihrer Kirche an den Feiertagen längere Zeit fern bleiben; die gleiche Strafe trifft den Diakon und Priester schon dann, wenn er sich 3 Wochen von seiner Kirche entfernt hat³). Im 65. Kanon wird dann über die den höheren Geistlichen von den niederen Graden zu erweisenden Ehrenbezeugungen gesprochen. Hier heisst es, dass der Diakon von den niederen Kirchendienern und Klerikern dieselben Ehrenerweise zu beanspruchen hat, wie die höheren Weihen von den unter ihnen stehenden⁴). Von diesen Klerikern heisst es im 2. Kanon derselben Synode von Agde, nachdem im

---

¹) Si quis judicum clericus de quolibet corpore venientes, atque altario mancipatus, vel quorum nomina in matricula ecclesiastica tenentur scripta, publicis actionibus adplicare praesumpserit, si a sacerdote commonitus emendare noluerit, cognoscat se pacem ecclesiae non habere. Similiter a tutillae administratione pontifices, presbyteros atque diaconos adeo excusatos esse decrevimus (Maassen S. 90).

²) Ueber die Bedeutung von sacerdos als Pfarrgeistlicher s.ob.Kap.2,§12.

³) Conc. X, S. 388, c. 64: si quis in clero constitutus ab ecclesia sua diebus solemnibus defuerit ... convenit, ut triennio e communione suspendatur. Similiter diaconus vel presbyter, si tres hebdomadas ab ecclesia sua defuerint.

⁴) Similiter autem honorificetur diaconus a ministris inferioribus et clericis. Für den gewöhnlichen Gebrauch des clericus mit Bezug auf die niederen Kirchendiener ist auch der 36. Kan. von Agde

1. Kanon von den Priestern und Diakonen die Rede war, „contumaces vero clerici ... corrigantur ... ita ut, cum eos poenitentia correxerit, rescripti in matricula gradum suum dignitatemque recipiant". Wir erinnern uns, dass auch die matricularii bei Chrodegang nach ihren „ordines" unterschieden waren.

Hiernach, wie nach einem freilich späten Lütticher Zeugnis von 1250[1]) wurden zwar die Geistlichen von Kollegiatkirchen in eine Matrikel (tabula) geschrieben, aber nur niedere Kleriker (Kirchendiener etc.) sind mitunter darnach benannt worden. Ohne Stütze bleibt auch hier die Theorie, dass canon im Sinne der matricula zu verstehen sei; in diesem Falle müsste sich auch ergeben, dass matricularii = canonici wären, was aber nicht der Fall ist, vielmehr stehen regelmässig die matricularii in einem deutlichen Gegensatz zu den „canonici" und den Geistlichen der höheren Ordines[2]). Welches ist nun die wahre Bedeutung des canonicus?

(Conc. X, S. 382) beachtenswert: clerici omnes, qui ecclesiae fideliter vigilanterque deserviunt, stipendia ... secundum servitii sui meritum ... a sacerdotibus consequantur. Vergl. damit die Urk. Bischof Ansberts von Autun a. 696, in welcher er an das Oratorium s. Leodegarii Güter schenkt und 4 matricularios, qui ad ipsum oratorium domni Leodegarii deserviunt, ibidem instituimus, ut totum victum atque vestitutum habeant .... qualiter et illi alii matricolarii, qui ad basilicam s. Symphoriani deservire videntur, portionem victus et vestitum accipiant (Pardessus, Diplom. II, 237, n. 437). Ebenso Beyer I, S. 84, a. 847: matricularii, qui ... ad capellam s. Justinae usque nunc deservierunt. Wie sehr man auch auf deutschem Gebiete gewohnt war, „clericus" im Sinne eines niederen Klerikers zu gebrauchen, zeigt z. B. der 6. Kan. des Conc. Germ. von 742: si ordinatus presbyter sit, duos annos in carcere permaneat ... sin autem clericus ... vertente anno ibi poenitentiam agat (Hartzh. I, S. 49); und epistol. Bonifatii a. 745 (ebd. S. 61): „sacerdotes, diaconi et clerici". Vergl. auch Stutz, Benefizialw. S. 3, n. 5.

[1]) Lütticher Reformstatuten bei Hartzh. III, S. 582. Dass übrigens die Ansicht von Uhlhorn, Loening etc. nicht zutreffend ist, als ob die matricularii die Armen und Bettler gewesen seien, geht aus den obigen Stellen bereits hervor.

[2]) Sehr deutlich tritt dies z. B. hervor in Guérard, Cart. de Notre

§ 24. „Canonicus clericus" ist der nach den Forderungen der hh. Kanones eingesetzte und lebende Geistliche.

Wir sahen bereits oben an den Kanones des Nicäischen Konzils von 325, dass dort κανών im Sinne der kanonischen

---

Dame de Paris I, S. 129, a. 1278 (ecclesia de Linays): quilibet matricularius habeat medietatem portionis unius canonici in omnibus et singulis distributionibus. Die matricularii haben hier den Küsterdienst. — Der Gebrauch des Wortes matricula und matricularius hat zwar zu verschiedenen Zeiten und Orten insoweit einen verschiedenen Sinn gehabt, dass bald die kirchliche Dienstleistung des matricularius (vergl. S. 93, Anm. 4), bald das geringe Vermögen, die Armut und Hilfsbedürftigkeit (so namentlich bei Hincmar, Collectio de ecclesiis et capellis, matricularios vetulos vel vetulas atque infirmos vel quacumque necessitate afflictos et pauperes de sua parochia ... habeant [scil. presbyteri et decani] non autem vanos juvenes ... vergl. auch Imbart S. 161) desselben mehr vortritt. Im ganzen' werden wir wohl Kirchenpersonal für untergeordnete Geschäfte darunter zu verstehen haben (vergl. Luchaire, Manuel S. 550). Wenn sich bisweilen unter den matricularii auch Frauen (vergl. Hincmar a. a. O. vetulas) befinden, so ist dies nichts Aussergewöhnliches und passt sehr wohl zur Definierung als Kirchenpersonal, da z. B. in der Kollegiatkirche S. Gereon zu Köln noch bis 1235 4 Präbenden für niedere Kirchendienste, als Reinigen der Kirche, Waschen und Ausbessern der Gewänder etc. an Frauen verliehen wurden; in dem genannten Jahre hat man 3 dieser Frauenpräbenden mit der eines Kanonikus vereinigt, welcher die betreffenden Pflichten übernehmen musste (Joerres, Urkb. S. 103). Sicher wurden zu diesen Frauenpräbenden in der älteren Zeit vornehmlich Witwen oder nicht in einem Kloster lebende Nonnen verwandt — in dem ältesten Memorienbuch von S. Gereon wird von der ersten Hand (zirka 1100) wiederholt eine sanctimonialis oder inclusa erwähnt — daher Flodoard, Hist. Remens. lib. I, Kap. 9: ad ejusdem ecclesiae reparationem .... sanctimonialibus et viduis in matricula positis solidos tres. Die höchste Stufe, welche ein matricularius erreichen konnte, war wohl das Amt des custos oder aedituus. An einigen Orten scheint derselbe stets aus der Zahl der matricularii genommen zu sein; daher man dort unter matricularius den Kirchendiener verstand (z. B. in Rütten be Aachen „custos qui matricularius ibidem censetur" Lac. I, 100, n. 2;

Vorschriften der Kirche und die „ἐν τῷ κανόνι ἐξεταζόμενοι" als die in diesen kanonischen Vorschriften erprobt erfundenen

---

ferner Conc. Trevir. a. 1310, c. 19 bei Marten. 4 Anecd. col. 243 und statuta eccl. Leodiensis a. 1287, ebd. col. 851, besonders auch **Sauerland**, Vatikan. Urkunden für das Rheinland II, 2377 namentl. S. 570, wo die matricularii von **Erkelenz** u. **Kückhoven** als unverheiratete Küsterkleriker charakterisiert werden). Schon aus den eben angeführten Stellen geht hervor, dass der matricularius als Küster in der Regel Kleriker sein musste; dass der custos oder aedituus bisweilen — in Stiftskirchen sogar in der Regel — eine höhere Weihe besass und Priester sein konnte, werden wir unten § 42, wo über die Vertretung in der Seelsorge die Rede ist, sehen. Daher ist es nicht zu verwundern, wenn sich an einigen Stiftern auch sacerdotes unter den matricularii befinden und der „maior matricularius" ähnlich wie der „maior custos" sein Amt durch Unterkirchendiener versehen lässt, und dass einzelne matricularii aus diesem Grunde auch in die Reihe der canonici aufgenommen bezw. das Matrikularamt einzelnen canonici übertragen wurde (canonici matricularii etc. s. für Paris **Guérard**, Cart. N.D. praef. CLXXII. ss.; ferner die gute Zusammenstellung bei Du Cange V, S. 308, Sp. 1 u. 2). Es kann also wohl einmal ein matricularius auch canonicus sein, niemals aber werden die canonici als **solche** auch matricularii genannt. Wenn **Uhlhorn** (Liebestätigkeit II, S. 25 f. u. in Herzogs Realenzyklopädie[2] 17, S. 304) meint, dass die matricularii mancher Kirchen namentlich die Findlinge zu versorgen hatten, so ist zwar durch die Form. Andeg. 49; Sirm. 11 u. die Epist. Turon. 11 (Zeumer S. 21 u. 141) bezeugt, dass die Findlinge an den Kirchentüren niedergelegt und dann von den matricularii an andere Personen überlassen wurden, aber gerade aus der letzteren Stelle geht deutlich hervor, dass die Haupttätigkeit der matricularii in der custodia der Kirche bestand, dass sie also einen dem **Küsteramt** ähnlichen Beruf hatten (Nos quoque in Dei nomine matriculariii s. Martini, dum matutinis horis ad hostia ipsius ecclesiae observanda convenissemus ibique infantulo ... invenimus). Selbst an Kapellen ohne Pfarreigenschaft, ja ohne Priester, scheint wenigstens **ein** matricularius für notwendig erachtet worden zu sein, welcher dem jeweilig von der Mutterpfarrkirche für den Gottesdienst und zur Spendung der Sakramente entsandten Geistlichen zur Hand gehen und die betr. Kapelle überwachen konnte (Hincmari Remens. de eccl. et capellis a. a. O. S. 12: ... in cuius capellae circuitu saepes sit .... sitque ibi corticule locus, ubi presbyter possit descendere et caballum suum habere atque matricularius possit manere ... et si amplius non possit vel unum iugerum de terra ipsa capella habeat, unde matricularius ipsius

Geistlichen aufzufassen sind. In demselben Sinne haben wir auch die canonici der späteren Zeit zu verstehen.

---

capellae vivere possit). Vergl. auch Beyer I, 77, a. 847, wo es heisst, dass die Kapelle zu Güsten von einem matricularius bedient wurde; dazu Sauerland, Vatikan. Urk. f. d. Rheinl. II, 2377, S. 570: die Pfarrgeistlichen von Erkelenz u. Kückhoven haben jeder für einen geeigneten Küster-matricularius zu sorgen; ferner Rigaud S. 477, a. 1263: „Visitavimus capitulum s. Melloni.... novem erant vicarii cum capicerio seu matriculario". Capicerius ist nach Du Cange II, S. 137, 3 dasselbe wie heute der Küster. Ferner Urk. von 1282 bei Du Cange a. a. O., Sp. 2: omnes matricularii ecclesiae Parisiensis in omnibus et singulis, quae pertinent ad custodiam totius ecclesiae Parisiensis etc. Dazu Rigaud S. 105 (Capitulum s. Melloni): matricularius negligens in custodiendo libros, clericus eius (!) nimis rudis.... Ein anschauliches Bild von der Anzahl, Stellung und Armut der matricularii als niederer Kirchendiener können wir uns machen, wenn wir z. B. hören, dass Bischof Kunibert von Köln (623—663) für seine Kathedrale 12 arme Kleriker (elemosinarii) und an einer ganzen Anzahl anderer Pfarrkirchen ausserhalb Kölns mehr oder weniger — an den meisten nur je einen — bepfründete, welche bestimmte kirchliche Dienstleistungen, wie es scheint besonders bei Todesfällen, zu verrichten hatten (Lac. Archiv II, S. 57 ff.), und dass es an der Kölner Margaretenkapelle ebenfalls 12 solcher Brüder gab, welche öfter als Chorgenossen des Domes bezeichnet werden (ebd.). Solche Chori socii kommen auch als Benefiziaten in S. Gereon vor (ANR 71, S. 15 Nr. 68) und werden in S. Maria im Kapitol näher gekennzeichnet als die niederen Stiftsämter (ältestes Memorienbuch des Marienstiftes [zirka 1300] zählt — fol. 111^b etc. — als solche auf 4 campanarii, pincerna, dapifer, camerarius, ortulanus, pistor, 4 coci, zusammen 19 Pfründen). Ferner hören wir, dass Bischof Ansgar von Bremen (zirka 845—865) in der dortigen Kathedrale 12 Pfründen für arme Kleriker stiftete, von denen noch im 12. Jahrhundert 9 für die Glöckner (campanarii) und 1 für den subcustos bestimmt waren. Erst Erzbischof Hartwig wandelte diese Pfründen 1187 in Kanonikate um (Bremer Urkk. Nr. 66 u. 67), und wenn uns ferner aus dem 10. Jahrhundert berichtet wird, dass in den Pfarrkirchen zu Rütten u. Littemala bei Aachen seit zirka 700 je 12 Präbenden für matricularii unter einem Abte (auch Malmedy u. Stablo hatten nur einen gemeinschaftl. Abt: ANR 8, S. 29) und Custos, welch letzterer zu den matricularii gehörte, Residenz zu üben hatten. Im späteren Mittelalter noch sind diese 12 Pfründen für Rütten als Kollegiatstellen vorhanden (Lac. I, 100).

Was die Armut der matricularii anlangt, welche für Uhlhorn,

Um dies deutlich zu machen, sei zunächst auf eine bisher unbeachtet gebliebene Stelle in einem Briefe des h. Bonifatius hingewiesen, welchen er an Bischof Daniel von Winchester schrieb[1]). Es ist bekannt, wie Bonifatius während seiner Tätigkeit im fränkischen Reiche einen grossen Teil seiner Kraft darauf verwenden musste, die bereits zahlreiche, aber vielfach ganz verwilderte Geistlichkeit für den katholischen Glauben (zurück)zugewinnen und zum Gehorsam gegen die Vorschriften der Kirche anzuleiten. Wir brauchen nur auf den Briefwechsel zwischen Rom und dem Apostel der Deutschen hinzu-

Hauck etc. die Veranlassung wurde, sie überhaupt nur unter dem Gesichtspunkte der Armen aufzufassen, so ist leicht zu verstehen, dass zu den niederen Kirchendiensten, wozu ausser dem Reinigen der Kirche und der Gewänder etc. auch das Gräberöffnen und Schliessen, also das Totengräberamt gehörte, ebenso wie die mancherlei Verrichtungen des Küsters und Glöckners — sich in der Regel nur arme Leute meldeten; ebenso müssen wir aber auch in Betracht ziehen, dass gerade in der älteren Zeit die Kleriker mit Vorliebe als die pauperes bezeichnet werden (Markulfsche Formel II, 1, Zeumer S. 71 ff. pauperes = clerici; ANR 74, S. 181 Urk. von 1148 ed. Knipping: pauperes Christi = canonici; Lac. I, 393, a. 1158: pauperes Christi ibidem degentes = canonici in Knechtsteden) und im hohen Mittelalter die niederen clerici an Kollegiatkirchen zu den elemosinarii zählten, welche an einzelnen Tagen ihre elemosina wie die pauperes erhielten (Rigaud S. 229, a. 1255 u. öfter). Wenn wir uns schliesslich daran erinnern, dass in der alten Kirche die Parabolanen (kirchliche Krankenwärter) ebenso wie die Kopiaten oder Fossatoren (Totengräber) zum Klerus gerechnet wurden und in den grösseren Städten ausserordentlich zahlreich waren, dass sie ferner ebenso wie die späteren matricularii von den öffentlichen Lasten als Mitglieder des Klerus befreit waren und sich nach dem Dekret Kaiser Theodosius II. nur aus den Armen ergänzen durften (Möller, K.G. I, S. 335, vergl. dazu die oben angeführte Stelle bei Hincmar, de eccl. et cap.), so werden wir nicht fehl gehen, wenn wir auch diese untersten klerikalen Aemter in den mittelalterlichen matricularii fortgesetzt sehen. Sicher gehören hierher die bereits genannten Margareten- und Lupusbrüder in Köln; vergl. über sie auch v. Woikowsky-Biedau (Armenwesen im mittelalterl. Köln S. 3 f.), der sie freilich für eine blosse Armengenossenschaft hielt.

[1]) Migne 89, Sp. 700 und Mon. Germ. Ep. III, S. 382 ff.

weisen und auf die Kanones der deutschen Nationalsynoden unter Bonifatius[1]). Hier sehen wir, wie die geistlichen Stellen entgegen den kanonischen Vorschriften für Geld etc. verhandelt wurden, wie einfache Laien das bischöfliche Amt verwalteten, wie eine bedeutende Anzahl von Priestern weder von einem katholischen Bischof eingesetzt war noch sich einem solchen gehorsam zeigte[2]), und schliesslich, wie viele Kleriker selbst ganz irrgläubig und häretisch waren. Ueber derartige traurige Zustände berichtet Bonifatius in dem obenerwähnten Briefe an Bischof Daniel. Sehr niedergedrückt fragt er an, ob er überhaupt mit jenen falschen Klerikern und Priestern noch verkehren dürfe, wenn er sie nicht zum kanonischen Leben habe bekehren können (si eos ad viam(!) canonicam convertere nequiverim). Er fürchtet aber eine allzugrosse Beschränkung seines Wirkungskreises, wenn er überall da fern bleiben wolle, wo keine kanonischen Geistlichen, keine „Kanoniker" wären[3]). Hier erklärt sich uns der Sinn des canonicus als

---

[1]) Hartzh. I, S. 33 ff.

[2]) Besonders unheilvoll muss in dieser Hinsicht das germanische Eigenkirchenrecht gerade in der damaligen Zeit gewirkt haben, vergl. U. Stutz, Die Eigenkirche, Berlin 1895, S. 19 f. Aehnlich spricht der 7. Kan. der Synode von Tarracona (a. 516) von der Verhängung der kanonischen Disziplin über diejenigen Kleriker, welche die Bestimmungen der Kanones in ihrem Kirchendienst nicht beobachten (Conc. XI, S. 626: quia desistente clero, quod est pessimum, comperimus in basilicis nec luminaria ministrari. Si qui sane negligentiae vitio haec implere noluerint, noverint se secundum statuta canonum pro modo personarum canonicae disciplinae subdendos).

[3]) Mihi enim maxima ex parte segregatus ab illis [Francis] esse videor, si ab illis, voluntatis consilio, et consensu et ecclesiastico ministerio, ubi canonici non sunt, abstinuero (Migne 89, Sp. 702). Vergl. dazu den Kan. I des Conc. Germ. a. 742 unter Bonifatius (Boretius S. 25, 5): statuimus per annos singulos synodum congregare, ut nobis praesentibus canonum decreta et ecclesiae jura restaurentur .... falsos vero presbyteros .... degradavimus; dazu den Brief des Papstes Zacharias (Hartzh. I, S. 70) an Bonifaz: optime et canonice peregisti tam de falsis episcopis et fornicariis et schismaticis, quam et in reliquis nomine sacerdotibus contra canonum instituta agentibus...; ferner den Brief

eines Geistlichen, welcher den kanonischen Forderungen der Kirche gemäss eingesetzt ist und danach sein Leben führt. Deshalb ist es auch bemerkenswert, dass gerade in einer Schenkungsurkunde König Pippins an Bonifatius die Geistlichen an dem Utrechter Martinsdom „quem domnus Bonefacius aeus custos preesse videtur" canonici genannt werden[1]). Greifen wir noch weiter zurück, so geben uns die Kanones der Synode von Orleans im Jahre 538[2]) ebensolchen Aufschluss über die Bedeutung des canonicus. Wir denken an den 11. bezw. 12. Kanon. Hier wird der Pfarrgeistlichkeit befohlen, diejenigen ihrer Kleriker, welche den Kirchendienst nicht gehörig versehen und gegen ihre Priester ungehorsam sind, von den „kanonischen Klerikern" zu entfernen, damit nicht diese mitinfiziert werden, dazu sollen die Ungehorsamen keine Stipendien mehr wie die Kanoniker beziehen[3]). Auch hier ist also canonicus im Gegensatz zu den ungehorsamen und nicht kanonisch lebenden Klerikern gebraucht. In gleichem Sinne treten uns in den Kanones der Synode von Tours (a. 567) der trames (= via) canonicus[4]) und auf der Synode von Emerita (a. 666) die regula canonica, der ordo cano-

---

des Bonif. an P. Zacharias (M. G. Ep. III, S. 368): er hat sich verpflichtet nur mit „canonicis et iustis episcopis et presbyteris" zu verkehren, die „falsos sacerdotes" zu meiden.

[1]) Müller, Cartular. S. 8, a. 753.
[2]) Conc. XI, S. 489 ff. = Maassen S. 77.
[3]) Si qui clerici ministeria suscepta quacumque occasione agere, sicut et reliqui, detrectant, et excusationem de patrociniis quorumcumque, ne officium impleant, praetendunt, ac sacerdotes suos sub huiusmodi causa aestimant per inobedientiam contemnendos: inter reliquos canonicos clericos, ne hac licentia alii vitientur, nullatenus habeantur, neque ex rebus ecclesiasticis cum canonicis stipendia aut munera ulla percipiant (Conc. XI, S. 489 f. = Maassen S. 77). Dabei ist in den unmittelbar vorhergehenden und nachfolgenden Kanones von den Bestimmungen und kirchlichen Forderungen der „canones" die Rede.
[4]) Maassen S. 122 introitus: ... ut, quidquid ab antiquis patribus statutum de tramite canonico quarundam personarum temeritate cernitur imminutum, revocandum in statum pristinum ...

nicus und die instituta ss. canonum an zahlreichen Stellen entgegen[1]). Wir könnten noch eine Reihe von ähnlichen Beweisen aus fränkischen Synoden, Kapitularien etc. namhaft machen[2]). Wir wollen nur den 9. und 22. Kanon der Mainzer Synode von 813 hervorheben, die uns ein vorzügliches Dokument für die Bedeutung des canonicus abgeben. Der erstere befiehlt den kanonischen Klerikern, kanonisch zu leben, indem sie die Lehre der h. Schrift und die Zeugnisse der hh. Väter beobachten und gemäss den Kanones ihren Vorgesetzten Gehorsam leisten[3]). Der 22. Kanon spricht dagegen von denjenigen Klerikern, welche ein unkanonisches Leben führen: die Bischöfe sollen dieselben zur kanonischen Zucht zurückführen, oder wenn jene Kleriker den kanonischen Gehorsam nicht leisten wollen, sie exkommunizieren[4]). Hier sehen wir, wie das canonice vivere oder die vita canonica gleichgesetzt wird mit der obedientia secundum canones und der Beobachtung der Vorschriften der h. Schrift und der Kirchenväter; und wie die clerici canonici gegenübergestellt werden den „clerici vagi" etc. Auch hier tragen also die cano-

---

[1]) Besonders in Kan. 5. 20. 21 u. 22 (Conc. XV, S. 454 ff.).

[2]) Vergl. z. B. Boretius-Krause, Register „canonicus"; ferner die wiederholt genannte regula canonica in ep. Gregorii III. ad Bonif. a. 787 (Ep. III, S. 294); ferner in den formulae Bituricenses (zirka 700, Zeumer S. 179, form. 19): nos enim alumni matris ecclesiae Stephani .... has apices nostrae ad instar commendaticiis litteris iuxta chanonicam institucionem vobis direximus; dann eine alte Prüfungsformel aus der Zeit Karls d. Gr. (Boretius S. 234, 36): canonicos interrogo, si secundum canones vivant an non. Ferner Mohr, Cod. dipl. Raetiae I, 15 (821—23): Nullus quidem ibi est, ut decet, canonicus ordo ...

[3]) Decrevimus, ut canonici clerici canonice vivant, observantes divinae scripturae doctrinam et documenta ss. patrum ... et obedientiam secundam canones suis magistris exhibeant (Hartzh. I, S. 407).

[4]) De clericis vagis, qui sunt neque in servitio Domini nostri neque sub episcopo sine canonica vel regulari vita degentes .... ut episcopi eos sub custodia constringant canonica ... sin autem episcopis suis canonice obedire noluerint, excommunicentur.

nici ihren Namen von dem canonice vivere und letzteres wird bestimmt durch die Kanones[1]).

Schliesslich wollen wir noch auf die grosse Kanonsammlung des h. Ekbert von York, eines jüngeren Zeitgenossen des h. Bonifatius, hinweisen[2]). In der Praefatio sagt er geradeheraus, dass die Kanoniker ihren Namen von den Kanones tragen: es seien Kleriker, welche die Pflicht hätten, ein reguläres Leben nach den Regeln der Kanones zu führen[3]). In ganz ähnlicher Weise spricht sich die Einleitung der Aachener Synode von 816 aus, indem die umfangreiche Zusammenstellung der auf das Leben der Kanoniker Bezug habenden Synodalkanones und Aussprüche der Väter damit begründet wird, dass in den hh. Kanones die Norm für das Verhalten der Kanoniker gegeben sei[4]).

Wir brauchen hier nicht noch einen besonderen Nachweis zu führen, dass in der Tat die Kanones fast aller ökumeni-

---

[1]) Wir machen hier die merkwürdige Beobachtung, dass es noch [oder wieder?] beinahe 100 Jahre nach jenem Briefe des h. Bonifatius solche Geistliche gab, welche sich den Bischöfen nicht unterwarfen und ein den kanonischen Forderungen nicht entsprechendes Leben führten, obwohl Bonifatius doch mit aller Kraft auf die Beseitigung dieses Zustandes hingewirkt hatte.

[2]) Ekbertus war Bischof von York 732—767. Die Abfassung seiner Sammlung wird ins Jahr 747 gesetzt. Vergl. Mansi, Conc. Collect. XII; Migne 89, Sp. 377 ff.; dazu Schrödl in Wetzer u. Welte², Bd. 4, Sp. 139 ff.

[3]) Canones dicimus regulas, quas sancti patres constituerunt, in quibus scriptum est, quomodo canonici, id est regulares clerici, vivere debent (Migne 89, Sp. 379).

[4]) .. monendo, ut, quia canonicorum vita sparsim in sacris canonibus et in sanctorum patrum dictis erat indita ... aliquam ex iisdem sacris canonibus et sanctorum patrum dictis institutionis formam ... excerperent ... ex canonica authoritate .... et canonicis observandum conferrent (Hartzh. I, S. 431). Dazu gehört das capit. ecclesiasticum von 818/819, c. 2 u. 3 (Boretius S. 276), wo auf die Aachener Regel hingewiesen wird: Sacrorum canonum non ignari ... quia vero canonica professio a multis partim ignorantia partim desidia dehonestabatur, operae pretium duximus ... ut ex dictis ss. patrum ... in unam regulam canonicorum et canonicarum congerere ... ut per eam canonicus ordo absque ambiguitate possit servari.

schen Konzilien und Provinzialsynoden¹) eingehende Bestimmungen über das Leben des Klerus enthalten.

Wir haben nur an die Kanones der Synoden zu Elvira, Arles, Ancyra, Neocaesarea, der Konzilien zu Nicäa und Chalcedon²) und der anderen von uns bereits erwähnten Synoden zu erinnern. Daher klagt schon die Synode von Arles im Jahre 524 darüber, dass bei der Einsetzung der Kleriker die Vorschriften der Väter oftmals nicht in gebührender Weise beobachtet würden, und bringt dieselben von neuem in Erinnerung³).

Wichtiger ist für uns die aus dem bisherigen sich ergebende Folgerung, dass ursprünglich **jeder** nach den Vorschriften der Kanones eingesetzte und lebende Kleriker als **canonicus** bezeichnet wurde bezw. bezeichnet werden konnte, nicht nur die in Kongregationen nach den für diese geltenden synodalen Bestimmungen vereinten Geistlichen. So wendet sich Ekbert von York in seinen Auszügen für die **Kanoniker** in erster Linie und fast ausschliesslich an die **einzelnen** Pfarrgeistlichen, dass sie „secundum auctoritatem canonicam" verfahren⁴). So werden noch lange Zeit bis ins 12. Jahrhundert hinein Pröpste, Aebte⁵), Chorbischöfe, Dekane als canonici (d. h. kanonisch eingesetzt und kanonisch lebend) bezeichnet⁶).

---

¹) Schon im 2. Jahrh. sind solche bezeugt (Harnack, Mission S. 333).

²) Dies hat besonders eingehende Vorschriften für den Klerus erlassen (vergl. darüber Loening I, S. 346).

³) Maassen S. 36: Quia in ordinandis clerecis **antiquorum patrum** statuta non ad integrum, sicut expedit, observata essa cognoscitur etc. Folgen die verschiedenen kanonischen Vorschriften.

⁴) Vergl. besonders Kan. 5, Migne 89, Sp. 381.

⁵) D. h. in diesem Falle Vorsteher der Kollegiatpfarrkirchen von Weltgeistlichen, s. unt. § 28.

⁶) Boretius S. 103, Kap. 32: abbates canonici; Lac. I, 107: licentia canonicum eligendi abbatem, qui modo prepositus dicitur. Ferner Günther I, 87, S. 183, Nr. 88, S. 185, Nr. 97, S. 198 etc. Auch Lac. I, 107; Brun, venerab. canonicus abbas; hier ist canonicus noch deutlich im Sinne von „kanonisch richtig" gebraucht, vergl. ebd. die Stelle „rex talem canonicum inveniat". Später werden die canonici einer Kirche den höheren Dignitäten derselben Kirche geradezu gegenüberge-

Wenn wir uns erinnern, wie sich der Kleriker als canonicus vorzüglich dadurch erweist, dass er dem Bischof Unterwerfung und Gehorsam leistet (vergl. oben den Brief des h. Bonifatius, dazu auch den Epilog der Aachener Regel: „clerici ... proprio episcopo in omnibus secundum canonicam institutionem obtemperent", Hartzh. I, S. 514, Sp. 1), so sehen wir einerseits, dass dieser ursprüngliche Sinn des Wortes noch im 12. Jahrhundert und später nicht vergessen war[1]), anderseits werden wir verstehen, dass in einem karolingischen Kapitulare die Grossen des Reiches ermahnt werden, ihre Privatpriester und übrigen kanonischen Kleriker in dem Gehorsam gegen ihren Bischof zu belassen gemäss der kanonischen Bestimmung[2]). Deshalb wird schon im 15. Kanon der Synode zu Clermont (a. 535) denjenigen Klerikern, von welchen bekannt ist, dass sie weder in der Bischofsstadt noch an den [vom Bischof legitimierten] Landpfarrkirchen Kanoniker

---

stellt, z. B. Lac. I, 490, a. 1183: Godefridus decanus s. Gereonis et canonici eiusdem ecclesie.... und Joerres S. 177, a. 1283: quicunque fuerit ... promotus in prepositum, decanum, scholasticum seu (!) canonicum ecclesie predicte, antequam possessionem prepositure, decanatus, scholastrie vel canonicatus adipiscatur ... Vergl. auch ANR 71, S. 147 Nr. 75, a. 1442, ad usum Johannis de Stummel, canonici et scholastici ss. Apostolorum; und Doebner I, S. 312, a. 1303: subdiaconi et canonici s. Crucis. Bonifaz hatte noch von canonici episcopi geredet (s. oben S. 99, n. 3).

[1]) Miraeus opp. diplom. I, S. 81, a. 1106: ... ut presbyteri, qui in iis ecclesiis populo praeficiendi sunt .... sicut canonicorum est, de honestate vitae suae episcopo professionem faciant et obedientiam promittant.... Bemerkenswert ist, dass auch Leo XIII. in einem Breve vom 29. Jan. 1894 (de canonicis honorariis) den Titel canonicus davon ableitet „quia in observandis regulis ecclesiasticis cautiores ... eam vitam vivebant, ut mensuram nominis implerent" (Arch. f. k. Kirchenr. Bd. 71, 1894, S. 468).

[2]) Boretius S. 103, c. 32: ut presbyteros ac caeteros canonicos, quos comites sui in ministeriis habent, omnino eos episcopis suis subjectos exhibeant, ut canonica institutio jubet. Vergl. damit Boretius-Krause S. 39, Kap. XII (Ludowici pii, a. 829): de presbyteris et capellis palatinis contra canonicam auctoritatem habitis ...

sind, d. h. so, wie die Kanones fordern, ihren Dienst versehen, sondern [ohne Zusammenhang mit dem Bischof] zerstreut auf Landgütern wohnen und in blossen Oratorien die Messe lesen, streng befohlen, an den hohen Festen zur Kathedrale zu kommen, um so wenigstens den Zusammenhang mit dem Bischof und ihre Unterwerfung unter denselben zu dokumentieren[1]). Wenn ferner in dem 1. Kanon der Synode zu Vaison von 529, unter Hinweis auf die altbestehende Sitte in Italien, von allen Pfarrgeistlichen verlangt wird, dass sie jüngere unverheiratete Lektoren zu sich ins Haus nehmen, bei sich wohnen lassen und zu ihren Nachfolgern ausbilden sollen, so wird es nicht schwer sein, den Sinn einer Verordnung des Konzils zu Tours von 567 (c. 20) zu verstehen, wonach die Pfarrgeistlichen (archipresbyteri, darüber s. unten § 29) zur Vermeidung des Argwohns hinsichtlich ihres Zölibates bei Tag und Nacht einen ihrer „kanonischen" [d. h. hier unverheirateten] Lektoren um sich haben sollen[2]).

---

[1]) Si quis presbyter adque diaconus, qui neque in civitate neque in parochiis canonecus esse dinoscitur, sed in villolis habitans, in oraturiis officio sancto deserviens celebrat divina mysteria, festivitatis praecipuas ... nullatenus alibi nisi cum episcopo suo in civitate teneat (Maassen S. 69). Dass diese Auslegung des Kanons entgegen der bisherigen (Loening I, 333 Nr. 3; Hinschius II, 51 Nr. 3; Stutz, Benefizialw. S. 76 Nr. 54 führen diese Stelle zum Beweise an dafür, dass canonecus der in den Kanon (Liste) eingetragene Kleriker sei) die richtige ist, ergibt sich übrigens aus dem ganz dieselben Verhältnisse behandelnden 14. Kan. des conc. Cabilon. (639—54, Maassen S. 211): de oraturia, que per villas fiunt etc.

[2]) Maassen S. 127: ... ut quocienscumque archepresbiter seu in vico manserit seu ad villam suam ambulaverit, unus lectorum canonicorum suorum aut certe aliquis de numero clericorum cum illo ambulet et in cella, ubi ille iacet, lectum habeat pro testimonio. Hier liegt auf canonicus offenbar ein bestimmter Nachdruck nach der eben gerade in Betracht kommenden (moralischen) Seite: dass der lector selbst gemäss den kanonischen Bestimmungen (ehelos) lebt und das geistliche Studium betreibt. Wenn Hinschius II, S. 51 Nr. 3 aus dieser Stelle einen Beweis ziehen will, dass canonicus den in die Matrikel eingetragenen Kleriker bedeute, so fehlt dazu jede Unterlage. Es wäre vielmehr

Weil nun aber jeder Geistliche von Rechts wegen ein kanonischer sein soll, deshalb wenden sich auch eine grosse Zahl von Synodalverordnungen und Kapitularen besonders der Karolingerzeit ganz allgemein an den Klerus, an den Bischof, wie an die einzelnen Pfarrer, mit der Forderung, das kanonische Leben bei ihren Klerikern zu fördern bezw. einzuführen [1]).

§ 25. Chrodegang und die Kanoniker der Kathedrale.

Freilich von der grössten Bedeutung war die Befolgung der kanonischen Vorschriften und das Einhalten der vita canonica an der Kathedrale, teils wegen des Vorbildes für die übrigen Kirchen, teils weil bei ihr sich notwendigerweise eine Fülle von Klerikern ansammelte [2]). Damit kommen wir zu der vielbesprochenen regula canonicorum des h. Chrodegang von Metz.

Zunächst sehen wir auch bei Chrodegang den ursprünglichen Gebrauch des Wortes canonicus in Geltung. Er unterscheidet zwar die Kanoniker in monasteriis oder in claustris von dem Klerus „qui foris claustra esse videtur et in ipsa civitate consistunt [3]); aber auch diese Geistlichen, „qui extra claustra in civitate commanent" sind ihm „clerici canonici" [4]). Zwar

---

dann unverständlich, warum nur die lectores als canonici hervorgehoben würden, wenn doch alle Kleriker der betr. Kirche in die Matrikel eingetragen waren; im übrigen verweisen wir auf unsere obigen Ausführungen über den matricularius.

[1]) 73. Kapit. v. Aachen (Boretius S. 60, a. 789): similiter, qui ad clericatum accedunt, quod nos nominamus canonicam vitam, volumus, ut illi canonice secundum regulam suam vivant — ut pontifex unusquisque ordinet et disponat ecclesias suas canonico ordine et sacerdotes suos vel clericos constringat canonico ordine vivere etc. (a. 782/86, Boretius S. 128, Kap. 2; Pippini, Longob.). — De conversatione clericorum in episcopatu disposita, quid aliud quam ut canonice degant (Leg. I, S. 238, c. 3). Andere Beispiele s. unten § 38.

[2]) Die Gründe dafür sind unten ausgeführt.

[3]) Vergl. Kap. 20 mit Kap. 8.

[4]) Kap. 21: In septima mensa reficiant clerici canonici, qui extra claustra in civitate commanent, in diebus dominicis etc. Migne 89, Sp. 1168.

ist sein Augenmerk in erster Linie auf die Domkleriker an
S. Stephan, S. Peter und S. Marien gerichtet, aber auch den
Kanonikern an den Stadtpfarrkirchen gilt seine Fürsorge[1]).

Was die Institution Chrodegangs selbst betrifft, so ist sich
dieser durchaus bewusst, nicht etwas von Grund auf Neues
zu schaffen. Die canonici, regula canonica, ordo canonicus, vita
canonica[2]), canonice vivere etc. waren, wie bereits oben ausgeführt, altbekannte Sachen und feststehende Begriffe, welche
Chrodegang übernahm. Darum sagt er im Prolog, wenn die
Autorität der Kanones der Nicäischen und anderer hh. Väter
von Bischof und Klerus beobachtet würden, so habe er nicht
sein decretulum nötig gehabt, um darin wiederholt zu verordnen, wie der Klerus den heiligen Dienst verrichten und
seinem Bischof und den Vorgesetzten nach der kanonischen
Ordnung Gehorsam leisten solle[3]).

Danach besteht auch bei ihm die vita canonica wesentlich
in der rechten Feier des Gottesdienstes und im Gehorsam
gegen den Bischof und die seine Stelle vertretenden Vorgesetzten, wie wir es bereits vor Chrodegang in den Synodalkanones und bei Bonifatius und Ekbertus beobachteten, und
wie es späterhin z. B. im 9. und 22. Kanon der Mainzer Synode
von 813 deutlich wurde. Auch im 25. Kapitel spricht Chrode-

---

[1]) Dass die obengenannten Kirchen zum „Dom" gehörten, zeigt
Kap. 20: fratres .. foras claustra nisi tantum per illas ecclesias,
quae infra domum sunt, non egrediantur. — Die „caeterae ecclesiae
infra civitatem" oder die „reliquae stationes" von Metz (Kap. 8 u. 34)
werden in seelsorgerlicher Hinsicht durchaus auf eine Stufe mit der
Kathedrale gestellt (Kap. 34 u. 8).

[2]) Vergl. auch die „vita canonica" im 12. Kan. einer fränk. Synode
unter Bonifatius (Hartzh. I, S. 74 u. Hefele 3, S. 584).

[3]) Si trecentorum decem et octo (= Nicäa) reliquorumque ss. patrum canonum auctoritas perduraret et clerus atque episcopus secundum eorum rectitudinis normam viverent .... superfluum videretur a
nobis ... super hac re .. retractari ... scripturis enim sacris nitentes
decernimus, ut omnes sint unanimes officiis divinis ... atque ad
obedientiam episcopi sui prepositique, ut ordo canonicus deposcit, parati (Migne 89, Sp. 1097).

gang wiederholt von der Befolgung der instituta canonum oder der canonica institutio, so dass wir nicht zweifeln können: Chrodegang will eine Erneuerung und Wiedererweckung des Gehorsams gegen die kirchlichen Vorschriften. Daher sagt er im 31. Kapitel: „nos qui peculiarius canonicis ordinibus inservire debemus".

Selbst die Einrichtung des kanonischen Stundengebetes (horae canonicae) setzt er als bekannt und bestehend voraus[1]).

Auch die Bestimmung, dass bei der Anrede eines Geistlichen durch einen anderen immer die kirchliche Würde des Angeredeten mitgenannt werden sollte, ward von Chrodegang nicht neu eingeführt[2]), sondern er wiederholte damit nur eine „constitutio sanctae ecclesiae, sedis apostolicae"[3]).

Ebenso geht aus keiner Stelle der Chrodegangschen Regel hervor, dass er zuerst die klösterliche Abgeschlossenheit des Klerus „innerhalb der Mauern" eingeführt hat[4]). Vielmehr werden von ihm die monasteria und claustra der Stadt als vorhandene Grössen betrachtet[5]). Selbst das gemeinsame Leben

---

[1]) Kap. 6: Si longe ab ipsa ecclesia aliquis fuerit, ita ut ad opus Dei per horas canonicas occurrere non possit; vergl. auch Kap. 15. Ueber das kanonische Stundengebet verbreitet sich eingehend der 18. Kan. in der Sammlung Ekberts von York (Migne 89, Sp. 385). Bereits die sogen. Apostolischen Konstitutionen (3.—4. Jahrhundert) kennen die sieben täglichen Gebetszeiten; der Ausdruck „horae canonicae" ist im 6. Jahrhundert bezeugt (Kraus, K.G. § 50, 5; ferner Möller I, S. 386 u. 553 f.). Dass schon frühzeitig in den Pfarrkirchen, abgesehen vom h. Opfer, regelmässige Gebetsstunden von dem Klerus abgehalten wurden, erkennen wir an dem 7. Kan. der Synode von Tarracona (516): .. ut omnibus diebus [presbyteri vel diaconi cum clericis in dioecesanis ecclesiis] vesperas et matutinas celebrent ... (Concil. XI, S. 626); ferner bei S. Isidor lib. de offic. († 636), vergl. Hartzh. I, S. 505. Ueber das kirchl. Stundengebet vergl. auch Schröder, Entwicklung d. Archidiakonats S. 18 f.

[2]) So meint Hauck, K.G. II[2], S. 64.

[3]) ... sed secundum constitutionem s. ecclesiae, sedis apostolicae vocet eum nomen suum, prius addito et ministerii sui gradu.

[4]) So Hauck, KG. II[2], 63.

[5]) Dies geht aus den meisten Kapiteln hervor, vergl. bes. Kap. 20.

hat Chrodegang nicht erst von den Mönchen auf seinen Kathedralklerus übertragen[1]), wir werden vielmehr sehen, wie dieses bereits von verschiedenen Synodalkanones bei mehreren Klerikern einer Kirche verlangt bezw. vorausgesetzt wird, ganz abgesehen davon, dass ein gemeinsames Leben des Kathedralklerus mehrerer Bischöfe der älteren Zeit bezeugt ist[2]). Aber wenn auch alle wesentlichen Forderungen des kanonischen Lebens schon längst bekannt waren, wenn sogar Chrodegang sich in der Formulierung seiner Kapitel vielfach an einzelne Stellen der Regel des h. Benedikt wörtlich anlehnte[3]) — sein Verdienst und seine eigene Arbeit ist darum nicht geringer anzuschlagen: **Er hat dem gemeinsamen Leben der Kleriker einer Kirche** (in erster Linie an S. Stephan, der Kathedrale) **eine bis in die Einzelheiten hinein — nach den Intentionen der Kanones — geregelte Ordnung gegeben und diese vorbildlich durchgeführt.** Seine Schöpfung galt bald als Muster für diejenigen Geistlichen, welche an einer Kirche vereint den heiligen Kanones gemäss leben wollten. Ihrer örtlichen Begrenzung wurde Chrodegangs Regel durch die wohl bald darauf entstandene erweiterte Form entkleidet, und auf der Aachener Synode von 816 die meisten Bestimmungen als Norm für den gemeinsam lebenden Klerus der fränkischen Kirchen aufgestellt[4]). Von da an ward es mehr und mehr Sitte, die Bezeichnung clerici canonici auf die nach den kanonischen Forderungen lebenden und eingerichteten Kollegiatgeistlichen anzuwenden im Gegensatz zu den nichtkanonischen und vor allem zu den mönchischen Kongregationen[5]). Als Titel des einzelnen Mit-

---

[1]) So Hauck S. 63.
[2]) Beispiele dafür s. unten § 27 u. § 39.
[3]) Vergl. Rettberg, K.G. I, S. 496 ff. Hauck II, S. 62, Anm. 5.
[4]) Es tut hier nichts zur Sache, ob die Aachener Regel oder die erweiterte Form der Chrodegangschen ursprünglicher ist, vergl. Werminghoff, Die Beschlüsse des Aachener Konzils im Jahre 816 (Neues Archiv der Gesellsch. f. ältere d. Geschichtsk., 27. Bd. 3. Heft, 1902).
[5]) Vergl. Boretius S. 404, c. 72 (lib. I capitularium Ansegisi):

gliedes wurde sie aber erst viel später gebraucht. Noch lange Zeit (bis ins 11. Jahrhundert) trifft man meist nur die Angabe des kirchlichen Grades bezw. Amtes der Kanoniker, ob der Betreffende acoluthus, lector, subdiaconus, diaconus, presbyter, custos etc. ist[1]). Selbst die Gemeinschaften der

---

Ut illi clerici, qui se fingunt habitu vel nomine monachos esse, et non sunt, omnimodis videtur corrigendos atque emendandos esse, ut vel veri monachi sint vel veri canonici. Noch lange blieb daneben das canonicus im allgemeinen Sinne für jeden kanonischen Weltkleriker im Gebrauche. Dies geht z. B. noch aus einer Urkunde des Abtes von Werden aus dem Jahre 1126/33 Lac. I, 317 hervor, wo der in dem abteilichen Gute Holthausen messelesende Benediktinermönch dem messelesenden Weltgeistlichen als dem canonicus gegenübergestellt wird. Ueberhaupt finden wir sehr oft, dass der kanonische Geistliche nicht nur dem unkanonischen clericus vagus gegenübergestellt wird, sondern auch den monachi, welche über die Forderungen der canones hinaus nach der strengeren regula s. Benedicti lebten und daher auch monachi regulares gegenüber den clerici canonici genannt wurden; so z. B. in karolingischen Kapitularen Boretius S. 103, c. 32 ff. besonders auch im 125. Kan. der Aachener Regel (Hartzh. I, S. 500). Daher fordert auch der 11. Kan. eines Konzils unter Pippin von 755, dass die Asketen entweder nach der Vorschrift der Mönche im Kloster oder „sub manu episcopi sub ordine canonico" leben sollen (Pertz III, S. 26).

[1]) Dies können wir fast in jedem frühmittelalterlichen Urkundenbuch erkennen. Einige Beispiele mögen hier genügen. Für das 9. Jahrhundert: Joerres S. 5 f. (a. 873); Perlbach, Reg. Nr. 1 (895 S. Cassius); Joerres Nr. 3; Lac. IV, 603 (898/99 S. Gereon); in dem von Hincmar redigierten Testamente des h. Remigius begegnen für die Reimser Kirche die Bezeichnungen presbyteri, diaconi, subdiaconi, lectores, ostiarii et juniores (für Frankreich insbesondere hat Luchaire, Manuel S. 52, dieselbe Beobachtung gemacht); für die canonici von Langres s. libri confratern. s. Gall. ed. Piper S. 27 u. S. 322; ebd. S. 247 ff. für die canonici von Konstanz, Basel, Strassburg; für das 10. Jahrhundert: Lac. I, 87 u. 88 (a. 927 Köln, Dom); ANR. 26/27, S. 340 (a. 922 Köln, Dom); ebd. S. 343 (a. 941 presbyteri et diaconi); ebd. S. 346, Lac. I, 102 (a. 948 Dom); Lac. IV, 604 (a. 945 Dom, presbyteri et diaconi); Beyer I, 169, a. 928 (Trier, Dom).

Für das 11. Jahrhundert: Lac. I, 190 (a. 1054 Essen, presbyteri et diaconi). Das um 1100 entstandene älteste Martyrologium von S. Gereon hat nur die Bezeichnungen akolythus, subdiaconus, diaconus, presbyter etc.

Kongregationsgeistlichen, welche das kanonische Leben angenommen hatten, werden in der Regel bis ins 12. Jahrhundert hinein bloss als **clerici** oder **fratres** [Deo servientes, famulantes] bezeichnet; nur dann, wenn anscheinend das **kanonische Leben** (d. h. der Gehorsam gegen den Bischof und die kirchlichen Verordnungen) der betreffenden Geistlichen **hervorgehoben** werden soll, begegnet der Name „canonici"[1]). Erst als das

---

Für das 12. Jahrhundert: Günther I, 98 (a. 1125 Trier, Dom); Lac. I, 292 (a. 1121 Köln, Dom); Nr. 369 (S. Gereon a. 1150); Nr. 396 (für S. Severin a. 1158); für dasselbe Stift s. Kremer, Akadem. Beitr. III, 32, a. 1174. Noch im 13. Jahrhundert finden wir Zeugenreihen mit blosser Bezeichnung des kirchlichen Grades der betreffenden Kanoniker (vergl. Urk. von 1217 in meinem Aufsatz über S. Maria im Kapitol, Annalen 74, S. 96). Der Uebergang macht sich in Urkunden wie Lac. I, 403 bemerkbar (a. 1160: J. W. Z. diaconi et eiusdem ecclesie canonici). Häufige Beispiele für die blosse Bezeichnung als diaconus, presbyter, custos etc. finden sich für das 12. Jahrhundert im Strassb. Urkb. I, z. B. Nr. 79, a. 1129; Nr. 115, a. 1169; Nr. 118 u. 119, a. 1182; Nr. 125, a. 1185 bis 89; 137, S. 113, a. 1199 u. 139, S. 115, a. 1201. Ferner für Hildesheim: H. A. Lüntzel, Gesch. der Diözese u. Stadt H., S. 314 ff.; für Halberstadt, Urkb. des Hochstifts H. I, 169, a. 1133. Dass ein einzelner Stiftskleriker als canonicus unterschreibt, kommt soviel zu sehen zum ersten Male in Basel 1096 (Baseler Urkb. I, 10) und in Köln 1118 vor (Lac. I, 289); doch werden schon früher in erzbischöfl. Urkunden einzelne Kleriker mit dem blossen Beiwort canonicus bezeichnet ohne Hinzufügung des betr. Grades, z. B. Lac. I, 241, a. 1079—89: predium Witichindi canonici s. Petri.

[1]) In den Traditionsurkunden des Bonner Cassiusstiftes (Perlbach, 7.—10. Jahrhundert) kommt nur einmal (Reg. 2, a. 850) die Bezeichnung der dortigen Geistlichen als canonici vor, wo eine deutliche Beziehung zum Bischof und Propste (kanonischer Gehorsam!) besteht: ubi Guntarius archiep. praeesse videtur atque Herigarius praepositus cum turba canonicorum deserviet. An allen anderen Stellen wird fratres oder clerici Deo servientes (famulantes) gebraucht (Perlbach 1—4. 7—9. 18. 20. 22. 27). Für die Kölner Stifter im allgemeinen s. das Testament Brunos von 965 (Qu. I, S. 466 ff.: fratres); für S. Kunibert Lac. I, Nr. 66 u. 67, a. 873: fratres Deo servientes; für S. Gereon Lac. I, 169, a. 1033, Joerres S. 11, a. 1080: fratres ... servientes; für Severin Lac. I, 179, a. 1043, Joerres S. 19, a. 1157, Beyer II, S. 59, a. 1174: fratres s. Severini, an letzterer Stelle gegenübergestellt den monachi de

wirkliche kanonische Leben erstarrte und zu verfallen begann, klammerte man sich gleichsam ängstlich an den Namen an[1]).

Berga; für S. Maria im Kapitol Qu. I, 83; für die Domgeistlichen Lac. I, 105, a. 962: clerici, Qu. I, 16, a. 976—84, Lac. I, 209, a. 1067, Nr. 218, a. 1074, Nr. 229, a. 1080, Nr. 231, a. 1081: fratres oder clerici Deo famulantes; für S. Aposteln Hoeniger, Schreinsurkunden M 1, III, 1 zirka 1140: fratres deo famulantes. Für die Trierer Kathedrale Günther I, 20. 64. 106 etc.: fratres ... servientes; für den Paderborner Dom Seibertz I, 20, a. 1005; für Kaiserswerth Lac. I, 339, a. 1140: fratres Deo famulantes; für Aachen Lac. I, 107, a. 966, Nr. 113, a. 972, Nr. 156, a. 1020, Nr. 174, a. 1041: fratres Deo famulantes; für Carden a. d. Mosel Günther I, 93, a. 1121; für Münstereifel Günther I, 78. 85. 86: fratres Domino famulantes. Lac. IV, 613, a. 1105: fratres ... militantes. Für das Frankfurter Kanonichenstift Böhmer-Lau S. 4. 7, a. 880: clerici, später fratres. In Quedlinburg Quedlinb. Urkb. II, 1, Nr. 4, a. 961: 12 clerici von S. Jakob; ähnlich in allen Stiftskirchen der älteren Zeit, in Koblenz, Mainz, Würzburg, Strassburg etc., auch in den österreich. Landen, s. Archiv für österr. Geschichtsquellen 1849, Bd. II, S. 317, Nr. 105 ff., a. 1029 etc. Vergl. auch Weber, Die S. Georgenbrüder zu Bamberg S. 15 f. In vielen Urkunden der älteren Zeit stehen die nicht eine höhere Stelle bekleidenden Kleriker auch ohne Bezeichnung ihres Weihegrades unter den Zeugen, so z. B. Lac. I, 192. 217. 230. 245. 267. 268. 391, an letzterer Stelle teilweise bezeichnet. Boos I, 74, S. 61, 13; S. 59, 10 ff.; 58, 19 ff.; S. 57, 19 ff.; S. 63, 7 etc.; S. 34, 34. Bis zirka 1100 scheint bei dem ziemlich selten gebrauchten Namen canonici immer noch die ursprüngliche Bedeutung des kanonischen Klerikers lebendig gewesen zu sein, so wenn z. B. Lac. I, 246 der Propst Hezelin von Maria ad Gradus seine untergebenen Geistlichen canonici nennt; oder wenn an einer Kollegiatkirche das kanonische Leben eingeführt werden soll (Lac. I, 222; Stift Rees a. 1056—75); oder in erzbischöfl. Urkunden wie Lac. I, 220. 241. 245. 209. Eine irrige Auffassung von fratres und canonici findet sich bei Stein, Die Kirche der hh. Jungfrauen (ANR 31, S. 73 ff.). In Wirklichkeit waren auch die „fratres" der Jungfernstifter, wenn kanonisch eingesetzt, von jeher canonici, wie in S. Maria im Kapitol, in S. Cäcilien, selbst in Ursula (Joerres Nr. 1), in Essen etc. Auch Binterim u. Mooren, Erzdiözese Köln I², S. 92, begehen den gleichen Fehler wie Stein, wenn sie meinen, dass der Titel fratres gegen das Vorhandensein eines ‚Stiftes' spreche.

[1]) Vergl. die interessante ähnliche Beobachtung, welche A. Harnack (Die Mission etc. 1902, S. 306 oben) bei den Rufnamen der Christen verzeichnet hat.

II. Hauptteil.
Die Mehrheit von Geistlichen an einzelnen Kirchen.

§ 26. A) An der Kathedrale.

Eine überaus wichtige Frage erhebt sich nun für uns: nach der Entstehung und Bedeutung jener Klerikerkongregationen an einzelnen Kirchen, die wir gewöhnlich als Stifter bezeichnen.

Ueber das Vorhandensein einer grösseren Anzahl von Klerikern an den bischöflichen Kathedralen sind wir schon frühzeitig unterrichtet. Bereits in den Briefen des h. Ignatius († 117) finden wir das Priesterkollegium und die Diakonen um den Bischof geschart[1]). Die Subdiakonen sind durch die apostolischen Konstitutionen (3. Jahrhundert) bezeugt[2]). Ebenfalls im 3. Jahrhundert schon haben wir die Ostiarier (oder aeditui), Akoluthen, Exorzisten und Lektoren[3]). Die Priester und Diakonen, als die höheren ordines, waren die Gehilfen des Bischofs in der Verwaltung und seelsorglichen Leitung der Gemeinde; die niederen Kleriker hatten die durch ihre Namen schon angedeuteten Dienstleistungen beim Gottesdienst und in der Seelsorge.

Zugleich erscheinen die unteren Aemter als die Stufen zu den höheren; sie bilden vielfach die Laufbahn für Diakonen, Priester und Bischof[4]).

Wie zahlreich der Klerus in einzelnen Grossstädten schon frühzeitig war, erkennen wir an Rom, wo noch unter dem

---

[1]) Ignat. Trall. 2, 3. In s. Brief an die Magnesier c. 6 vergleicht Ignatius den um den Bischof befindl. Klerus mit dem Senat, F. X. Funk, Op. patrum apost. 1878 ss. I, 194.

[2]) Const. App. 8, 26.

[3]) Vergl. Möller, K.G. I, S. 252.

[4]) Vom römischen Bischof Cornelius wird gerühmt, dass er zu seiner Würde „per omnia ecclesiastica officia sanctis religionis gradibus" emporgestiegen sei (Cypriani ep. 55, 8 p. 629, 9). Vergl. Möller, K.G. I, S. 252 u. 341.

heidnischen Imperium im 3. Jahrhundert sich 46 Priester, 7 Diakonen, 7 Subdiakonen, 42 Akoluthen und 52 Exorzisten, Lektoren und Ostiarier um den Bischof scharten[1]). An der Kathedrale von Lyon waren in karolingischer Zeit 76 clerici canonici tätig [2]).

§ 27. Das gemeinsame Leben des Klerus an der Kathedrale.

Schon seit dem 4. Jahrhundert, dem ersten der vom Staate nicht mehr behinderten Kirche, ist auch das Bestreben einzelner Bischöfe bezeugt, den Klerus ihrer Kathedrale durch ein gemeinsames Leben enger zusammenzufassen. Genaueres wissen wir von Bischof Eusebius von Vercelli († um 371). Er hat seinen Stadtklerus zum leuchtenden Vorbild für die anderen Kleriker[3]) in klösterlicher Abgeschiedenheit (monasterii continentia)[4]) und strenger Kirchenzucht vereint. Dasselbe beobachten wir bei Augustin († 430), welcher an seinem bischöflichen Sitze (in domo episcopi)[5]) mit dem Klerus ein gemeinsames, den christlichen Vorbildern gemässes Leben

---

[1]) Möller S. 259; vergl. Sägmüller, Tüb. Univ.-Progr. 1898, S. 5 u. Hinschius I, S. 310.

[2]) Vergl. unten S. 116, n. 2.

[3]) Maximi epist. Taurin. (zirka 422) sermo 9 de s. Eusebio in Muratorii anecdotis IV, 88: Hic ... ut universo clero suo spiritualium institutionum speculum se coeleste praeberet, omnes illos secum intra unius septum habitaculi congregavit, ut ... fieret vita victusque communis.

[4]) So Ambrosius epist. 72. 66 (Migne 3, 1207).

[5]) Soviel zu sehen, kommt hier zum ersten Male der Ausdruck domus (episcopi) im Sinne des bischöflichen Sitzes, der Kathedrale, vor, vergl. folgende Anm.; er erscheint in der Folgezeit immer häufiger, auch bei Chrodegang und auf der Synode von 802 (Hartzh. I, S. 368: canonici ... in domo episcopali secundum canonicam disciplinam erudiantur). Es ist anzunehmen, dass sich hieraus die mittelalterliche Bezeichnung „Dom" für die Kathedrale entwickelt hat. Vergl. unten S. 127, n. 3.

führte¹) und deshalb im Mittelalter des öfteren als Begründer des kanonischen Lebens angesehen wurde²).

Prosper von Aquitanien (zirka 450) hat schon gewisse allgemeine Forderungen für das Zusammenleben der Geistlichen aufgestellt, welche dem h. Chrodegang vor Augen schwebten³) und von der Aachener Synode von 816 ausgiebig benützt wurden⁴). In Britannien richtete der h. Augustin, „der Apostel Englands" (zirka 500), mit seinen Klerikern eine vita communis ein⁵). Bei Bischof Baudinus von Tours (zirka 550) wird bereits die „mensa canonicorum" an seiner Kathedrale erwähnt⁶). Um dieselbe Zeit hören wir von dem gemeinsamen Tisch der Kanoniker des Bischofs von Tournay⁷), 100 Jahre später von den canonici in monasterio zu Arras⁸). Auch Papst Gregor I. (590—604) war mit seinem Klerus durch gemeinsame Lebensweise verbunden⁹).

---

[1] Augustin „de vita et moribus clericorum": Nostis omnes ... sic nos vivere in ea domo, quae dicitur domus episcopi, ut quantum possumus, imitemur sanctos etc. (Hartzh. I, S. 490); Possidius in vita s. Augustini c. 5 (Opp. Aug. Migne I, 38): monasterium intra ecclesiam mox instituit et cum Dei servis vivere coepit secundum modum et regulam sub ss. apostolis constitutam ..., ferner Aug. sermo 255 (Migne 5, 1572) und de moribus ecclesiae cath. I, c. 31 (Migne I, 1338).

[2] So in der Aachener Regel von 816, dann z. B. 1112 Urkb. des Hochstiftes Halberstadt I, 136. 149. 151; Lac. I 292, a. 1121; 404, a. 1162 etc. etc. S. auch Möller, K.G. II², S. 312.

[3] Urspr. Regel cap. 31 (Migne 89, Sp. 1115): quia sanctus Prosper ... und cap. 4 der erweiterten Regel (Hartzh. I, S. 99; Migne 89, Sp. 1061): in libro Prosperi dicitur: clerici in congregatione viventes, necessaria vitae accipient ... quod habet [clericus] de facultatibus ecclesiae, cum omnibus nihabentibus commune habeat.

[4] Hartzh. I, S. 454 ff., besonders S. 501, can. 120.

[5] Beda Ven., Hist. eccl. gentis Anglorum I, c. 27 (Brief Gregors I).

[6] Gregor Turon., Hist. Franc. X, c. 31.

[7] Miraeus, Dipl. Belg. II, S. 1310, col. 2, a. 580, Urk. von König Chilperich: ut ipse teloneus et justitia de teloneo omni tempore ad mensam canonicorum eiusdem ecclesie (Tournay) proficiat.

[8] M.G. Scr. 7, S. 411, a. 685.

[9] Joh. Diaconus II, c. 11 (Migne 75, 22); vergl. Schneider S. 28.

Aus Chrodegangs Regel wissen wir ebenso, dass er mit der Klerikerkongregation an seiner Kathedrale als mit einer vorhandenen und schon lange bestehenden Einrichtung rechnete[1]).

In den karolingischen Kapitularien wird dann ausdrücklich verlangt, dass jeder Bischof an seiner Kathedrale eine Reihe von Klerikern in benachbarten Wohnungen um sich versammelt habe; wo der Raum in einzelnen Städten die nötigen Häuserbauten für die Geistlichen nicht zulässt, soll der König solchen schenken[2]).

§ 28. B) Die Mehrheit der Kleriker an den ältesten Pfarrkirchen.

Von ausserordentlicher Wichtigkeit ist nun, dass zahlreiche Pfarrkirchen, was zunächst die Mehrheit der Geistlichen anlangt, eine ähnliche Entwicklung durchgemacht haben wie die Kathedralen.

In der älteren, römischen und fränkisch-merowingischen Zeit waren offenbar an den meisten Pfarrkirchen unter dem leitenden Priester mehrere Geistliche der verschiedenen Weihegrade tätig. Das früheste Zeugnis hierfür finden wir schon in dem 3. Kan. des Konzils von Vaison in Südfrankreich vom Jahre 442, also noch in der römischen bezw. westgotischen Periode. Hier wird bestimmt, dass die einzelnen Pfarrgeistlichen alle Jahr das Chrisma von ihrem zugehörigen Bischof in der Osterzeit erbitten sollen, und zwar, wenn irgend möglich, in eigener Person, nicht durch einen beliebigen niederen Kleriker. Wenn sie aber nicht selbst

---

[1]) Vergl. auch in cap. 13 der Regel Chrodegangs die Bemerkung: Omnimodis cavendum est, ut pro nulla occasione praesumat alter alium defendere ... quia gravis occasio scandalorum in congregatione ex hac causa oriri solet. Die verschiedenen Grade seiner Kleriker werden cap. 21 genannt.

[2]) Boretius-Krause S. 102, cap. 8 u. S. 411, cap. 53 (a. 845 u. 876). Von der Kathedrale in Lyon wissen wir, dass um 800 „in domo sancti Stephani canonici clerici numero 52 und in sancto Paulo canonici 24" waren (Stutz, Benefizw. S. 324, n. 82).

kommen können, so sollen sie wenigstens einen Subdiakon zur Abholung des Chrisma schicken[1]). Im 6. Kan. der Synode zu Auxerre hören wir zu demselben Thema ergänzend hinzufügen, dass der erste Subdiakon (archisubdiaconus) gesandt werden soll.[2]). Wenn aber an den einzelnen Pfarrkirchen Subdiakonen und niedere Kleriker bedienstet waren, so liegt die Annahme nahe, dass auch Diakonen an denselben ihr Amt verrichteten.

In der Tat lernen wir im 7. Kan. der Synode von Tarracona (a. 516) die **Diakonen an den Pfarrkirchen** kennen. Sie sollen nach dem Pfarrpriester den Wochendienst haben; der gesamte Klerus der einzelnen Pfarrkirche aber hat die Vesper und Matutin täglich und am Sonntag das feierliche Hochamt gemeinsam zu verrichten[3]). Als hervorragendes Bei-

---

[1]) Conc. VII, S. 285 f.: per singula territoria presbyteri vel ministri ab episcopis, non prout libitum fuerit, a vicinioribus sed a suis propriis [scil. episcopis] per annos singulos chrisma petant, appropinquante solennitate paschali; nec per quemcunque ecclesiasticum, sed si qua necessitas aut ministrorum occupatio est, per subdiaconem: quia inhonorum est inferioribus summa committi. Optimum autem est, ut ipse suscipiat, qui in tradendo usurus est. Si quid obstat, saltem is, cuius officii est, sacrarium disponere et sacramenta suscipere.

[2]) Maassen S. 180: ut ad media quadragesima presbyteri crisma petant et, si quis infirmitate detentus venire non potuerit, ad archidiacono suum archisubdiaconum transmittat ... Wir haben uns für die obige Auslegung dieser verschieden erklärten Stelle entschieden, weil die bessere Ueberlieferung und die ähnliche Bestimmung der gen. Synode von Vaison dafür spricht. Hinschius, K.R. II, 18, 6 hat die Tradition der Stelle nach den Conc. ed. reg. XIII, S. 43, wo es heisst „ad archidiaconum suum vel archisubdiaconum transmittat", gleichwohl für das Vorhandensein von Archidiakonen und Archisubdiakonen an Landkirchen geltend gemacht (so auch Hefele, Konz.-Gesch. 3, S. 43), während Loening, K.R. II, S. 338, Anm. die letztere Ueberlieferung der Stelle wohl mit mehr Recht auf den Archidiakon u. Archisubdiakon der Kathedrale bezieht.

[3]) De dioecesanis ecclesiis vel clero id placuit definiri, ut presbyteri vel diaconi, qui ibi constituti sunt, cum clericis septimanas observent, id est, ut presbyter unam faciat hebdomadam; qua expleta succedat

spiel dafür, dass schon zur römischen Zeit an einzelnen Pfarrkirchen in kleinen Orten „presbyteri et diaconi" tätig waren, möge hier die Kirche „in castello" Cucullae (Kuchel a. d. Salzach) erwähnt werden, welche der h. Severin aufsuchte[1]). Im 2. Kan. der 2. Synode zu Vaison von 529 wird ferner bestimmt, dass in allen Pfarrkirchen von den Priestern Predigten zu halten sind. Wenn der betreffende aber etwa durch Krankheit verhindert ist, so sollen die Diakonen eine Homilie vorlesen[2]). Daher wird uns z. B. im Leben des h. Vedastus berichtet, wie er bei der Neugründung von Kirchen Priester und Diakonen, als die wichtigsten Vertreter des Pfarrklerus, an denselben bestellte[3]). — Im 1. Kan. derselben Synode zu Vaison wird ferner den einzelnen Pfarrgeistlichen zur Pflicht gemacht, ihre jüngeren Lektoren bei sich aufzunehmen und ihnen Unterricht zu erteilen[4]).

Im 11. Kan. der Synode von Orleans (a. 538) hören wir dann nicht nur von einer Mehrheit von Geistlichen unter den Pfarrpriestern, sondern auch von dem diesen letzteren durch die anderen Kleriker zu leistenden Gehorsam, wie von der Disziplinargewalt des Pfarrers über die nicht kanonisch lebenden Kleriker[5]). Dass an den einzelnen Pfarrkirchen eine An-

---

ei diaconus similiter: ea scilicet conditione servata, ut omnis clerus die sabbato ad vesperam sit paratus, quo facilius die dominico solennitas cum omnium praesentia celebretur: ita tamen, ut omnibus diebus vesperas et matutinas celebrent: quia desistente clero, quod est pessimum, comperimus in basilicis nec luminaria ministrari ... (Conc. XI, S. 626).

[1]) Eugyppius, Vita s. Severini ed. Friedrich, K.G. I, S. 431, c. 11.

[2]) Placuit, ut non solum omnes in civitatibus, sed etiam in omnibus parochiis verbum faciendi daremus presbyteris potestatem: ita ut si presbyter, aliqua infirmitate prohibente, per se ipsum non potuerit praedicare, ss. patrum homiliae a diaconibus recitentur. Si enim digni sunt diacones, quod Christus in evangelio locutus est, legere (Conc. XI, S. 77 = Maassen S. 56).

[3]) Acta SS. I, Febr. 6, S. 798, c. 16.

[4]) Wir kommen darauf noch weiter unten in § 32 zu sprechen.

[5]) Si qui clerici ministeria suscepta quacumque occasione agere, sicut et reliqui, detrectant ... ac sacerdotes suos sub huius-

zahl von Klerikern bedienstet war, geht ebenso hervor aus dem 13. u. 33. Kan. des Konzils von Orleans (a. 541)[1]) und dem 4. Kan. des Konzils zu Arles von 554[2]), ebenso aus dem 6. Kan. einer Pariser Synode von 614[3]) und den Kanones 12. 14. 16. 18 der Synode zu Merida von 666[4]). Als König Childeberth 556 die Vinzenzkirche in Paris erbaut und dotiert, wird vorausgesetzt, dass mehrere Geistliche (famuli Dei) dort ihren Dienst verrichten[5]). Aus Chrodegangs Regel wissen wir, dass nicht nur an seiner Kathedrale S. Stephan, sondern auch an den benachbarten Kirchen S. Marien, S. Peter und S. Paul Kongregationen von Geistlichen lebten, bei welchen er das Leben nach den Kanones vorbildlich durchführte[6]). Auf diese Mehrheiten von Klerikern an den einzelnen Kirchen beziehen sich auch seine Worte im Prolog: Pastor eorum, quilibet fuerit, non solum de carnalibus sed etiam de spiritualibus curam gerat[7]). Da er an anderer Stelle von den „clerici canonici, qui in civitate commanent", und von den „ecclesiae

---

modi causa aestimant per inobedientiam contemnendos, inter reliquos canonicos clericos ... nullatenus habeantur (Conc. XI, S. 489 f. = Maassen S. 77).

[1]) Maassen S. 90 vergl. dazu oben S. 93, n. 1; Kan. 33 verordnet, wenn jemand eine Pfarrkirche zu haben begehrt, so soll er die nötige Dotation beschaffen „et clericos, qui ibidem sua officia impleant".

[2]) Ebd. S. 119: ut presbyter diaconum vel subdiaconum de ordine deponere ... non praesumat.

[3]) Maassen S. 187: Ut nullus iudicum neque presbyterum neque diaconem aut clericum aut iuniores ecclesiae sine scientia pontificis per se distringat ... Quod si fecerit, ab ecclesia, cui iniuria inrogari dinoscitur, sit sequestratus.

[4]) Mansi XI, 82 ss.   [5]) Pertz, Diplom. I, S. 7, Nr. 5.

[6]) Vergl. Kap. 24: ... illi tres custodes ecclesiarum, unus de s. Stephano, alius de s. Petro, tertius de s. Maria, qui in maioribus utilitatibus occupati sunt — nach Kap. 34 übte der custos ecclesiae s. Stephani die Seelsorge aus — isti excusentur a coquina; caeteri [canonici] autem sibi sub charitate invicem serviant. Kap. 31: ... donet ad ecclesiam b. Pauli ad opus Dei, vel clericis ibidem deservientibus ...

[7]) Migne 89, Sp. 1098.

forenses" redet, im Gegensatz zu den oben genannten Kongregationskirchen auf dem Domgebiet (monasteria)[1]), so sind wir berechtigt anzunehmen, dass an der einen oder anderen Stadtkirche ebenfalls mehrere Kleriker zusammenlebten[2]).

Jetzt verstehen wir auch, dass ein karolingisches Kapitulare den Pfarrgeistlichen allgemein zur Pflicht macht, bei den ihnen untergebenen Klerikern das kanonische Leben durchzuführen[3]). Zu diesen Klerikern, die der Leitung des betreffenden Pastors unterstanden, gehörten aber an vielen Pfarrkirchen auch Geistliche mit der Priesterweihe, wie aus der form. Turon. 12[4]), aus einem Kapitulare Ludwigs II. (845—50)[5]) aus Walafried Strabo[6]) und besonders aus Kan. 20 der Synode zu Tours von 567[7]) hervorgeht. Aus der letzteren Stelle er-

---

[1]) Kap. 20 u. 21 u. 33.

[2]) Vergl. auch unsere früheren Ausführungen über die Metzer matricularii, welche an allen Stadtkirchen bedienstet waren (s. oben S. 91 f.).

[3]) Boretius S. 96, c. 23: presbyteri cleros, quos secum habent, sollicite praevideant, ut canonice vivant. Vergl. auch cap. de presb. c. 5 u. 7. Boretius S. 238; ferner s. Stutz in Zeitschr. f. Rechtsgesch., G.A. 20, S. 238.

[4]) Zeumer S. 141, 23: ecclesia b. sancti illius, sub presentia sacerdotum ibidem consistentium.

[5]) Boretius-Krause S. 81 f., Kap. 4 u. 5: In ordinandis plebibus ss. canonum instituta serventur ... et primum quidem ipsius loci presbyteri vel caeteri clerici idoneum sibi rectorem eligant, deinde populi, qui ad eandem plebem (= Pfarrkirche, s. oben S. 54 f.) aspicit, sequatur assensus. — Si autem in ipsa plebe talis [rector] inveriri non potuerit, qui illud opus competenter peragere possit, tunc episcopus de suis, quem idoneum iudicaverit inibi constituat ... hic vero qui ad gubernandas plebes legitime provecti sunt, nullatenus a suis episcopis repellantur. Vergl. Annales Xantenses Scr. 2, S. 231, wo unter den an der Xantener Kirche befindlichen Klerikern auch presbyteri genannt werden.

[6]) Boretius-Krause S. 515, 35: centenarii ... presbyteris plebium, qui baptismales ecclesias tenent et minoribus presbyteris praesunt, conferri queunt. Im übrigen gibt Walafried a. a. O. S. 516 eine anschauliche Schilderung von den verschiedenen, damals noch wirklich praktischen Stufen der Kleriker an einzelnen Kirchen.

[7]) Maassen S. 127: ... quocienscumque archepresbiter seu in vico

halten wir überhaupt ein anschauliches Bild von dem verhältnismässig zahlreichen Klerus aller Weihegrade an den einzelnen selbständigen (nicht Filial-)Landpfarreien [1]).

§ 29. Die verschiedenen Bezeichnungen für die Leiter von Kollegiatkirchen.

In solchen Fällen nun, wo regelmässig mehrere presbyteri an einer Kirche wirkten, musste der vorstehende Priester zur Unterscheidung von den übrigen einen besonderen Namen erhalten. Sehr oft begegnet uns daher besonders in fränkisch-merowingischer Zeit der Titel Archipresbyter für den Pfarrgeistlichen. So in dem gen. 20. Kan. der Synode zu Tours, ferner in den Synodalbeschlüssen von Rheims (627—30, Kan. 19) und Clichy (627, Kan. 21), wo bestimmt wird, dass an den Pfarrkirchen der senior clericus zum Archipresbyter bestellt werden soll[2]). In dem 13. Kap. des Conventus Ticin. von 850 wird befohlen, dass jede Pfarrkirche einen Archipresbyter als

---

manserit seu ad villam suam ambulaverit, unus lectorum canonicorum suorum aut certe aliquis de numero clericorum cum illo ambulet et in cella, ubi ille iacet, lectum habeat pro testimonio ... reliqui presbyteri et diaconi ac subdiaconi hoc studeant, ut mancipiola sua ibi maneant, ubi uxoris suae — folgen Bestimmungen betr. die Aufsicht über deren Lebenswandel — illi vero archipresbyteri, qui talem cautellam super iuniores suos habere noluerint ... poenitentiam agant pro sibi credito clero.

[1]) Vergl. dazu Sägmüller, Tübing. Univers.-Progr. 1898, S. 38. Im übrigen ist zu vergleichen derselbe. a. a. O. S. 35 ff. und besonders Imbart de la Tour S. 81. 115 u. 127 f., welcher für die merowingische Zeit ausführt, wie an jeder selbständigen Landpfarrkirche ein Kollegium von Priestern, Diakonen und niederen Klerikern regelmässig beschäftigt war. So erklärt sich auch die in (röm.-)fränk. Diözesen nachweisb. Menge alter Kollegiatkirchen (in Dioec. Cambrai um 1000 z. B. 34 mit canonici oder fratres bezeugt, Scr. 7, S. 455 ff.; allein Köln im 9. Jahrhundert 7 oder 8; vergl. auch § 38).

[2]) Ut in parochiis nullus laicorum archipresbyter preponatur, sed qui senior in ipsis esse debet, clericus ordinetur (Maassen S. 200 u. 205, vergl. Friedrich, 3 unedierte Konzilien S. 65 u. Sägmüller S. 36, 1).

Seelsorger der Gemeinde und aller unter der betreffenden Pfarrkirche stehenden Geistlichen haben soll. Wie der Bischof der Kathedrale, so soll **jeder Pfarrkirche ein Archipresbyter vorstehen**[1]). Schon in der 5. formula Bituric. (zirka 700) werden die Seelsorger der Diözesanpfarren Archipresbyter genannt[2]). Zahlreiche weitere Beispiele liessen sich anführen[3]). Für die spätere Zeit mag hier die alte Kollegiatkirche S. Martin

---

[1]) Mon. Germ. Leg. I, S. 399: Propter assiduam erga populum dei curam **singulis plebibus archipresbyteros preesse volumus**, qui non solum inperiti vulgi sollicitudinem gerant, verum etiam eorum presbyterorum, qui per minores titulos habitant (darüber s. unten § 34), vitam iugi circumspectione custodiant ... nec obtendat episcopus, **non egere plebem archipresbytero** ... et sicut ipse matrici praeest, ita archipresbyteri praesint plebeis (= Pfarrkirche, s. oben S. 54) ...

[2]) Zeumer S. 170.

[3]) Vergl. cap. Ludowici II (845—50), Boretius-Krause S. 82: nonnulli archipresbyteri vel aliorum titulorum custodes ... Ebenso gehört hierher der 11. Can. eines concilii incerti loci post a. 614 (Maassen S. 195), welcher den S. 121, n. 2 erwähnten Beschluss von Reims und das oben S. 120, n. 5 erwähnte Kapit. Ludwigs II. im voraus zusammenfasst: ut abbatis, archipresbyteri absque culpas de ecclesiastico ministerio removeri non debeant ... nec saecularis archipresbyteri ponantur ... Vergl. ferner die Zusammenstellung und Ausführungen von Sägmüller S. 32, Anm. 2 etc. u. Zorell S. 266 ff. Dass die Bezeichnung archipresbyter in späterer Zeit für die Leiter von Kollegatkirchen als solche so selten wird, hat wohl seinen Grund darin, dass die vorstehenden Geistlichen oft nicht die Priesterweihe nahmen, vergl. unten § 42. Dieser Gebrauch des Titels archipresbyter ist wohl zu unterscheiden von demselben Ausdruck im Sinne von Landdechant (über den letzteren s. Hinschius II, S. 271 ff. u. Luchaire, Manuel S. 17 f.), obwohl beide vielfach in einem Zusammenhang stehen (s. unten § 34, wo auseinandergesetzt wird, wie sehr oft die Vorsteher der Kollegiatpfarren von dem Bischof Dekanien überwiesen erhielten). Vergl. die Abhandlung über den Archipresbyter der Merowingerzeit von Imbart de la Tour, a. a. O. S. 74 ff., welcher nachweist, dass alle selbständigen Landpfarrkirchen (tituli maiores) ihren Archipresbyter hatten. Derselbe Gelehrte hat S. 102 den inneren Zusammenhang des Archipresbyter der Urpfarrei mit dem späteren Archipresbyter und Dekan, welche über eine Reihe von Kirchen gesetzt sind, angedeutet, indem er darauf hinweist, dass in dem grossen Sprengel der ältesten Taufkirchen neue Kapellen und Pfarrkirchen entstanden, über

in Bingen erwähnt sein. Ihr Propst hatte noch bis ins 13. Jahrh. den Titel Archipresbyter als Pfarrer der zugehörigen Parochie, welche er durch andere Geistliche verwalten liess[1]). Ebenso führte der Vorsteher des Marienstiftes zu Wetzlar und der Propst von Kaiserswerth diesen Titel[2]). — Vielfach begegnet auch der Name rector ecclesie für den Leiter von Kollegiatkirchen. So bereits in dem oben erwähnten Kapitulare Ludwigs II.[3]). Auch im 135. Kan. der Aachener institutio canonicorum kommt für den Vorsteher der Kollegiatkirche „rector ecclesie" vor[4]). In einer Urkunde König Arnulfs von 888 erscheint der Pfarrgeistliche der Aachener Pfalzkapelle (Marienstift) als rector ipsius capelle[5]). Derselbe Titel, offenbar in erster Linie auf die Leiter der Kollegiatkirchen bezogen, tritt uns 1022 in der Urkunde Erzbischof Hermanns von Köln entgegen, als er den Bitten willfahrt, welche ihm „a rectoribus pro confirmandis ecclesiarum suarum rebus deferuntur"[6]).

Weitere Beispiele liessen sich leicht erbringen[7]).

Eine oft gebrauchte Bezeichnung für den Vorsteher von Kollegiatpfarrkirchen ist ferner Prälat. Dieser Name begegnet besonders häufig in den Kanones der Aachener Synode von 816[8]) und in der damit in Zusammenhang stehenden[9]) erweiterten Regel Chrodegangs[10]).

---

die der Leiter der Mutterkirche die Aufsicht hatte. Vergl. auch Sägmüller S. 68: „Anfänglich wird man die Dekane hauptsächlich aus der Zahl der früheren Archipresbyter genommen haben."

[1]) Guden. Cod. diplom. III, S. 1117, Urk. von 1251.
[2]) Beyer II, S. CCI u. III, Nr. 301, a. 1226 etc. Lac. II, 117, a. 1224.
[3]) Boretius-Krause S. 81 f., c. 4. 5.
[4]) Hartzh. I, S. 510.
[5]) Lac. I, 75, S. 40, vergl. damit Lac. I, 107, a. 966, wo die canonici der betr. Kapelle erwähnt werden; u. Nr. 108, wo noch einmal der Ausdruck „rector atque provisor ipsius capelle" vorkommt.
[6]) Qu. I, 21.
[7]) Vergl. oben, Kap. 2, § 15 den gleichen Titel.
[8]) Namentlich s. die Kanones 117 ff. u. 138 (Hartzh. I, S. 501 ff.).
[9]) Vergl. Werminghoff S. 649, Neues Archiv, Bd. 27, 3. Heft, 1902.
[10]) Besonders Kap. 55 (Hartzh. I, S. 114).

Als Beispiel sei hier der Seelsorger der Pfarrkirche in Bierstadt bei Wiesbaden[1]) und derjenige in der Kollegiatpfarre Mechtern bei Köln genannt, welcher 1180 als praelatus vom prepositus an S. Gereon die cura animarum empfing[2]). In einer Urkunde von 1238 erscheint er dann auch unter dem Titel prepositus[3]).

Diese letztere Bezeichnung ist überhaupt die bei weitem gebräuchlichste für den Leiter von Kollegiatkirchen.

Es ist überflüssig hierfür besondere Beispiele anzuführen, die sich in den meisten mittelalterlichen Urkundenbüchern zahlreich vorfinden, doch können wir einige besonders bemerkenswerte Fälle nicht übergehen. Den frühzeitigen Gebrauch des Ausdruckes bezeugt das 5. Kap. des Edikts König Chlothars II. von 614, in welchem bestimmt wird, dass die „praepositi ecclesiarum" zusammen mit dem judex publicus in Streitigkeiten „inter personam publicam et hominibus ecclesie" entscheiden sollen[4]). Im 8. Kapitulare von Mantua (a. 813) werden die leitenden Priester an den Taufkirchen „prepositi" genannt[5]). Der Vorsteher der Xantener Kollegiatpfarrkirche heisst in den Annales Xantenses (9. Jahrhundert) praepositus[6]). Der offizielle Seelsorger der Koblenzer Kollegiat-

---

[1]) ANR 26/27, S. 336, a. 922, ed. Cardauns.   [2]) Qu. I, Nr. 93.

[3]) ANR 38, S. 8, ed. Cardauns. Als 1318 die bisher nicht kanonisch geordnete Pfarrkirche S. Johann bei Kirn (Mosel) in eine kanonische Kollegiatkirche eingerichtet wurde, erhielt auch der bisherige Pfarrer den Titel praelatus (Würdtwein, Dioec. Mog. I, S. 69 ff.). Dieselbe Bezeichnung wird für den Vorsteher der Kollegiatkirche zu Wedinghausen gebraucht, Seibertz I, 63, a. 1173.

[4]) Boretius S. 21.

[5]) Boretius S. 195: Ut prepositi cardinalium ecclesiarum obedientes sint episcopis suis et episcopi eos ad suis aecclesiis vel ab aliis justis utilitatibus expellere non praesumant absque culpa et iusta rationem et nulla eis per violentia imponatur. Vergl. die parallele Stelle des Capitulare 5. Ludowici II. (Boret.-Krause S. 82): qui ad gubernandas plebes legitime provecti sunt, nullatenus a suis episcopis repellantur etc.

[6]) Mon. Scr. 2, S. 231.

kirche S. Kastor ist noch im 13. Jahrhundert der prepositus[1]).

Die Marienkirche zu Rees, wo mehrere Kleriker den Dienst verrichteten, und welche von der Gräfin Irmintrud an Erzbischof Anno II. (1056—75) geschenkt wurde unter der Bedingung, dort das kanonische Leben einzuführen, heisst schon vorher praepositura[2]). Als die ecclesia Thenensis (Kollegiatpfarrkirche) um 1189 dem Lütticher Johannisstift überwiesen wurde, heisst es, dass der betreffende canonicus, welcher mit dem Pfarramt bepfründet würde, den Titel prepositus führen solle[3]).

Aber auch die Bezeichnung abbas, von der wir gewöhnlich annehmen, dass sie nur den Vorstehern von Mönchsgemeinschaften zukomme, begegnet in der älteren, besonders der karolingischen Zeit öfters (auch in offiziellen Urkunden) als Titel für die Leiter der Genossenschaften von Weltgeistlichen bezw. von Kollegiatpfarrkirchen. So wird z. B. der Pfarrgeistliche der Pfalzkapelle zu Aachen (Marienstift), dem mehrere canonici behilflich waren, lange Zeit hindurch abbas, später erst prepositus genannt[4]); ebenso der Leiter der königlichen Kollegiatpfarrkirche S. Marien zu Chevremont bei Lüttich und die Kirche selbst abbatia[5]), obwohl dort Weltgeistliche (canonici) den Dienst taten[6]). In gleicher Weise heisst der Pfarrgeistliche der königlichen Salvatorkapelle zu Frankfurt a. M., unter

---

[1]) Beyer II, S. 358: de communi sex decime excipiuntur ... de quibus prepositus, qui pastor est parochie Confluentine ... assignare debet sacerdoti suo ...
[2]) Lac. I, 222 (1056—75); vergl. Nr. 242 (1079—1089).
[3]) Miraeus, Diplom I, S. 190, a. 1189: ... decedente praedictae ecclesiae persona (= Pfarrinhaber, s. oben S. 73) decanus s. Johannis assensu capituli personatum teneat et in ecclesia Thenensi canonicus eiusdem ecclesiae praepositus nominetur et per discretos sacerdotes ... ecclesiae provideat.
[4]) Lac. I, 74, a. 887 u. Nr. 107, a. 996.
[5]) Lac. I, 1. 59. 79. 82. 98. 113.
[6]) Ebd. Nr. 86.

welchem 12 clerici, später „canonici", standen, in einer Urkunde von 880 abba Uuilliherius[1]). In den Miracula s. Goaris von Wandelbert aus Prüm (839) wird der Leiter des Gereonmünsters zu Köln ebenfalls abbas genannt[2]). Als Vorsteher des Bonner Münsters erscheint sogar in einer Urkunde von 801 Erzbischof Hildebold und in einer solchen von 847 Erzbischof Hilduinus von Köln als abbas[3]). Um dieselbe Zeit nennt sich Erzbischof Hetti von Trier zu wiederholten Malen abbas von Echternach[4]), wie sich die Leiter dieses Münsters allgemein bezeichneten, obwohl dort im 9. und 10. Jahrhundert keine Mönche, sondern Kanoniker lebten[5]). Auch der Leiter der Kollegiatkirche in Kaiserswerth wird in den ältesten Urkunden als abbas, die Kirche als abbatia bezeichnet[6]), wäh-

---

[1]) Böhmer-Lau, Frankf. Urkb. I, S. 4, Nr. 7, „abba Uuilliherius, cui ipsa capella commissa est".

[2]) Mon. Germ. Scr. 15, S. 369, 45, frdl. Hinweis von Herrn Dr. th. Lauscher, Köln.

[3]) Perlbach, Reg. Nr. 30 u. 9. Hierher gehört auch die Stelle bei Flodoard (Mon. Germ. Scr. 13, S. 592), wo der Vorsteher des Bonner Münsters abbas genannt wird (abbas quidam monasterii quod vocatur Bunna). R. Pick (Gesch. der Stiftskirche zu Bonn S. 17 ff.) bezieht diese Stelle irrtümlich auf Dietkirchen; aber sein Hauptgrund gegen die traditionelle Auffassung wird hinfällig, seitdem in Perlbachs Regesten das Vorkommen des Titels abbas am Cassiusstifte nachgewiesen ist.

[4]) Beyer II, 20 ff., S. 8 ff.

[5]) Beyer I, 236, Beyer II, Nachtrag Nr. 25, a. 861/62, Nr. 26. 27. 32 u. Beyer I, Nr. 189, a. 948 (clerici). Die Urk. ebd. Nr. 168, a. 927 (ordinis s. Benedicti) ist daher und weil darin schon die Ausdrücke unire und incorporare erscheinen, die erst im 13. Jahrhundert gebräuchlich werden (Hinschius II, S. 445, n. 1), als unecht anzusehen. Dass die Bischöfe in karolingischer Zeit mehrfach zugleich Aebte auch von wirklichen Klöstern waren, zeigt Ketterer (Karl d. Grosse u. die Kirche), S. 188, n. 1, ferner Cod. dipl. Lauresh. I, S. 3, a. 763 u. S. 103, Nr. 56, a. 900 etc. Vielleicht gibt diese Tatsache eine Erklärung für die bisher rätselhafte Benennung einer u. derselben Person als episcopus et abbas, die seinerzeit eine längere Fehde zwischen Martène u. Roderique (vergl. Oppermann in Westd. Zeitschr. 1900, S. 318) verursachte.

[6]) Lac. I, 83, a. 904; Nr. 85, a. 910.

rend es später prepositus und Stift heisst[1]). So nennt auch König Otto III. 993 die königliche Kollegiatkirche S. Marien zu Weilburg „nostra abbatia"[2]).

Ferner wird der Vorsteher der Kanonichen in dem Marienmünster zu Lüttich, welches mit der dortigen Kathedrale S. Lambert uniert und auf dem Domgebiet gelegen war[3]), abbas genannt[4]). Ja in den Gesta episcoporum Leodiensium abbrev. (13. s.) wird von 13 Kollegiatpfarrkirchen der Lütticher Diözese berichtet, dass der betreffende Leiter und Seelsorger den Titel abbas geführt habe[5]). So tritt auch S. Servatius in Mastricht mehrfach als abbatia auf[6]), während 1132 von Kaiser Lothar die alten Stadtpfarrrechte von S. Servatius bestätigt und der presbyter parochie s. Servatii genannt wird[7]).

---

[1]) Ebd. Nr. 216, a. 1072; 339, a. 1140; in Nr. 257 aus dem 11. Jahrhundert werden die Vorsteher praelati genannt.

[2]) Beyer II, S. CCI.

[3]) Cartulaire de l'église de s. Lambert S. 11, a. 907: ad monasterium s. Mariae et s. Lantperti, ubi illius episcopii domus est principalis (vergl. oben S. 107, Anm. 1 über die 3 Kirchen „quae infra domum sunt). Nach der Urk. von 1200 (ebd. S. 121 ff.) verrichteten die Kanoniker der Lambertskathedrale zugleich den Dienst in S. Marien, genau so wie dies von dem unmittelbar neben dem Trierer Dom gelegenen Marienmünster bezeugt ist (Günther I, 49, a. 1017—47).

[4]) Cartulaire de s. Lambert S. 123: Galterus decanus s. Lamberti et abbas s. Marie; vergl. ebd. S. 10 u. 15 (a. 1178 u. 1182): Heinr. abbas s. Marie et ecclesie s. Pauli decanus; ferner Cartulaire de s. Paul S. 2, Urk. von 1111: Hillinus abbas s. Marie; s. auch die folg. Anm. und „les abbés de Notre-Dame de Liége", von J. Demarteau in Bulletin de la société d'art et d'histoire de Diocèse de Liége VII, S. 47 ff.

[5]) Mon. Germ. Scr. 25, S. 130, Z. 42 ff.: Hic [Richerius] reedificavit per dyocesim suam ... plures ecclesias a Normannis destructas ... in quibus novenos constituerunt clericos, inter quos unum statuerunt, qui curam gereret et hospitalitatem tam praesens quam absens exhiberet, ipsumque abbatem vocaverunt, ne antiqua devotio deperiret. Nomina abbatiarum: prima Leodiensis s. Marie sanctique Lamberti ... tercia decima s. Marie sanctique Rumoldi Mechlinensis.

[6]) So 889. 898. 993 bei Beyer I, 129. 144. 266.

[7]) Franquinet Nr. 1.

Auch die auf dem alten Königshof zu Koblenz gelegene Stiftskirche S. Florin erscheint 1018 als abbatia[1]). In der Diözese Rouen wird noch im 13. Jahrhundert Corneville eine abbatia und der Vorsteher abbas genannt, obwohl es eine Stiftskirche mit 8 canonici war[2]). Weitere Beispiele aus Frankreich für den Gebrauch von abbatia im Sinne einer Kollegiatpfarrkirche und abbas im Sinne von Vorsteher einer solchen liessen sich in reicher Fülle anführen[3]). Auch für Italien ist die gleiche Anwendungsweise von abbas und abbatia bezeugt[4]).

Im allgemeinen werden daher schon in mehreren karolingischen Kapitularen die abbates canonici oder abbates canonicam normam debentes mit den clerici canonici unterschieden von den abbates regulares oder monastici mit den monachi[5]). Hierher gehört auch der 24. Kan. der 3. Synode zu Tours von 813 (Mansi 14, 86): „... abbates monasteriorum in quibus canonica vita antiquitus vel nunc videtur esse, sollicite suis provideant canonicis". In der älteren Zeit (vor zirka 1000) scheint überhaupt nach den bisherigen Beispielen und einer urkundlichen Andeutung von 996[6]) der Titel

---

[1]) Beyer I, 293, vergl. mit Günther I, 31 etc.
[2]) Rigaud S. 622, a. 1269. Ebenso die abbatia u. der abbas Montis Morelli (S. 83); abbas s. Laudi (S. 86); abbatia b. Mariae de Valle (S. 259); abbatia apud Augum (S. 633).
[3]) Vergl. Anm. 6 u. ferner Du Cange, Bd. I: abbas u. abbatia, auch Luchaire, Manuel S. 64. Ferner Piper, Libri confr. S. 257 u. 259.
[4]) Ughellus tom. 7 Italiae sacrae S. 506 ff. u. 601.
[5]) Boretius S. 100, Kap. 3: de abbatibus, utrum secundum regulam an canonice vivant et si regulam aut canones bene intellegant; ferner S. 103, Kap. 32: ut abbates canonici canones intelligant et canones observent, et clerici canonici secundum canones vivant; dagegen Kap. 33: ut abbates regulares et monachi regulam intelligant... vergl. Boretius S. 366, col. 30: abbates tam canonici quam monastici; dazu S. 209, col. 25 u. Boretius-Krause S. 38, col. 30 ff. Ebenso auf dem Aachener Konzil von 836: abbates canonici (Hartzh. II, S. 80).
[6]) Vergl. die abbatiae u. den abbas, qui modo prepositus dicitur mit Bezug auf das Aachener Marienstift, in Lac. I, 107, a. 996 u. die Anm. 5 der vorherg. Seite. Dazu Erhard, Regesten Nr. 244.

abbas und abbatia vielfach bei Kollegiatkirchen bevorzugt worden zu sein, während später dafür meist prepositus eintrat zur besseren Unterscheidung von den Vorstehern der Klöster. In Spanien aber wird noch heute der die Seelsorge verwaltende Leiter einer Kollegiatkirche abbas praesidens genannt[1]). Wir sind also keineswegs berechtigt, auf die blosse Bezeichnung abbas und abbatia hin, den Schluss zu ziehen, dass die betreffende kirchliche Genossenschaft eine solche von Mönchen sei, wie das bisher vielfach geschehen ist und in den Regesten bezw. Ueberschriften fast aller Urkundenbücher zu Tage tritt[2]). Wir haben vielmehr erst die weiteren Umstände zu prüfen, ob es nicht Weltgeistliche und die betreffenden Gotteshäuser Kollegiatpfarrkirchen sind[3]).

---

[1]) Scherer, K.R. I, S. 581, n. 63.

[2]) Es würde zu weit führen, die verschiedenen „Abteien" u. „Klöster" in den Regesten etc. der Urkundenbücher hier zu berichtigen. Es sei hier nur noch erwähnt, dass man die Stiftskirche S. Cassius in Bonn auf Grund mehrmaligen Vorkommens von abbas für die karolingische Zeit zu einem Kloster gestempelt hat (vergl. Maassen, Gesch. der Pfarreien des Dekanates Bonn I, S. 18 ff.); Maassen selbst begeht den Fehler, dass er die Einführung des Stiftslebens erst ins 9. Jahrhundert verlegt (S. 23), während vorher das Klosterleben (!) nach der Regel des h. Chrodegang vorhanden gewesen sein soll. Auch die in den Urkundenbüchern begegnende „Abtei" Springiersbach (Kr. Wittlich, Trier) betrachtet man als Kloster, aber der Vorsteher wird auch prepositus genannt (Günther I, 102) u. die Kirche war Kollegiatstift von clerici canonici (Beyer I, 415, S. 476); Beyer II, S. CXC nennt es bald Stift, bald Kloster. So nennt auch Oppermann (Westd. Zeitschrift 1902, S. 14) die Aachener Pfalzkapelle und die Strassburger Stephanskirche irrtümlich Klöster, weil sie im Vertrag von Mersen 870 abbatiae heissen (Mon. Germ. Leg. Sectio II, 2, S. 193 f.). Ueber die Verwechslungen von monasterium im Sinne einer Kollegiatkirche und monasterium als Kloster vergl. oben Kap. 1, S. 4.

[3]) Dass auch der Titel prepositus an sich noch keinen Schluss auf eine Kollegiatpfarrkirche zulässt, zeigen viele Beispiele, in denen unter prepositus offenbar der Vorsteher einer Mönchsgenossenschaft zu verstehen ist, vergl. Conc. Turon. a. 567, can. 15 u. 16 (Maassen S. 126) u. Concil. a. 614, can. 5 (ebd. S. 194), Boretius S. 277, 10; 122, 15; 346, 5 etc.; für spätere Zeit vergl. Maassen, Gesch. der Pfarreien des Dekanates Bonn I, S. 25, Anm. 2.

Wie wichtig dies Ergebnis für weitere Forschungen sein wird, ist einleuchtend.

Von anderen, mehr gelegentlichen Bezeichnungen für die vorstehenden Geistlichen der Kollegiatkirchen sei nur noch auf den Titel **prior** hingewiesen. So ist in einer Anzahl Urkunden die Rede von den Prioren der Kölner und Utrechter Kirche. Es sind darunter in erster Linie die Leiter der Kollegiatkirchen zu verstehen[1]). In einer Urkunde von 1200 erscheint auch der vorstehende Geistliche der Kollegiatpfarrkirche S. Marien in Heinsberg „Theodericus prior totusque conventus clericorum"[2]); im Jahre 1233 ebenfalls der prior der Stiftskirche in dem Dorfe Wissel[3]). Einmal wird auch die Stiftskirche S. Gereon in Köln prioratus genannt[4]). Schon in den Aachener Bestimmungen über das kanonische Leben begegnet uns derselbe Titel prior gleichbedeutend mit praelatus und praepositus[5]). In der sogen. vatikanischen Ueberlieferung der institutio canonicorum ist sogar prior die häufigere Bezeichnung[6]).

Auch der einfache Titel **pastor** kommt für die Leiter von kanonischen Kollegiatkirchen vor[7]).

---

[1]) Vergl. v. Below, Die Entstehung des ausschliesslichen Wahlrechts der Domkapitel S. 24 ff. Dazu Lac. IV, 630, a. 1166; Joerres Nr. 60, S. 59 (priores, plebani ac clerus mehrfach), a. 1214; Qu. IV, 203, a. 1338. Unter den priores sind allerdings auch Klosteräbte und Stiftsdechanten, mitunter auch andere unter dem Propst stehende Dignitare einbegriffen (vergl. v. Below a. a. O.).

[2]) Lac. IV, 644; I, 436.

[3]) Lac. IV, 656.

[4]) Joerres S. 74, a. 1223.

[5]) Kan. 143, Hartzh. I, S. 512. Werminghoff, Die Beschlüsse des Aachener Konzils im Jahre 816, Neues Archiv 1902, Heft 3, S. 625, will ohne Grund darunter einen Substituten des Vorstehers verstanden wissen. Prior presbyter auch Conc. Aqu. a. 836, II, 16; Hartzh. II, S. 83.

[6]) Vergl. Werminghoff a. a. O. S. 642.

[7]) Lac. I, 462, a. 1177, Gräfrath; die Gründerin verbürgt den canonici liberam et canonicam pastoris proprii electionem. Dass auch der Titel decanus für den Leiter einer Kollegiatpfarrkirche vor-

III. Hauptteil.
Die verschiedenen Gründe für die Mehrheit von Geistlichen an einzelnen Pfarrkirchen.

Zunächst ist es nun angezeigt, den mancherlei Gründen nachzugehen, aus denen Ansammlungen von Geistlichen an einzelnen Kirchen entstanden sind. Zu diesem Zwecke müssen wir noch einmal auf die Kathedrale zurückkommen. Wir sahen bereits oben, dass schon in frühester Zeit sich eine Mehrheit von Klerikern um den Bischof scharte: die Priester und Diakonen als Gehilfen in Gottesdienst, Seelsorge und Verwaltung der Gemeinde, die niederen Weihegrade aber für sonstige kirchliche Verrichtungen mehr untergeordneter Art.

Genau dieselben Abstufungen des Klerus haben wir an einzelnen Pfarrkirchen kennen gelernt: Priester, Diakonen, Subdiakonen, Lektoren, Akoluthen und andere niedere Kleriker, alle unter dem leitenden Pfarrgeistlichen. Wir sehen, die Pfarrkirche ist hierin das kleinere Abbild ihrer Kathedrale. Und dies mit Recht; denn wo derselbe Gottesdienst abgehalten wird, wo ebenfalls ein bestimmter Sprengel seelsorglich zu verwalten ist, da sind auch die verschiedenen Arten von geistlichen Kräften nötig — freilich in geringerer Anzahl — wie an der ersten Pfarrkirche, der Kathedrale[1]).

Es kommt aber noch ein wichtiges Moment hinzu. Oben

---

kommt, zeigt Lac. III, 39 (Stiftungsurkunde der Kollegiatkirche zu Düsseldorf) und Kuhl, Gesch. d. Stadt Jülich I, S. 26 f. u. III, S. 281; doch finden wir Dechanten als Vorsteher von Kollegiatkirchen in Deutschland regelmässig erst seit der 2. Hälfte des 13. Jahrhunderts, als die Pröpste im allgemeinen zurücktraten (vergl. unten § 39 am Ende).

[1]) Aus dem 27. Kan. der institutio sanctimonialium der Aachener Synode von 816 geht deutlich hervor, wie zur Feier der h. Messe ausser dem betreffenden Priester noch ein Diakon und Subdiakon für unbedingt nötig erachtet wurde. Hartzh. I, S. 539. Es wird hier verboten, dass mehr Geistliche als irgend nötig ein Jungfernstift zwecks der Messzelebration betreten. — Vergl. ferner Scherer, K.R. I, S. 649.

(S. 113) wurde bereits erwähnt, dass sich in der altchristlichen Zeit der höhere Klerus in der Regel aus den niederen Kirchenämtern der bischöflichen Kirche ergänzte. Dafür reichten die letzteren aus, solange die Kathedrale die einzige Pfarrkirche, d. h. der Mittelpunkt der Seelsorge der Diözese blieb.

§ 30. Die Pflanzschulen des Klerus.

A) An den Kathedralen.

Als aber infolge des steten Anwachsens der Gläubigen in Stadt und Land allenthalben Kirchen entstanden, mehrte sich notwendigerweise das Bedürfnis nach geistlichen Kräften so sehr, dass dies von den Bischöfen nur dann befriedigt werden konnte, wenn sie an ihrer Kathedrale förmliche Pflanzschulen für den Klerus einrichteten. Das wird den Bischöfen schon 531 auf dem 2. und 633 auf dem 4. Konzil von Toledo allgemein zur Pflicht gemacht[1]). In den karolingischen Kapitularien ist mehrmals dieselbe Forderung eindringlich wiederholt[2]). So sehen wir auch bei Chrodegang die „pueri parvi vel adolescentes" als die zukünftigen Geistlichen unter die vita canonica gestellt[3]). Es werden wohl an sämtlichen Bischofssitzen ähnliche Seminarien für den Klerus errichtet worden sein[4]).

---

[1]) Conc. Tolet. II, can. 1; IV, can. 21—23.
[2]) Boretius-Krause S. 102, Kap. 8 u. S. 411, Kap. 53 (a. 845 u. 876).
[3]) Migne 89, Sp. 1099, Kap. 2.
[4]) Die „Alumnen" der Kölner Kathedrale sind für das 10. Jahrhundert bezeugt in vita Brunonis, Mon. Germ. Scr. 4, S. 273. Hier empfingen z. B. die späteren Bischöfe Gerh. u. Odo von Toul (10. u. 11. Jahrh.) ihre theol. u. prakt. Ausbildung (Scr. 8, S. 641 u. 646). Am Trierer Dom bestand schon um 600 eine Bildungsanstalt für Geistliche (Friedr., K.G. II, S. 214). Ueber die ungarischen Kathedralschulen vergl. Denifle I, S. 413 ff. Dass die Reimser Klerikerschulen in sehr frühe Zeit zurückgehen, zeigt Flodoard, Hist. Rem. lib. I, c. 9 (Scr. 13, S. 421).

Indessen mochten gewichtige Umstände dazu beitragen, dass trotzdem von der Kathedrale aus nur ein kleiner Teil der Kirchen die notwendigen Geistlichen erhalten konnte.

§ 31. Die grosse Menge von Kirchen in der fränkischen Zeit bedingt zahlreiche Geistliche.

Man hat bislang nicht gebührend darauf geachtet, welche Fülle von Gotteshäusern sich bald nach der Annahme des katholischen Glaubens von seiten des fränkischen Volkes in dessen Landen allenthalben erhob. Schon auf dem Konzil zu Arles vom Jahre 524 wurde hervorgehoben, dass die Zahl der Kirchen sich ausserordentlich vermehre und dadurch eine gewisse Schwierigkeit entstanden sei, allenthalben kanonische (den Forderungen der Kanones entsprechende) Kleriker zu bekommen[1]).

Ja in den 80er Jahren des 6. Jahrhunderts konnte Bischof Aunachar von Auxerre an Papst Pelagius II. die Nachricht senden, dass im Frankenland ein förmlicher Ueberfluss an Kirchengründungen vorhanden sei[2]). Es hat den Anschein, als ob im 7. Jahrhundert fast sämtliche Dörfer (villae) wenigstens in Gallien ihre Kirchen besessen haben[3]). Zu dem Besitz der Abtei S. Germain bei Paris gehörten in karolingischer Zeit nicht weniger als 36 Kirchen und 3 Kapellen[4]). Selbst auf deutsch-fränkischem, ja rechtsrheinischem Boden müssen im 8. und 9. Jahrhundert die meisten Ortschaften ihre Kirchen besessen oder erhalten haben. Verschiedene Heiligenleben und

---

[1]) Maassen S. 36, Kan. 2: ... quia crescente ecclesiarum numero necesse est nobis plures clericos ordinare etc.
[2]) Mansi IX, 906; Jaffé-Wattenbach Nr. 1057: quod in vestris regionibus abundare indicatis ecclesias novas, gratulanter suscipimus (Brief des Papstes an den Bischof). Mit welcher Liebe die Franken dazu ihre Gotteshäuser ausschmückten, zeigen die libri Caroling. IV, 3, Migne 89, Sp. 1188, vergl. Ketterer S. 200.
[3]) Vergl. U. Stutz, Benefizialwesen I, 1, S. 139, n. 26.
[4]) a. a. O. S. 180, n. 102.

die älteren Traditionsbücher und Rentenverzeichnisse der Klöster Fulda[1]), Lorsch[2]), Prüm[3]) u. s. w. und manche noch auf uns gekommene Urkunden der karolingischen Zeit geben davon Zeugnis. Der h. Willibrord errichtete im Friesland allenthalben Kirchen und stellte an ihnen Pfarrpriester an[4]). Von dem Sprengel des Bischofs von Chur wissen wir, dass in demselben unter hervorragender Mitwirkung der fränkischen Könige um das Jahr 800 über 230 Kirchen erbaut und dem Bischof unterstellt waren[5]).

Wie viele Gotteshäuser mögen erst in den grossen fränkischen Diözesen mit Geistlichen zu versorgen gewesen sein[6])!

---

[1]) Codex dipl. Fuldensis, ed. Dronke.

[2]) Cod. diplom. Loresham., 3 Bde., 1768 ff.

[3]) Vergl. die zahlreichen Prümer Urkunden bei Beyer I, ebenso für Echternach u. die Trierer Kirchen bei Goertz, Regesten.

[4]) Vita s. Willibrordi von Alcuin (Jaffé, Biblioth. 6, S. 46 u. 49): Testes quoque ecclesiae, quas per loca singula construxerat ... mox ecclesias in eis [scil. patrimoniis sibi oblatis] aedificare iusserat, statuitque per eas singulas presbyteros et verbi Dei sibi cooperatores etc.

[5]) Mohr, Cod. dipl. Raetiae I, 15 (821—823), Brief Bischof Viktors III. an Ludwig d. Fr. über die seiner Kirche widerfahrene Unbill: Extincta est elymosina praediscessorum regum parentum scilicet vestrorum vel vestra seu et religiosorum hominum, qui s. ecclesias ex propriis facultatibus fundaverunt ... ducente siquidem XXX et eo amplius ecclesiae sunt infra parochia nostra ...

[6]) Keussen (Topogr. S. 16) irrt, wenn er meint, in der Kölner Diözese sei bis in die Karolingerzeit hinein nur eine einzige Pfarrkirche gewesen. Im allgemeinen geht die bedeutende Anzahl und Grösse der Kirchen in fränkisch-karolingischer Zeit innerhalb der einzelnen Diözesen aus cap. de Thionville 803, c. 17 ff., cap. missorum 803, c. 1 (ubi in unum locum plures sint [ecclesiae] quam necesse sit, ut destruantur) und aus einem Kapitulare Ludwigs und Lothars aus dem Jahre 829 hervor, in welchem die Bischöfe und königlichen Gesandten ermahnt werden, für die Instandhaltung der Kirchen zu sorgen. Wenn dieselben zu zahlreich vorhanden oder von solcher Grösse seien, dass sie aus dem zugehörigen Kirchenvermögen nicht restauriert werden könnten, so solle der Bischof entscheiden über ihren weiteren Fortbestand: ... si per impossibilitatem contigit, ut aut plures sint quam necesse sit, aut maioris magnitudinis quam ut ex rebus ad eas pertinentibus restaurari possint,

In einer Urkunde von 874 werden z. B. 4 unbedeutende Orte der niederrheinischen Gegend genannt: Mintard, Meiderich, Sonnborn und Pier. Sie alle aber haben ihre Pfarrkirchen und ihre Pastore[1]). Von dem benachbarten Kaiserswerth und Duisburg erfahren wir ebenfalls, dass sie schon in karolingischer Zeit ihre Pfarrkirchen besessen haben[2]). Von zahlreichen anderen rheinischen Kirchen ist anzunehmen, dass sie in die älteste merowingisch-fränkische, ja noch in die römische Periode zurückgehen[3]). Auf Karls des Grossen Befehl erstanden in der Würzburger Diözese allein zwischen Main und Regnitz 14 Kirchen[4]). Dazu wissen wir, dass manche kleinere Ortschaften schon in der merowingischen Zeit **mehrere Kirchen** besassen. So sind z. B. von Bieberbach in Baiern lange vor Bonifatius 2 Titelkirchen bekannt[5]). In Nivelles (Bistum Lüttich) sind im 7. Jahrhundert 4 Kirchen nachweisbar[6]). Um dieselbe Zeit heisst es von dem Orte Hosdinium im Gaue von Beauvais, dass er „una cum illas eclisias ibidem constructas" an den Abt von S. Denis überging[7]). In Bonn sind um das

---

episcopus modum inveniat, qualiter ... consistere possint. Vergl. Imbart de la Tour a. a. O. S. 95.

[1]) Lac., Urkb. I, 68.   [2]) Lac. I, 540; Beyer I, S. 190.

[3]) Wir weisen vorl. auf die neuerdings (Studien u. Mitteilungen a. d. Bened.- u. Zisterz.-Orden IV, Bd. 1, S. 295 etc. von Söder) als echt erwiesenen Akten des Kölner Konzils von 346 u. die vita s. Severini (Noricum) hin. Aus beiden Dokumenten ergibt sich, dass alle Römerstädte u. Kastelle ihre Kirchen u. Geistliche hatten. Vergl. ferner den Aufsatz von J. H. Kessel in Zeitschr. des Aachener Gesch.-Vereins I, S. 69 ff.

[4]) Vergl. Ketterer S. 199, n. 6.

[5]) Meichelbeck I b, 90 (780): Notitia de ecclesia, quae aedificatur in honore s. Martini in loco nuncupante Piparpach. In antiquo tempore habuit eam Ermperht episcopus et fuerunt tituli duos ad Piparpach ... et post Hermbertum ep. habuit iam dictam ecclesiam Joseph ep., quando venit Bonifacius ep. regere res ecclesiasticas ...

[6]) Vita Gertrudis, Mon. Germ. Scr. rer. Merow. II, S. 437. 461. 466. 474: S. Peter, S. Paul, S. Marien u. S. Gertrud.

[7]) Urk. von Childebert III, a. 695, Tardif Nr. 35. Für Frankreich

Jahr 800 bereits 5 Kirchen nachweisbar[1]). Oft hat ein geringfügiges Dorf eine „ecclesia matricularis" und eine zugehörige Tochterkirche wie Leidingen bei Ittersdorf (Kr. Saarlouis)[2]) oder 2 von einander unabhängige Kirchen wie Etteldorf bei Killburg[3]). Beides ist im 9. Jahrhundert bezeugt. In grösseren Bischofsstädten muss die Zahl der Kirchen eine sehr beträchtliche gewesen sein. Von Metz hörten wir bereits oben S. 119 f., dass zur Zeit Chrodegangs ausser den „caeterae ecclesiae infra civitatem" — eine davon, die basilica s. Crucis infra urbem wird in der vita Arnulfi († 641) erwähnt[4]) — noch 4 Kollegiatkirchen: S. Stephan (ebenfalls in der vita Arnulfi bezeugt)[5]), S. Marien, S. Peter und S. Paul, vorhanden waren. Um die Stadtmauer herum (ausserhalb) lagen zu merowingischer (wenn nicht schon zu römischer) Zeit dazu noch eine Anzahl von Oratorien bezw. Basiliken[6]).

In der Stadt Mainz lassen sich für das 8. Jahrhundert oder um 800 nicht weniger als 16 Kirchen urkundlich nachweisen[7]). Wohl ebensoviele Gotteshäuser mögen zu Reims

---

sind im 10. Jahrhundert vielfach Dörfer (villae) mit mehreren Kirchen, ja sogar mit mehreren Pfarrkirchen, bezeugt. Imbart de la Tour S. 120 ff.

[1]) Perlbach, Aus einem verlorenen Codex traditionum. Piper, Mon. Germ. libri confrat. S. 326 hat irrtümlich das dort genannte Bonner Münster, welches den hh. Martin, Cassius u. Florentius geweiht war (Perlbach, Reg. 12, a. 804), mit dem Kölner Martinskloster verwechselt.

[2]) Beyer I, 134, a. 893.

[3]) Ebd. S. 150, a. 893: jede von beiden Kirchen muss ein Pferd an die Abtei Prüm [jährlich] liefern.

[4]) Scr. Merow. II, S. 436.

[5]) Ebd. S. 435. Ueber die Kirchen zu Metz in frühmerow. Zeit vergl. Wolfram, Jahrb. d. Gesellsch. f. lothr. Gesch. 1892, II, S. 247 ff.

[6]) Pauli, Gesta ep. Mett. in Mon. Scr. 2, S. 262, 13.

[7]) 1. S. Martin 753 (Dronke, Cod. dipl. Fuld. Nr. 6); 2. S. Alban 758 (Dr. 18); 3. S. Maria; 4. S. Bonifatius u. 5. S. Nikodemus (später Nikomedes) 765 (Dr. 27); 6. S. Lambertus 779 (Dr. 65); 7. S. Quintin (Cod. Lauresh. 1976, II, p. 346); 8. S. Viktor 797 (Dr. 143); 9. S. Peter 802 (Dr. 174. 176. 177); 10. S. Klemens u. 11. S. Theomast 791 (Dr. 101); 12. S. Joh. Evang. u. 13. S. Stephan (Wenk, Urkb. II, 20; vergl. Schaab, Gesch. v. Mainz II, S. 313); 14. ecclesia Scottorum (Dr. 337)

in dieselbe Zeit zurückreichen¹). Sehr zahlreich sind auch die zum Teil aus ältester Zeit herrührenden Kirchen von Trier im 9. Jahrhundert (Beyer II Einl. CXCII u. CCXI).

In Köln²) sind im 9. Jahrhundert allein 7 Kollegiatkirchen nachweisbar, die zum grossen Teil in die ältesten Zeiten zurückreichen. So S. Gereon³) und die Kirche der hh. (11000) Jungfrauen⁴), welche beide noch in die römische Zeit

---

u. 15. monasterium antiquum (ebd.); 16. S. Georg schon von Venant. Fortun. erwähnt lib. II, 13, vergl. Hauck, K.G. I, S. 123, Anm. 3.

¹) Vergl. das erweiterte Testament des h. Remigius bei Flodoard, Hist. eccl. Remens. (Mon. Germ. Scr. 13, S. 430 f., vergl. darüber Roth, Gesch. des Benefizialwesens S. 464 u. Krusch, Script. Rer. Merov. 3, S. 336). Von den im erweiterten Testamente namhaft gemachten 17 Kirchen sind die beiden Titelkirchen S. Martin u. Sixtus in der Vorstadt Reims u. S. Marien schon weit früher bezeugt (Mon. Germ. Script. 13, S. 470).

²) Wir verstehen unter Köln im allgemeinen den von der mittelalterlichen Mauer umschlossenen Stadtbereich, nicht nur die Römerstadt.

³) Hier sei vorläufig auf die frühzeitige Bezeugung der Kirche bei Gregor v. Tours (Joerres S. 684), ferner auf die römisch-christl. Grabdenkmäler, welche bei S. Gereon bezw. in der Kirche gefunden wurden (Kraus, Chr. Inschriften I, 288, Klinkenberg, die röm. Grabdenkmäler Kölns [Bonner Jahrb. 108 f., 1902], S. 155 ff.), sowie auf die noch in römische Zeit zurückreichenden Konchen des Dekagons von S. Gereon (F. Jak. Schmitt in Repertorium für Kunstwissenschaft, 24. Bd., 6. Heft, 1901, S. 416 f.) hingewiesen.

⁴) Sie ist als alte, bereits verfallen gewesene (!) Martyrerkirche für das 4. Jahrhundert durch die sog. klematianische Inschrift bezeugt (Kraus, Christl. Inschriften I, 294, S. 143 ff. u. Klinkenberg, Bonner Jahrb. Bd. 80, S. 79 ff.). Der Name 11000 Jungfrauen kommt in den ältesten Urkunden von S. Ursula im 10. Jahrhundert und ausserhalb Kölns schon im 9. Jahrhundert in dem ältesten Essener Missale vor (Lac., Archiv VI, S. 76; wie die Herren Archivare Dr. Redlich und Dr. Knipping am Düsseldorfer Staatsarchiv dem Verfasser freundl. mitteilten, ist die betr. Stelle durchaus ursprünglich; weitere sehr alte Zeugnisse für die Zahl 11000 gibt Klinkenberg in s. Artikel S. Ursula bei Wetzer u. Welte, K.L.², Bd. 12). Man darf also die Zahl 11000 nicht als Erzeugnis einer späteren Legende gegen die Echtheit von Urkunden ins Feld führen (vergl. Keussen, Topogr. S. 66, Anm. 276 u. Oppermann, Westd. Zeitschr. 1902, S. 14; übrigens hat auch Herr Dr. Opperm. seine Bedenken gegen die älteren Urkunden von S. Ursula sofort fallen lassen).

gehören, ebenso die ursprüngliche Marienkathedrale, welche im 9. Jahrhundert als Cäcilienkirche einem Jungfernstift als Gotteshaus diente[1]). Dann S. Severin[2]) und S. Kunibert[3]), welche frühzeitig nach den dort ruhenden Gebeinen der betreffenden Kölner Bischöfe, ihrer Erbauer, genannt wurden, obwohl das offizielle Patrozinium ein anderes war[4]). Ferner S. Maria im Kapitol, welches um 700 als Jungfernstift von

---

[1]) Vergl. m. Aufsatz ANR 74, 1902, S. 83 ff. Ganz unzulässig scheint es uns, wenn Hauck, K.G. I², S. 34 u. RE³, X, S. 619 aus der Bemerkung des Heiden Ammian über ein conventiculum ritus Christiani, in welches sich Silvan flüchtete, folgert, dass damals (355) nur ein Konventikel der Christen in Köln vorhanden gewesen sei. Sicher waren damals schon vorhanden 1. S. Gereon; 2. S. Ursula (vergl. S. 137, n. 3 f.); 3. die Kathedrale der vorkonstantinischen Zeit (Bischof Maternus und die ἐκκλησίαι ἐν ταῖς Γερμανίαις ἱδρυμέναι bei Irenaeus). Wie verhängnisvoll die Haucksche Auslegung von Ammian werden kann, erkennt man an Harnack, Mission S. 511, welcher daraus wichtige Folgerungen für die ganz geringe Ausbreitung des Christentums in den Rheinlanden zieht.

[2]) Perlbach, Reg. Nr. 20, a. 854 u. Lac. I, 102, a. 948.

[3]) Lac. I, 66 u. 67, a. 874. Die Gründe, welche Oppermann gegen die Echtheit dieser Urkunden geltend gemacht hat, scheinen uns nicht beweiskräftig, zumal ein Hauptgrund durch den von uns in Kap. 1 betonten Nachweis der vermögensrechtlichen Selbständigkeit der Pfarrkirchen vor Bischof Gunthar hinfällig geworden ist. Opperm. hat die Revision seiner bezügl. Untersuchung bereits angekündigt (Westd. Zeitschr. 1902, S. 113).

[4]) So wird auch die Klosterkirche zu Deutz, in welcher Erzb. Heribert von Köln beerdigt war, schon 1052 (Lac. I, 187) monasterium s. Heriberti genannt, obwohl Heribert selbst es Maria geweiht hatte (Kremer, Akadem. Beiträge III, 6, a. 1003 u. Nr. 9, a. 1008, ferner Kleinermanns, Der h. Heribert S. 47) und es offiziell noch später monasterium s. Marie hiess (Lac. I, 224, a. 1073—75). Was die Umnennung von Kirchen im allgemeinen anlangt, sei auf meine Untersuchung über die Entstehung des Marienstifts (ANR Bd. 14, S. 81 ff.) verwiesen. Auch S. Maximin in Trier war urspr. S. Joh. Evangelist geweiht, wurde aber frühzeitig nach dem dort beerdigten Bischof genannt (Hontheim, Hist. Trev. I, S. 129, Urk. Nr. 48). Ebenso ward aus der von König Chlodoweg in Paris erbauten Apostelnkirche die Kirche der h. Genovefa infolge der Beisetzung ihrer Gebeine (Greg. Tur., Hist. Franc. II, 43; IV, 1 u. in Gl. conf. 89).

Plektrud eingerichtet wurde[1]). Dann der neue [Hildebalds] Dom. Auch S. Andreas ist bereits im 9. Jahrhundert bezeugt, wie wir oben S. 41 dargetan haben, doch ist es nicht sicher, ob es schon damals eine Kollegiat- oder noch eine Filialpfarrkirche war, da erst von Erzbischof Bruno im 10. Jahrhundert berichtet wird, dass er **mehrere** Kanoniker dorthin versetzte[2]). Von denjenigen [Filial-]Pfarrkirchen, welche an Alter und Rang stets als die ersten unter ihnen galten, wie SS. Kolumba, Laurenz, Alban, Peter und Martin, sind uns merkwürdigerweise direkte beglaubigte Nachrichten erst aus dem 12. Jahrhundert überkommen[3]).

Von S. Martin wissen wir allerdings, dass sie schon vor 1100 Pfarrkirche war[4]). In einem späteren Kapitel wird es unsere Aufgabe sein, das hohe Alter dieser Pfarreien näher zu erweisen. Wie dies geschehen kann, wollen wir beiläufig an S. Kolumba veranschaulichen. So muss nach Keussens verdienstvollen Untersuchungen die Parochie S. Kolumba bereits bestanden haben vor der Begründung der Apostelnpfarre[5]). Die letztere Kirche aber ist als Pfarrkirche im 10. Jahrhundert bezeugt[6]). Folglich hat die Parochie Kolumba schon vorher

---

[1]) Vergl. m. Aufsatz über S. Maria im Kap. in ANR 74.

[2]) Ebd. S. 78. Dafür, dass S. Andreas bereits vor Bruno eine Stiftskirche war, spricht der gewichtige Umstand, dass der Biograph Brunos wohl von einer Transferierung der Kanoniker nach S. Andreas, nicht aber von der doch stets kostspieligen Gründung und Einrichtung des Stiftes erzählt.

[3]) Dies ward für **Kelleter** (Mevissenfestschr. S. 230 ff.) die Veranlassung, die Entstehung der Kölner Stadtpfarreien erst ans Ende des 12. Jahrhunderts zu setzen.

[4]) S. meinen Aufsatz über das Marienstift, S. 54.

[5]) Topographie S. 27.

[6]) Qu. I, S. 470, Nr. 16, a. 976—84 u. Mon. Germ. Scr. 4, S. 273, Kap. 47, a. 965. **Keussen** S. 24 meint, dass die Pfarre S. Aposteln erst im 11. oder 12. Jahrhundert entstanden sei im Anschluss an die Stiftskirche. Aber S. Aposteln war als bischöfl. [Filial]pfarrkirche schon von Erzb. Warin dem Ursulastift als Patronat überwiesen worden so lange, bis sie selbst zur Stiftskirche wurde, genau so, wie die von Erzb. Wich-

existiert¹), wie denn in der Tat in der von Ennen Qu. I, S. 470 nach Crombach, Ursula Vindicata S. 781, unvollständig abgedruckten Urkunde die parochia s. Columbae erwähnt wird²). Als sehr alt ist auch S. Lupus anzusehen, von der es in einer Urkunde des 10. Jahrhunderts (Lac. Archiv II, S. 60) heisst, dass ihrem Hospital schon der Bischof Kunibert (623—663) bestimmte Zuwendungen gemacht habe. Im 10. Jahrhundert sind ferner als Filialpfarrkirchen bezeugt S. Maria-Ablass³), S. Johann Baptist⁴) und S. Maria-Lyskirchen⁵). Peter-Paul, genannt Noitburgis, war vor S. Martin Pfarrkirche, also geht auch sie in diese alte Zeit zurück⁶). Die

---

fried demselben Ursulastift als Patronat überwiesene Pfarrkirche zu Jülich (Lac. IV, 604) erst seit der Erhebung der letzteren zur Stiftskirche vom Patronat frei wurde (Kuhl, Gesch. d. Stadt Jülich I, S. 21 ff.). Ebenso wurde die Pfarrkirche zu Stommeln vom Patronat des Cäcilienstiftes frei, als sie selbst Kollegiatkirche ward, kam aber wieder unter S. Cäcilien, als sie zur einfachen Pfarrkirche degradiert wurde, s. A. Steffens in ANR 68, S. 113 ff.

¹) Dass die innerstädtischen Parochien noch älter sind, wird an anderem Orte zu erweisen sein. Es mag nur ein Irrtum Keussens a. a. O. S. 46 berichtigt werden, welcher meint, dass vor dem Jahre 1000 neben dem Dom und den beiden „Klöstern" (es waren Stiftskirchen) S. Cäcilien und S. Maria im Kap. keine Kirchen in der Altstadt vorhanden gewesen seien. Veranlasst wurde K. zu dieser Behauptung offenbar durch die von Hinschius (wesentlich auf italien. Verhältnisse gestützt) verbreitete Theorie, dass vor dem 11. Jahrhundert keine Stadtpfarreien vorhanden gewesen seien (Topogr. S. 45 nach Hinschius II, S. 279). Hier sei nur noch auf die Darstellung Stelzmanns im Osterprogramm 1902 von S. Aposteln verwiesen, welcher den bisher herrschenden Irrtum von der späten Entstehung der Pfarreien in den Bischofsstädten wiederholt: „Als die Zahl der Gläubigen allmählich sich vermehrte, entstanden auf dem Lande und in den grösseren Städten kleinere Kirchen, in den bischöflichen Städten erst verhältnismässig spät, nicht vor dem elften Jahrhundert" (a. a. O. S. 5).

²) Freundl. Hinweis durch Herrn Dr. Oppermann. Auch das aus dem 9. oder 10. Jahrhundert stammende alte Taufbecken von S. Kolumba bezeugt das hohe Alter ihrer Pfarrwürde (Binterim u. Mooren I², S. 84).

³) Lac. I, 88, a. 927.   ⁴) Lac. I, 102, a. 948.
⁵) Lac. I, 102.   ⁶) S. m. Aufsatz über das Marienstift, S. 56 ff.

Kirchen S. Desiderius[1]) und S. Pantaleon[2]) gehören ebenfalls hierher. Von den im 10. Jahrhundert erfolgten Neugründungen (S. Privatus, S. Gregorius und S. Elifius, s. das Testament Erzbischof Brunos von 965 Qu. I, 13) und von anderen wahrscheinlich in sehr alte Zeit zurückgehenden Kirchen, wie S. Salvator (später S. Elogius bei Maria im Kapitol)[3]) und Gross S. Martin, welche im 10. Jahrhundert als Benediktinerabtei bezeugt ist[4]), sehen wir hier ab. Jedenfalls wissen wir, dass auch Köln im 9. Jahrhundert sich mit jeder grossen Bischofsstadt, was die Zahl der Kirchen anlangt, messen konnte.

Wir werden nicht fehl gehen, wenn wir annehmen, dass hier mindestens ebensoviel Kirchen mit Geistlichen zu ver-

---

[1]) Lac. I, 88, a. 927. Diese Kirche, nach dem im Jahre 608 den Märtyrertod gestorbenen merowingischen Heiligen Desiderius, Bischof von Vienne, genannt, welcher auf Veranlassung der den austrasischen Franken verhassten Brunhilde ermordet wurde, ist unter diesem Namen später nicht mehr bezeugt, vielleicht hat sie bald wie viele alte Kölner Kirchen einen anderen Namen angenommen, wenn sie nicht schon frühzeitig gänzlich unterging.

[2]) Qu. I, 13, a. 965, sie ist mit zugehörigem Hospital übrigens schon in der Lotharschen Urk. von 867 (Qu. I, 2, Joerres Nr. I) erwähnt.

[3]) S. m. Aufs. über das Marienstift in ANR. 74, S. 72, n. 4.

[4]) Die Gladbacher Chronik (Mon. Germ. Scr. 4, S. 77) hat die Nachricht, dass vor den Benediktinern canonici, also Weltgeistliche, in S. Martin waren. Das Chronicon Laureshamense berichtet, dass Erzb. Bruno I. (953—965) bei S. Martin ein monasterium errichtet habe, wie dies durch denselben Erzb. auch bei S. Panthaleon u. S. Andreas, die beide schon lange vor Bruno bezeugt sind, geschehen sei (Mon. Germ. Scr. 21, S. 390). Wenn das Chronicon recht unterrichtet war, so hat offenbar Bruno S. Martin zu einer Kollegiatkirche erhoben, welche aber nach der Gladbacher Chronik schon durch Erzb. Everger (985—999) in ein Benediktinerkloster umgewandelt wurde. Jedenfalls bestand nach der Ausdrucksweise der Lorscher Chronik S. Martin schon vor Bruno, es ist daher nicht zulässig, wenn Keussen, Topogr. S. 17. 58 u. 60, auf Grund dieser Chronik die erste Gründung von S. Martin dem Erzb. Bruno zuschreibt. Zu den von uns in ANR. 74, S. 73, n. 5 erbrachten Hinweisen auf das hohe Alter der Martinskirchen fügen wir noch die Untersuchungen von J. H. Kessel in Zeitschr. d. Aachener Geschichtsvereins I, S. 73 ff., ferner Bossert, Württemb. K.G. 1893, S. 14 hinzu.

sorgen waren, als in Mainz. Ganz abgesehen davon, dass schon zur Zeit des Bonifatius Köln unter allen fränkischen Städten — selbst Mainz und Trier eingeschlossen — eine hervorragende kirchliche Bedeutung gehabt haben muss; denn alle fränkischen Fürsten wünschten es als ihre Metropole und Papst Zacharias hatte dem zugestimmt[1]). — Diese Beispiele mögen genügen. Aus ihnen erkennen wir, was für Anforderungen an die Bischöfe gestellt wurden, wenn sie alle Kirchen ihres Sprengels mit den an der Kathedrale ausgebildeten Geistlichen besetzen wollten. Nehmen wir einmal den Sprengel von Chur an. Hier befanden sich über 230 Kirchen; viele darunter mögen eine ganze Anzahl von Klerikern beschäftigt haben. Aber setzen wir auch nur den Fall, dass im Durchschnitt ein Priester und ein Diakon an jeder Kirche tätig war (von den niederen Klerikern ganz abgesehen), so hätte die Kathedrale für den Nachwuchs von zirka 500 Geistlichen sorgen müssen. Für volkreichere Diözesen wie Mainz, Trier, Köln etc. erhöht sich diese Zahl noch bedeutend. Aber wären in einer solchen Diözese jährlich auch nur 30 Stellen zu vergeben gewesen und rechnen wir für die Ausbildung des Scholaren (auch puer oder adolescens canonicus genannt)[2]) bis zum Empfange der höheren Weihen etwa 10 Jahre — in Wirklichkeit verging wohl bis zur Emanzipation[3]) oder gar zur Priesterweihe des betreffenden

---

[1]) Quod elegerunt unam civitatem omnes Francorum principes ... quatenus ibi sedem metropolitanam perpetuo habere debeas ... de civitate namque illa, quae nuper Agrippina vocabatur nunc vero Colonia juxta petitionem Francorum ... metropolim confirmavimus (Hartzh. I, S. 70, Sp. 2 u. S. 71, Sp. 2, a. 745). Vergl. H. G. Schmidt, Ernennung des Bonif. z. Metropoliten v. Köln, 1899.

[2]) So im Kap. 2 der Regel Chrodegangs. Pueri canonici = can. non emancipati, Qu. II, 86 n. 157, ferner vergl. Michael II, S. 13, n. 4.

[3]) Vergl. darüber z. B. Joerres, S. 98, a. 1235: Si aliquis emancipatus electus fuerit in canonicum et in fratrem, scolaribus tempore sue electionis in scholis et sub virgis existentibus, licet postmodum etiam ad vacantem mensam emancipentur, in mensa percipienda preferetur. Dass auch die nicht emanzipierten Kleriker zu den Kanonikern in weiterem Sinne gerechnet wurden, geht aus Anm. 2 und aus Joerres S. 104,

Klerikers noch mehr Zeit¹) — so hätten an der Kathedrale doch stets 300 Alumnen weilen müssen. Dies war für die mittelalterlichen Verhältnisse nicht durchführbar und ist auch nicht so gehandhabt worden. Vielmehr finden wir hier auf kirchlichem Gebiet etwas ganz ähnliches, wie später auf wirtschaftlichem. Wie hier die mittelalterliche Arbeitsteilung fortgesetzt die Zahl der selbständigen Berufsexistenzen vermehrte²), so entstanden schon sehr frühzeitig gewissermassen selbständige Nachbildungen der Kathedrale, nicht nur als Ausstrahlungspunkte der Seelsorge, sondern auch als **Pflanzschulen des Klerus, an den Pfarrkirchen**³). Es sind

---

a. 1285 hervor: canonici ... quando sunt emancipandi; ferner aus einer Eintragung im 2. Memorienbuch von S. Gereon (zirka 1200, Lac. Archiv III, S. 114): Obiit Arnoldus prepositus Ziz., pro quo habemus ... solidos, de quibus dabuntur denarii missales et cuilibet scolari canonico existenti in vigilia, missa et commendatione 4 denarii; residuum inter canonicos emancipatos. Der Ausdruck divinis cultibus mancipati (scil. clerici canonici) kommt schon in der Aachener Regel von 816 vor (Hartzh. I, S. 513, Kap. 145, Sp. 1). Ueber die scolares canonici vergl. auch Seibertz I, 338, a. 1266; ferner vita Leonis IX., Watterich I, S. 130 ff. In den Kölner Domstatuten (Lac. Archiv II, S. 24 ff.) steht scolaris canonicus immer entgegengesetzt den canonici presbyteri, diaconi, subdiaconi. Die Emanzipation fand bei der Subdiakonatsweihe statt; vergl. Hilling, Halb. Archid. S. 65; ferner Gelen, vita s. Engelberti S. 23.

¹) E. Michael a. a. O. S. 357 f. Das Conc. Toletan. II, a. 531, bestimmt für die in domo ecclesiae erzogenen Kleriker ein Alter von 20 Jahren zum Subdiakonat, von 25 Jahren zum Diakonat und 30 Jahre zum Presbyterat. Vergl. schon Conc. Arelat. a. 524, Kan. 1 (Maassen S. 36). Vergl. ferner Imbart S. 138. S. auch ep. Zachariae Bonif. d. in M.G. Ep. 3, S. 371, 21.

²) Vergl. G. v. Below, das ältere deutsche Städtewesen u. Bürgertum, S. 125.

³) Ueber die Geschichte des Unterrichtswesens in Deutschland bis zur Mitte des 13. Jahrhunderts im allgemeinen ist die Preisarbeit von F. A. Specht zu vergleichen, welcher die grossen Verdienste der Kirche um den Unterricht dartut, aber nicht den Gesichtspunkt von der Pflanzschule des Klerus aufgestellt hat, was ausserhalb seiner Aufgabe lag. Um dafür ein Beispiel anzuführen, so fehlt bei ihm auf S. 26 in dem

„die Zentren der Propaganda für den christlichen Glauben", deren Errichtung unter eifriger Teilnahme der Bischöfe erfolgt[1]).

§ 32. Die Pflanzschulen des Klerus.
B) An den frühmittelalterlichen Pfarrkirchen.

Wir haben bereits oben S. 120 ein Kapitulare Ludwigs II. (845/50) erwähnt, in welchem es heisst, dass der Pfarrgeistliche aus und von den Klerikern der betreffenden Kirche erwählt werden soll, dass der Bischof nur im Notfall, wenn an der Pfarrkirche selbst (in ipsa plebe) kein geeigneter Kleriker zu finden ist, aus dem Kathedralklerus den Seelsorger bestellen muss[2]). So wird es wohl damals an allen bedeutenderen Pfarrkirchen gehalten worden sein[3]).

Aber schon weit früher haben wir Beweise dafür, dass die einzelnen Pfarrkirchen die Bildungs- und Ergänzungsstätten der Kleriker und zukünftigen Pfarrer waren. So wird in dem 1. Kan. der fränkischen Synode zu Vaison in der Provinz Arles von 529 allen Pfarrgeistlichen befohlen, jüngere, unverheiratete Männer als Lektoren der Kirche bei sich in ihr Haus aufzunehmen und in der Theologie (in lege Domini) und dem Kirchendienst so zu unterweisen, **dass sie ihre Nachfolger werden können.** Dies wird für Italien als allgemein verbreitete Sitte bezeichnet[4]).

Kan. der Synode zu Vaison gerade der Schlusssatz, welcher den Zweck der Pfarrschulen angibt, vergl. Anm. 4.

[1]) Vergl. Imbart S. 35 f.
[2]) Boretius-Krause S. 81 f., Kap. 4 u. 5.
[3]) Vergl. Imbart S. 137.
[4]) Hoc enim placuit, ut omnes presbyteri, qui sunt in parochiis constituti, secundum **consuetudinem, quam per totam Italiam satis salubriter teneri cognovimus,** iuniores lectores, quantoscunque sine uxore habuerint, secum in domo, ubi ipsi habitare videntur, recipiant et eos quomodo boni patres spiritaliter nutrientes psalmos parare, divinis lectionibus insistere et in lege Domini erudire contendant: **ut et sibi dignos successores provideant** et a Domino praemia

Eine ähnliche Verordnung gibt der 18. Kan. einer Synode zu Emerita von 666, wo ebenfalls allen Pfarrpriestern zur Pflicht gemacht wird, nach Massgabe des vorhandenen Kirchenvermögens oder ihrer Einkünfte, sich aus den Hintersassen ihrer Kirche eine kleinere oder grössere Anzahl von Klerikern heranzubilden für den h. Dienst[1]). Ein praktisches Beispiel dafür, wie einzelne Pfarrgeistliche schon in frühmerowingischer Zeit sich ihre Gehilfen bezw. Nachfolger im geistlichen Dienste heranbildeten, liefert uns die vita Gaugerici (7. Jahrhundert) bei dem sacerdos in castro Ebosio[2]).

Wenn in der ältesten Zeit die Kleriker der einzelnen Kirche noch ausschliesslich aus den Hintersassen (de ecclesiae suae familia)[3]) des betreffenden Gotteshauses hervorzugehen scheinen, so hat sich in karolingischer Zeit ein bemerkenswerter Umschwung vollzogen. In dem 118. bis 120. Kan. der Aachener Regel nämlich wird über die Pflichten der vorgesetzten Geistlichen (praepositi, praelati) ihren Klerikern gegenüber gesprochen und im 119. Kan. als ein Mangel gerügt, dass viele Seelsorger ihre Kleriker ausschliesslich aus den Hintersassen der Kirche heranbilden: es wird ihnen streng befohlen, auch die Adligen bei der Auswahl zu berücksichtigen[4]). Ganz ähnlich lautet die Bestimmung des 5. Kap. der

---

aeterna recipiant (Conc. XI, S. 76 f. = Maassen, S. 56). Vergl. dazu die trefflichen Ausführungen bei Imbart a. a. O. S. 64 f., welcher die Vorzüge dieser Methode bespricht.

[1]) Instituit haec sancta synodus, ut omnes parochitani presbyteri, iuxta ut in rebus sibi a Deo creditis sentiunt habere virtutem, de ecclesiae suae familia clericos sibi faciant, quos per bonam voluntatem ita nutriant, ut et officium sanctum digne peragant et ad servitium suum aptos eos habeant. Hi etiam victum et vestitum dispensatione presbyteri merebuntur et domino et presbytero suo atque utilitati ecclesiae fideles esse debent. Quod si inutiles apparuerint, ut culpa patuerit, correptione disciplinae ferianter (Con. XV, S. 467). Vergl. ähnliches Karoling. Kapitulare bei Boretius S. 238, Nr. 5.

[2]) Mon. Germ. Script. Merow. ed. Krusch S. 652, c. 2 f.

[3]) Was hierunter zu verstehen, zeigt Lac. I, 491, a. 1184.

[4]) Hartzh. I, S. 501: ... Hoc autem non ideo dicitur, ut ex

erweiterten Regel Chrodegangs[1]). Hier wie dort werden wiederum eingehende Verordnungen erlassen über die Erziehung und den Unterricht der heranwachsenden Kleriker[2]), ähnlich wie in der ursprünglichen Regel Chrodegangs nur für den Kathedralklerus. Daher finden wir an den **kanonisch geordneten Kollegiatpfarrkirchen** des früheren Mittelalters Pflanzschulen der Geistlichen meist mit besonderem Studienleiter (magister scolarum) gemäss dem 135. Kan. der Aachener Regel[3]).

familia ecclesiae probabilis vitae in congregatione non sint admittendi, praesertim, cum apud Deum non sit personarum acceptio: sed potius, ut propter quam intulimus occasionem, **nullus praelatorum seclusis nobilibus viles** tantum in sua congregatione admittant personas. — Später hat man den Stiftern die Ueberzahl der Adligen mit Recht zum Vorwurf gemacht. —

[1]) Hartzh. I, S. 99: Sunt nonnulli, qui tantum ex familia ecclesiastica clericos **in sibi commissis congregant ecclesiis** etc.

[2]) Aachener Regel Kap. 135, Hartzh. I, S. 510; und Kap. 48 der erweiterten Regel Chrodegangs, Hartzh. I, S. 110 f. Beispiele dafür, dass die ältesten Pfarrkirchen vielfach förmliche „Klerikerseminare" waren, gibt auch Imbart de la Tour S. 128.

[3]) Es würde zu weit führen, auch nur einen kleinen Teil von Beispielen anzuführen. Wir wollen nur darauf hinweisen, dass sämtliche Kölner Kollegiatkirchen ihren magister scolarum (scolasticus, später unter ihm rector sch.) hatten, vergl. Beyer II, S. 59 Zeugen; Lac. I, 392 u. 474 Zeugen; hier kommen die magistri scolarum des Domes, von S. Gereon (für S. Gereon s. noch besonders Joerres, S. 69, a. 1219 u. oben S. 52, n. 2), Severin, Kunibert, Andreas, Maria ad Gradus, Aposteln u. S. Georg vor. Im übrigen s. Register des Knippingschen Regestenwerkes über die Kölner Erzb. im 12. Jahrhundert; ferner Specht S. 172 ff. u. S. 330. Es versteht sich, dass viele der hier ausgebildeten clerici weder die höheren Weihen, noch überhaupt später einen Kirchendienst annahmen, sondern als Schreiber, Notare (clericus, Clerk!) und in sonstigen weltl. Aemtern sich nützlich machten. Bezeichnend aber ist, dass in einem der ältesten Urkundenprivilegien der Kölner Universität die Studenten einfach Kleriker genannt werden (Orig. Urk. von 1396 20/11, Privileg Herzog Wilhelms, im Kölner Stadtarchiv, Urk. der Universität). Vergl. auch Ennen, Gesch. d. St. Köln III, S. 834 f. u. H. Denifle, Universitäten I S. 387 f. Auch die Studenten der Heidelberger Universität werden noch im 14. Jahrhundert allgemein als clerici bezeichnet, vergl. Denifle S. 384. Ueber die Erfurter Stiftschulen ebd. S. 403. Vergl. ferner

§ 33. Der bedeutende Umfang der älteren Pfarrsprengel und die Seelsorge in den Filialkirchen.

Ein weiterer wichtiger Grund für die Mehrheit der Geistlichen an einzelnen Pfarrkirchen liegt in der Grösse der zugehörigen Sprengel bezw. in der Zahl der von der Pfarrkirche aus zu pastorierenden Kirchen und Kapellen. Oft umfassten die Parochien einen Raum von 3 und 4 Stunden im Durchmesser [1]) mit zahlreichen Ortschaften oder „Villen"[2]). Auch

---

Michael II, S. 9, 388 ff., 370 ff., 402 ff. Ueber den Betrieb in den Lütticher Stiftsschulen (11. Jahrh.) s. Anselmi gesta ep. L. (Scr. 7, S. 210 u. 220); über Soest s. Seibertz I, 338. Die älteren canonici beteiligen sich am Unterricht: vita Leonis IX. (Watterich I S. 130 ff.); Gesta Aldrici (Scr. 15, S. 309). Bis zum Subdiakonat bleiben die canonici scolares (non emancipati), vergl. oben S. 142, n. 3, ferner passio Friderici ep. Traj. (Scr. 15, S. 345); im allgem. s. auch Hüffer, Forschungen S. 289.

[1]) Dies ist namentlich der Fall bei den aus fränkisch-merowingischer Zeit herrührenden „Grosspfarren", deren Kirche oft auf weite Entfernung hin die einzige Taufkirche bildete, vergl. Sägmüller S. 36. 49. 71, für die Urpfarre in Lorch s. Bossert, Württb. K.G. S. 4, ferner vergl. A. Tibus, Alter der Kirchen zum h. Martin u. zur h. Aldegundis in Emmerich S. 28 (viele Kollegiatpfarrsprengel von grosser Ausdehnung genannt).

[2]) Vergl. die form. Senon. rec. 12 (Zeumer S. 217), wo verschiedene Villen genannt werden, welche man einer Kirche zuweist, damit die Bewohner (von) dort pastoriert werden; auch die 4. Markulf. Form. (Zeumer S. 44) gehört hierher, wo von der immunitas einer Kirche die Rede ist, zu welcher (ecclesia) eine Reihe von villae gehört. Beispielshalber zählten die Pfarrkirchen S. Johann zu Osnabrück (Erh. Urk. Nr. 261 von 1147) u. S. Marien zu Bremen zahlreiche Ortschaften (villae) zu ihrem Sprengel (Bremer Urkb. I, 148). Das ganze Land von Breda (Diöz. Utrecht) hatte noch um 1100 nur eine Parochialkirche; zur Kirche von Staveren (ebd.) gehörten im Jahre 1132 24 Kapellen und später noch mehr (Moll-Zupke, K.G. der Niederlande II, S. 140). Aehnlich die Kollegiatkirchen S. Lambert, S. Marien u. S. Mauritius zu Münster (A. Tibus, Gründungsgesch. S. 388 etc.), ferner die Kollegiatpfarrkirchen zu Steinfeld in d. Eifel (ANR 24, S. 273 ff.; Lac. I, 308) u. zu Kaiserswerth (Lac. I, 83 u. 257, II, 117). Sehr umfangreich war auch der Sprengel von S. Severin zu Köln (ANR 26/27, S. 344, Urk. von 948

dann, wenn diese ihre eigenen Oratorien und Kapellen besassen, die vielfach von dem geistlichen oder weltlichen Grundherrn der betreffenden villa errichtet erscheinen[1]), wurden sie doch lange Zeit hindurch von dem Klerus der betreffenden Kollegiatpfarrkirche gottesdienstlich und seelsorglich versehen[1]),

---

= Hess, Urkb. 3, vergl. Oppermann in Westd. Zeitschr. 1902, S. 40 f.). Zu dem ein zusammenhängendes Gebiet bildenden Grosssprengel von S. Severin gehörten die Pfarrkirchen S. Severin, S. Joh. Baptist (innerhalb Köln), ferner Rodenkirchen, Sürth, Godorf, Rondorf, Meschenich, Hönningen u. Immendorf, ausserdem noch andere Patronatskirchen (vergl. Hess, Urkb. von Severin, Register). Zu dem Sprengel des Propstes von S. Gereon gehörten die einen zusammenhängenden Bezirk bildenden Filialparochien S. Christoph, ad Martyres (Mechtern, vergl. Qu. I, 93, a. 1180), Kriel, Müngersdorf, Junkersdorf, auch das Kloster Weiher ausserhalb der Stadt lag im Pfarrsprengel von S. Gereon bezw. S. Christoph (Qu. II, S. 80); ausserdem wurden von S. Gereon aus noch besetzt die Pfarrkirchen von Rheinkassel, Merheim, Swist und einer Reihe von anderen Ortschaften, im ganzen 25 Pfarrkirchen (Joerres S. 314 ff.). Viele von den nicht auf dem unmittelbaren Grosssprengel von S. Gereon erbauten Filialkirchen zeigen durch ihr gleiches Patrozinium des h. Gereon, dass sie von S. Gereon aus gegründet wurden, z. B. die Kirchen in Spiel, Giesenkirchen, Monheim, Merheim, Niederbachem (vergl. Pick, Aus Aachens Vergangenheit S. 6 u. A. Tibus, Gründungsgesch. S. 416; ferner Joerres S. 175. S. 56 u. 73 etc.). Von S. Kunibert aus wurden pastoriert bezw. erhielten ihren Pfarrgeistlichen die ebenfalls einen zusammenhängenden Gross-Sprengel bildenden Filialpfarrkirchen S. Lupus, S. Kunibert, SS. Makkabaer (zeitweise Pfarrkirche?), die Kirchen in Niel und Merkenich, ausserdem noch eine Reihe von anderen Pfarrkirchen (die S. Kunibertskirche in Köln, 1857). Das Gebiet der Kollegiatkirche in Chevremont umfasste eine grosse Anzahl von villae (Lac. I, 59, a. 844) u. zu dem Marienstift in Aachen hatten 43 villae die Nona zu entrichten (Lac. I, 75). So kann A. Tibus, Gründungsgesch. S. 386, ganz allgemein den Grundsatz aufstellen, dass Pfarreien von geringem Umfang ursprünglich nur Filialkirchen der Grosspfarren waren. Trefflich sind auch die Ausführungen Imbarts S. 80 ff. u. S. 115; ferner s. Zorell S. 268 ff. Lamprecht, D. Wirtsch.l. I, S. 246 etc.; Loening II, 346 f. Ueber Gross-Sprengel v. Xanten: Binterim u. M. III, 57 u. 78; Münstermaifeld: Goerz, II, 1171; Meschede: Seib. I, 98.

[1]) Lac. I, 231, a. 1081 (Propst von S. Kunibert); Lac. I, 322 (Privatpersonen) etc.

bis sie erst aus dem alten Pfarrverband eximiert und mit eigenen
Pfarrrechten begabt wurden[1]). Aber auch in letzterem Falle

[1]) Das älteste Zeugnis dafür, dass die Oratorien von dem Klerus
der benachbarten Pfarrkirche bedient wurden, findet sich im c. 25
des Conc. Epaon. a. 517 (Maassen S. 25): sanctorum reliquiae in oratoriis villarebus non ponantur, nisi forsitan clericus cuiuscunque
parochiae vicinus esse contingat, qui sacris cinerebus psallendi frequentia famulentur. Dann c. 19 der Synode zu Emerita von 666: In
parochiis multae sunt ecclesiae constitutae, quae ad fidelibus factae
aut paucum aut nihil de rebus videntur habere; sacerdotali ergo decreto
presbytero uni (= Pfarrer) plures extant commissae, unde cavendum
est, ne occurente paupertate ordo ibidem non impleatur missae. Weitere
Stellen s. Stutz, Benefizialw. S. 68, n. 14 u. 15. Die Pflicht des Propstes
von S. Gereon war es, in allen zu s. Kirche gehörigen Ortschaften für
die Besetzung der später zu Pfarrkirchen erhobenen Kapellen durch s.
Kanoniker zu sorgen: Joerres S. 106, a. 1235, seit 1283 verändert, ebd.
S. 176; dazu S. 120: prepositus ecclesias curtibus annexas ... si placet
poterit sibi reservare, vel si conferre voluerit, canonicis ecclesias conferet. Ausdrücklich bezeugt ist für die Filialpfarrkirchen S. Christoph
(Qu. 93 u. Rotul. von S. Maria im Kap.) wie für diejenigen zu Spiel u.
Viersen (Joerres Nr. 25, a. 1181—85) u. Rheinkassel (Lac. I, 499,
a. 1185), dass sie nur an Kanoniker von S. Gereon vergeben wurden.
Für S. Aposteln vergl. ANR 71, S. 131, 3. — Der alte Sprengel der
Essener Stiftskirche erstreckte sich über die ganze Stadt. Als später
mehrere besondere Pfarrkirchen in Essen selbst entstanden, wurde in
denselben die cura durch Kanoniker der Stiftskirche versehen (Essener
Beiträge 14, S. 145, a. 1264). Dass auch die Filialkirchen auf den umfangreichen Besitzungen etc. von S. Maria im Kap. ursprünglich durch
die Stiftskanoniker seelsorglich bedient wurden, ist aus ANR 71, S. 42,
6 u. 8 u. rotul. 37 von S. Maria im Kap. zu entnehmen. Für die Seelsorge der Filialpfarrkirche zu Dernau musste der Propst von Rees einen
Kanoniker senden (Lac. II, 15, a. 1205). Dasselbe finden wir bei allen
Kollegiatkirchen. Je älter sie sind, desto grösser ist in der Regel die
Zahl der von ihnen bedienten Filialen. Vergl. ferner S. 152, n. 1 u.
Hinschius II, S. 268; Imbart S. 81 u. 115. Anschaulich schildert
Hincmar von Rheims in s. Schrift de ecclesiis et capellis, wie die von
der Mutterkirche entfernt wohnenden Parochianen wegen des namentlich
im Winter und für schwache Personen gefährlichen weiten Kirchgangs
ein eigenes Oratorium erhalten, wohin sich ein Presbyter mit einem vom
Bischof geweihten [Trag-]Altar an bestimmten Tagen (zu Pferde) begibt,
um dort Gottesdienst zu halten und die Sakramente zu spenden für die,

blieb meist die Pflicht und das Recht der Mutterkirche bestehen, die betreffende Pfarrstelle durch ihre Kanoniker zu besetzen[2]). Noch im späteren Mittelalter wird in einzelnen Urkunden deutlich zum Ausdruck gebracht, dass die Vermehrung der Geistlichen und die Umwandlung einer einfachen Pfarrkirche in eine (kanonisch geordnete) Kollegiatkirche in den seelsorglichen Bedürfnissen der betreffenden volkreichen Parochie ihren Grund hat[3]).

welche nicht zur Pfarrkirche kommen können, vergl. ferner Sägmüller a. a. O. S. 36, 4 u. 39, 3.

[1]) Ueber die Merkmale der Pfarrkirche u. ihre Rechte vergl. oben Kap. 1, dazu die Urkunden u. Formeln im Archiv f. österr. Geschichtsquellen Bd. 2, S. 258 ff.; auch Sauerland, Vatikan. Urkunden f. d. Rheinld. II, 2377 (Beispiel für allmählich zu selbständigen Pfarrkirchen heranwachsende Filialen).

[2]) Vergl. vorletzte Anm. u. S. 152, Anm., ferner für das Domstift zu Nordhausen: Hellwig S. 197 f.; für das neue Stift zu Halle: Redlich, Kardinal Albrecht S. 36 ff.; für das Bonner Kassiusstift u. die von dort aus pastorierten Pfarrkirchen vergl. R. Pick, Zur Gesch. der Stiftskirche zu Bonn S. 29 f. Für S. Kunibert zu Köln, Lac. II, 13, a. 1204.

[3]) So heisst es z. B. bei der um 1200 geschehenen Einrichtung eines Kollegiums von kanonischen Geistlichen in der Andreaspfarrkirche zu Hildesheim, dass der bisherige Pleban auch fernerhin als Leiter der Kirche (Dechant) die Seelsorge verwalten u. dass ihn dabei die Kanoniker unterstützen sollen (sacerdotes canonici tam in ecclesia quam extra ecclesiam cooperabuntur in visitando, sepeliendo, baptizando, confessiones audiendo (Doebner I, 50). — Als die Pfarrkirche in Bomel bei Utrecht 1303, ebenfalls durch Stiftung mehrerer Pfründen, zur Kollegiatkirche erhoben werden sollte, wurde darauf hingewiesen, dass bisher in loco sollemni multum habundante et affluente populo unicus tantummodo deserviens sacerdos vorhanden sei, welcher den Bedürfnissen nicht genügte (Müller, Domstatuten von Utrecht S. 39, a. 1303). Auf ähnliche Weise mögen viele Kollegiatkirchen aus einfachen Pfarrkirchen erwachsen sein (vergl. Moll-Zupke, K.G. der Niederlande II, S. 141, § 8). Ein gutes Beispiel bietet auch S. Katharinen zu Oppenheim. Diese wird erst zur Pfarrkirche (Guden I, S. 660) und dann zum Kollegiatstift erhoben (Würdtw. Dioec. Mog. I, S. 369). So errichtete B. Gerhard von Münster 1267 ein Kollegiatstift an der Pfarrkirche zu Beckum und 1323 ward die Pfarrkirche in Dülmen zur Kollegiatkirche erhoben (N. Hilling, Entstehungsgesch. der Münsterschen Archidiakonate S. 64

§ 34a. Die Inkorporationen.

Hierher gehören dann auch besonders die zahlreichen Ueberweisungen von Kirchen an die Kollegiatstifter in Form von Patronatsübertragungen, Schenkungen und den (späteren) sogen. Inkorporationen[1]), welche der beschenkten Kollegiat-

n. 2 u. 65 n. 1). Ebenso wurde 1135 auf Wunsch des Pastors (sacerdos) und der Stadtbevölkerung die 1118 gegründete Leonhardskirche in Basel zur Kollegiatkirche umgewandelt (Baseler Urkb. I, 21 u. 26). Auch das Lambertistift zu Düsseldorf war ursprünglich eine dem Patronat der Grafen von Berg unterstellte einfache Pfarrkirche (Lac. II, 847, a. 1288; III, 39, a. 1306 u. Kremer, Akadem. Beiträge III, 230, a. 1303). Desgleichen war S. Aposteln zu Köln im 10. Jahrhundert bischöfl. Filialpfarrkirche, welche zeitweise dem Ursulastift unterstellt war, und wurde erst im folgenden Jahrhundert Kollegiatkirche, vergl. S. 154, n. 1 u. S. 139, n. 6. Die Pfarrkirche von Nimwegen wurde durch den Propst von S. Aposteln mit einem Kanonikus besetzt, bis sie im 15. Jahrhundert selbst Kollegiatkirche ward (Akten im Kölner Stadtarchiv). Die Pfarrkirche zu Jülich wurde erst im 16. Jahrhundert zu einem Kanonichenstift erhoben (Kuhl, Gesch. d. St. Jülich I, S. 23 ff. u. III, S. 281). Nach einer „geistlichen Erkundigung" aus dem Jahre 1550 im Kölner Stadtarchiv (Jesuitenakten) hatten sich schon früher Bürgermeister und Rat der Stadt darüber beschwert, dass die an der Pfarrkirche wirkenden 4 Priester für den Dienst nicht ausreichten. Die Behauptung Müllers in der Westdeutschen Zeitschr. X, S. 349, es könne keine ursprüngliche und normale historische Entwicklung eines Stiftes sein (wie in Amersfoort), wenn es erst für und bei einer schon bestehenden Pfarrkirche eingerichtet werde — dürfte wohl danach unzutreffend und durch eine irrige Auffassung von dem Wesen der Stiftskirchen hervorgerufen sein. Weitere Beispiele sind leicht zu erbringen, vergl. die Bemerkung von Hinschius II, S. 304: ... Kollegiatkapitel, welche vielfach **von vornherein Pfarrkirchen** waren.

[1]) Ueber Inkorporationen im allgemeinen s. Hinschius II, S. 436 ff. In der Regel haben die im 13., 14. und 15. Jahrhundert den Stiftern förmlich „inkorporierten" oder „unierten" Kirchen schon weit früher den Seelsorger von der betreffenden Kollegiatkirche erhalten. So werden S. Gereon die Kirchen zu Burscheid und Derichsweiler (Lacomb. IV, 675, a. 1287), zu Niederbachem (1301 Joerres S. 227), zu Selgersdorf (a. 1312 Joerres S. 264) und an einer Reihe von anderen Orten (a. 1324 Joerres S. 313) inkorporiert, deren Seelsorger schon früher vom Stift bestellt wurden. Aehnlich verhält es sich bei der Inkorporation

kirche die Pflicht auferlegten, für den Pfarrgeistlichen zu sorgen[1]). Unzählige Male hören wir, dass die Bischöfe einzelne

---

zweier Pfarrkirchen an die Kollegiatkirche zu Vilich (Lac. IV, 676). 1329 werden an Gross S. Martin in Köln die Kirchen zu Flittard und Stammheim (Kessel, Antiquitates S. 289), 1452 die Pfarrkirche S. Brigiden (ebd. S. 362) inkorporiert, deren Seelsorger ebenfalls schon aus alter Zeit vom Abt bestellt wurden, ebenso bereits 1254 die Pfarrkirche zu Soller (ebd. S. 269, für Brigiden vergl. noch Urk. von 1281 ebd. S. 270). Ganz ähnlich verhält es sich mit den Inkorporationen von Wormser Pfarrkirchen an dortige Stifter, welche schon früher im Besitz der betreffenden Kirchen waren (s. zweitfolg. Anm.).

[1]) Im allgemeinen wird den Vorstehern der Mutterkirchen die Einsetzung von tüchtigen Priestern an den Filialen zur Pflicht gemacht: Syn. Patav. a. 1284, c. 7 u. Conc. Herbip. a. 1287, c. 16 s. (Hartzh. III S. 674); die canonici werden zur persönl. Seelsorge ermahnt in Conc. Trev. a. 1227, c. 7 ebd. S. 530; im einzelnen vergl. Soest: Seibertz I, 97. 184 u. 305. Ferner überweist 1067 Erzb. Anno II. von Köln der neu gegründeten Kollegiatkirche S. Georg zahlreiche Pfarrkirchen mit der Verpflichtung, für deren Pastoration zu sorgen: ut quicunque fuerit prepositus, huius ecclesie sit pastor ecclesie. Aecclesiam quoque in Holzheim similiter, aecclesiam in Berche etc. ... (Lac. I, 209; dazu Seib. I, 49). 1217 überlässt der Trierer Erzb. Theoderich dem Stifte Pfalzel die Pfarrkirche zu Kochem unter der Bedingung, dass die Seelsorge von einem dort zur Residenz verpflichteten Kanonikus zu verwalten sei (Beyer III, 72). 1223 übergibt Bischof Konrad von Metz und Speier den Chorherren zu Wadgassen die Pfarrkirchen in Eschweiler und im Köllertal, damit die Kanoniker in beiden die Seelsorge und die pfarramtlichen Handlungen verrichten sollten (ut ipsius ecclesie [Wadgassen] canonici in eadem parochia divina celebrantes curam gerant animarum et in omnibus iure gaudeant pastorali. Beyer III, 199 u. 222). 1242 uniert Erzb. Konrad von Köln die Kirche zu Wichem der Kollegiatkirche zu Zyfflich; die letztere hat infolgedessen fortan für die Besetzung der Pfarrstelle durch einen canonicus oder vicarius zu sorgen (Lac. IV, 662). Die Kollegiatkirche zu Steinfeld bildet den seelsorglichen Mittelpunkt, von wo eine Reihe von Ortschaften, welche zum Teil eigene Kirchen und Oratorien besitzen, die Geistlichen erhalten (Lac. I, 292, a. 1121; ANR 23, S. 168 Urk. von 1251; S. 169, a. 1252; ANR 24, S. 273, a. 1310); der dortige Prämonstratenserabt hat sogar für die Seelsorge in dem entfernten Dünwald einzustehen (Lac. I, 403, a. 1160), auch das Jungfernstift Meer sollte ihm unterstellt werden (ebd. 415). Die Prämonstratenser-

Diözesan- und Stadtpfarrkirchen[1]) den Stiftern überweisen. Sie entledigten sich damit der oft nicht geringen Sorge[2]) für die

---

kanonichen zu Knechtsteden übten die Seelsorge in weiterem Umkreise, z. B. im Kloster Weier bei Köln (ebd. 564, n. 1). Der Propst von SS. Aposteln zu Köln hat unter anderem die Pfarrkirchen von Lechenich und Wipperfürth durch seine Kanoniker zu besetzen, diese müssen persönlich Residenz üben (ANR 71, S. 131, Nr. 3, a. 1251); S. Gereon hatte einer grossen Zahl von Landkirchen (abgesehen von den in dem eigenen bedeutenden Sprengel liegenden Kirchen) die Seelsorger zu beschaffen (vergl. Joerres Nr. 58, a. 1213, Nr. 102, a. 1235 besonders S. 99. 102, vergl. oben S. 148, Anm. 2; ferner Lac. IV, 785. 637 und Joerres Nr. 25, a. 1181/85; nach Lac. I, 460, a. 1176 hatte der Propst von S. Gereon auch die cura von Schwarzrheindorf. Der Propst von S. Kassius zu Bonn hatte 33 Pfarrkirchen zu konferieren (Maassen, Gesch. der Pfarreien des Dekanates Bonn I, S. 28 f.). Dem Propst von S. Johann in Halberstadt wird 1138 die Seelsorgepflicht in mehreren Pfarrkirchen bestätigt mit dem Vermerk, dass er und seine Nachfolger „cuicunque fratrum suorum voluerint, has curas committant, qui eas vice sua procuret ..." (Urkb. des Hochstifts Halberstadt I, 191). Weitere Beispiele müssen wir uns des Raumes wegen ersparen; wie sich aus den einschlägigen Urkunden ergibt, hatte jede kanonisch geordnete Kollegiatkirche mehr oder weniger Kirchen mit Seelsorgern zu versehen. Aus den Visitationsprotokollen Erzb. Rigauds von Rouen (zirka 1250) geht des öfteren hervor, wie von den Kollegiatkirchen mitunter zahlreiche Stationen auf dem flachen Lande besetzt werden. Z. B. wird 1254 auf der Dekanatssynode zu Rouen (S. 190) vorausgesetzt, dass die Kanoniker in der Regel eine Kuratstelle bekleiden; ferner rügt Rigaud S. 235 bei der Visitation der Kanoniker des conventus Sagiensis, welche 29 Kirchen seelsorglich zu versehen hatten, dass trotz seiner früheren Mahnung einige dieser Kirchen von ihnen noch nicht mit Kuratkanonikern besetzt seien. Bei den Kanonikern von Guirardivilla heisst es S. 353 „inhibuimus ne mulieres comedant cum canonicis curatis"; von der abbacia de Caesaris Burgo wird berichtet, dass 20 „canonici extra in prioratibus et parochiis" beschäftigt sind; nach S. 201 ist „prioratus seu ecclesia" eine seelsorgliche Station. S. 459 heisst es von der abbatia Montis Morelli, dass hier 6 canonici in tribus parochiis, omnes erant sacerdotes; S. 285 „apud Sauquevillam canonici non faciant aliud servicium quam parochialis presbyteri". Von Salicosa rügt er S. 484, dass „quidam canonici extra in parochialibus ecclesiis, quibus cura nondum fuerat commendata" und S. 639, dass „in quadam ecclesia per multum tempus non fuerat curatus". Den Kano-

Beschaffung der Geistlichen, welche nun den betreffenden Kollegiatkirchen übertragen wurde.

nikern von S. Laudi verbietet er S. 204 „ne aliquis presbyterorum parochialium aliquid proprietatis ... retineat apud se." In der ecclesia episcopi Lexoviensis tadelt er S. 61 f. heftig, dass „multi canonici habent ecclesias parochiales nec resident in eis". In der Regel sollen nach Rigauds Intention je 2 Kanoniker in den Parochien Gottesdienst und Seelsorge versehen (als Mindestzahl); wenn nur einer vom Propst entsandt ist, tadelt er es streng, z. B. S. 91: aliqui canonici commorantur soli in parochiis — revocentur vel dentur eis socii; ebenso S. 201: habent in uno prioratu seu ecclesia unum canonicum — detur ei socius vel revocetur; ähnlich S. 236 apud Cornevillam; S. 260 apud Plesseium etc. Hierher gehört auch die Urk. von 1126/33 bei Lac. I, 317 „si vero abbas canonicum ibi habeat ad celebrandas missas" (auf dem Besitz der Abtei Werden zu Holthausen). Vergl. auch die Anm. 2 zu S. 150. Dazu Qu. II, 157 a. 1236 (S. Kunibert).

¹) So wird 927 die Pfarrkirche Maria-Ablass in Köln, 945 die Pfarrkirche von Jülich von Erzb. Wichfried dem Ursulastift (Lac. I, 88 u. IV, 604), 1067 Maria-Lyskirchen an S. Georg (ebd. Nr. 209) von Erzb. Anno II. überwiesen, wie schon vorher S. Johann-Baptist der Kollegiatpfarre Severin zugefallen war (a. a. O.). Erzb. Warin hatte zirka 976/84 auch die Pfarrkirche SS. Aposteln dem Ursulastift zugewiesen (Qu. I, 16, S. 471), doch wurde diese Kirche bald darauf selbst Kollegiatstift, so dass sie fortan für den eigenen und fremden Bedarf an Geistlichen selbst sorgen konnte (vergl. ANR 71, S. 131 Nr. 3, a. 1252). Die uralte Pfarrkirche S. Lupus erhielt von dem Propst an S. Kunibert ihren Seelsorger (Rotul. 98 von S. Marien). Ueberhaupt wurden in der älteren Zeit alle Kölner Pfarrkirchen, soweit sie nicht selbst Kollegiatpfarren waren, von den letzteren aus mit Geistlichen versehen (Rotuli von S. Marien). Von anderen Städten wollen wir nur einige namhaft machen. In Worms sehen wir eine ähnliche Erscheinung wie in Köln. Wie hier die Seelsorge der älteren Pfarrkirche Lyskirchen im 11. Jahrhundert vom Erzbischof dem neu gegründeten Georgsstift zugewiesen wird, so überlässt B. Burchard von Worms im Jahre 1016 die Seelsorge einer der dortigen schon bestehenden 4 Pfarreien (aus Urk. von 1140 Boos, Urkb. I, 67 erfahren wir, dass es die Parochie S. Robert war) der daneben neu errichteten Kollegiatkirche S. Paul zur seelsorglichen Besetzung (Boos I, 27), genau so, wie andere Wormser Bischöfe die dortige Pfarrkirche S. Magnus dem Andreasstift (Baur, Hess. Urkb. II, 6, a. 1141) und die Lambertipfarre dem Martinsstift (Boos I, Urk. 117, a. 1213) überwiesen haben. — Die Auffassung von Falk (Arch. f. kath. K.R. 1892,

§ 34 b. Die Dekanats- und Archidiakonatsüberweisungen.

Vielfach erhielten auch die Vorsteher der Kollegiatkirchen von den Bischöfen grössere Bezirke der Diözese, die sogen. Dekanien und Archidiakonate[1]) überwiesen, damit sie in denselben für Kirchen und Priester im allgemeinen Sorge trügen. So heisst es z. B. 1139 bei der Uebertragung der Dekanie im Mühlgau an den Propst von Severin zu Köln „ut ipsius ecclesie prepositus eam [scil. decaniam] in manu sua teneat et ecclesiarum, que in ea site sunt, curam gerens simul et sacerdotum"[2]), und dem Propst von Kaltenborn (Diöz. Halberst.), dem das dortige Archidiakonat unterstellt war, macht Bischof Reinhard a. 1120 zur Pflicht, „ut tales eligat et preficiat et instituat presbiteros, qui sacris litteris semper insistant[3]), und 1045 verteilte der Bischof von Arezzo die

---

Bd. 68, S. 262 ff.), Boos (Rhein. Städtekultur I, S. 283 ff.), Keussen (Topograph S. 76) und Kelleter (Mevissenfestschrift S. 228), welche annehmen, dass im Jahre 1016 S. Paul in Worms selbst als 4. Pfarrei gegründet, und überhaupt erst damals die Pfarreinteilung dort erfolgt sei, lässt sich durch Urkunden nicht begründen. Von Mainz sei nur erwähnt, dass Erzb. Siegfried II. 1220 die Pfarrei S. Emmeran den Kanonikern von S. Peter zur Pfarrbesetzung, die er selbst bisher ausgeübt hatte, überlässt (Böhmer-Will II, S. 177, Nr. 362). In Nordhausen werden gleich bei der Umwandlung des dortigen Frauenstiftes in eine Kollegiatkirche eine Reihe von Pfarren dem Propste zur Beschaffung der Seelsorger überwiesen (Hellwig S. 197 f., a. 1221).

[2]) Ueber Priestermangel in merowingischer Zeit vergl. z. B. Hauck, KG. I², S. 120, 3; ferner vita Wynnebaldi 4, S. 109, dazu Hauck S. 488: dieser Priester hatte 7 Kirchen zu versehen; ferner epist. Bonifatii Ecbertho data, M.G. Ep. 3, S. 377, 11; vergl. ebd. S. 371, 24; für spätere Zeit ANR 71, S. 133, Nr. 8, a. 1277.

[1]) In der Kölner Diözese sind Archidiakonat und Dekanie streng zu unterscheiden (vergl. Lac. I, 231, a. 1081; Lac. I, 222, a. 1056—75; Nr. 289, a. 1118), auch in Utrecht ist beides verschieden, vergl. Moll-Zupke, K.G. II, S. 134 f.

[2]) Lac. I, 335.   [3]) Urkb. des Hochstifts Halberst. I, 147.

Kirchen seines Sprengels, um sich eines Teiles der Amtssorgen zu entledigen, an 4 hervorragende geistliche Würdenträger, unter diesen wird der Propst einer kanonisch geordneten Kollegiatkirche genannt: „has omnes plebes cum capellis suis commisit . . . Petroni preposito et successoribus eius, ut semper habeant et teneant et custodiant per se et per canonicos suos"[1]). So unterstand in gleicher Weise dem Propst von S. Gereon in Köln die Dekanie im Gilgau[2]), dem Kollegiatstift Maria ad Gradus die Dekanie von Dortmund[3]) und die Kirchen des Zülpichgaus[4]), dem Propst von SS. Aposteln die Dekanie im Jülchgau[5]), der Stiftskirche S. Georg die Dekanien im Bonn- und Ahrgau[6]), dem Propst von Emmerich das dortige Archidiakonat[7]), dem Propst von S. Kunibert in Köln das Deutzer und Duisburger Archidiakonat[8]). Dem Propst des Bonner Kassiusstiftes als Archidiakon unterstanden sogar 4[9]) und dem Propst von S. Viktor zu Xanten in gleicher Eigenschaft 5 Dekanate[10]). In der Utrechter Diözese waren am Ende des 11. Jahrhunderts von den 11 vorhandenen Archi-

---

[1]) Muratori, Antiqu. Ital. 6, 425, vergl. Hinschius II, S. 190, 1.
[2]) Joerres Nr. 6, a. 1080 = Lac. IV, 607.
[3]) Lac. I, 220, a. 1075, dasselbe wird durch die Prozessrollen im Dortm. Urkb. I, 168 ff., 235 = Lac. II, 942 bestätigt.
[4]) Lac. I, 209, a. 1067.
[5]) Lac. IV, 785, a. 1181/85.
[6]) Lac. I, 209, a. 1067.
[7]) A. Tibus, Der Gau Leomerike und der Archidiakonat v. Emmerich, 1877.
[8]) Die Kunibertskirche in Köln, 1857, S. 11.
[9]) Knipping, Regesten Nr. 311, a. 1134.
[10]) Binterim u. Mooren, Erzdiöz. Köln I, S. 36. Die Archidiakonate der Kölner Diözese sind nicht mit den Archidiakonaten der östlichen deutschen Diözesen gleichzustellen; in der Kölner Diözese sind sogar die Dekanate, als Teile der Archidiakonate, grösser als die östlichen Archidiakonate, obwohl auch bei den letzteren Ausnahmen vorkommen, z. B. bildete die Hamburger Erzdiözese zugleich einen grossen Archidiakonalsprengel des Dompropstes, vergl. N. Hilling, Arch. f. kath. Kirchenrecht, Bd. 80, S. 658 f. etc.

diakonaten 9 an Stiftspröpste und 2 an Domkanonichen verteilt, so dass archidiaconatus und praepositura förmlich als identisch galten[1]). Weitere Beispiele liessen sich in grosser Fülle erbringen[2]); man hat auch vielfach die ältesten Mutterpfarreien als die wirksamsten Kristallisationspunkte für die Bildung der Dekanien erkannt[3]).

Dass unter diesen Umständen dem leitenden Geistlichen der so bedachten Kirche stets eine grössere Anzahl von Klerikern aller Grade zur Hand sein musste, ist erklärlich.

§ 35. Die Berühmtheit der einzelnen Kirche.

Ein weiterer Grund für die Mehrheit der Geistlichen an einzelnen Kirchen lag dann wohl auch in der grösseren Berühmtheit des einen Gotteshauses vor dem anderen. So wurden naturgemäss, abgesehen von den Kathedralen, die Taufkirchen bei den Gräbern weitverehrter Märtyrer in der Regel zu Sammelpunkten vieler Kleriker und so zu Kollegiatkirchen, wie wir dies z. B. in Köln an S. Gereon und Ursula, in Bonn an S. Kassius, in Xanten an S. Viktor, in Lüttich an S. Lambert und an vielen anderen Martyrerkirchen erkennen. Bei der Stiftung der Kollegiatpfarre ad Martyres in Köln (zirka 1180) wird dieser Grund ausdrücklich hervorgehoben[4]).

---

[1]) Moll, K.G. II, S. 132 übers. von Zupke.
[2]) Vergl. Alfr. Schröder, Entwicklung des Archidiakonates bis zum 11. Jahrhundert, Augsb. 1890, S. 48 ff. 72 ff.; N. Hilling, Die Halberstädter Archidiakonate, Lingen 1902, S. 38 ff. 67 ff. 119 ff.; auch Hinschius II, S. 191, Anm. 4; Sägmüller, Die Entwicklung des Archipresbyterats und Dekanats bis zum Ende der Karolingerzeit, Tübingen 1898. Ueber die Pflichten der Archidiakonen bezw. Dekane s. Hincmar von Rheims, collectio de ecclesiis et capellis, ed. Gaudentius a. a. O. S. 18; ferner die eben angef. Autoren, besonders Hilling S. 81 ff. und Sägmüller S. 54 ff.; auch Binterim u. Mooren, Erzdiözese Köln I, S. 44 ff.
[3]) Vergl. Hilling a. a. O. S. 40.
[4]) Joerres S. 26.

Auch an solchen Pfarrkirchen, welche durch hervorragende Bischöfe gegründet waren, sehen wir frühzeitig eine grössere Zahl von Klerikern vereint, so an S. Kunibert und S. Severin zu Köln. Wie sehr der Name und die Berühmtheit eines Ortes bezw. einer Kirche die Ansammlung von Geistlichen oder wenigstens den Wunsch derselben hervorrief, dort tätig zu sein, zeigt eine interessante Stelle in der im 10. Jahrhundert verfassten vita Brunonis[1]).

§ 36. Die Eitelkeit mancher Geistlichen.

Mitunter mag auch ein minder edler Grund bei der Vermehrung der Geistlichen an manchen Kirchen mitgewirkt haben, nämlich das Bestreben von diesem oder jenem „pastor vel magister cuiuscunque venerabilis loci", um sich herum möglichst viele Kleriker zu sammeln und dadurch sein Ansehen zu vermehren, was besonders in der karolingischen Zeit öfters vorgefallen sein muss[2]).

Der wichtigste Grund aber für die, namentlich vom 12. bis 15. Jahrhundert hervortretende, ausserordentliche Vermehrung der geistlichen Stellen an einzelnen Kirchen (auch an einfachen [nicht kanonisch geordneten Kollegiat-]Pfarren[3]) ist in der Frömmigkeit von Klerikern und Laien zu suchen, welche in der Errichtung neuer und Bereicherung alter Messstiftungen ein

---

[1]) Mon. Germ. Scr. 4, S. 267, vergl. m. Aufsatz über S. Maria im Kapitol ANR 74, S. 78.

[2]) Boretius S. 164, Zeile 1 ff.: „et non tantum probis quam multitudine hominum delectatur, plus studet, ut suus clericus vel monachus bene cantet et legat quam iuste et beate vivat etc. Zu vergleichen ist besonders der 118. Kan. der Aachener Institution und das 3. Kap. der erweiterten Regel Chrodegangs (Hartzh. I, S. 98 u. S. 501): sunt namque nonnulli (prepositi seu prelati) vanam gloriam ab hominibus captantes, qui numerosam cleri congregationem volunt habere, cui nec animae nec corporis curant solatia exhibere ...

[3]) Z. B. am Münster zu Freiburg vergl. U. Stutz, Das Münster zu Freiburg i. Br. 1901.

Gott wohlgefälliges und ihrem Seelenheile förderliches Werk erkannten[1]).

§ 37. **Die Zahl der Kanoniker an den Kollegiatkirchen.**

Wenn wir nun von dem mehr gelegentlichen späteren Zuwachse einzelner Stellen absehen, so machen wir die merkwürdige Beobachtung, dass man in der Regel eine bestimmte Zahl von Klerikern an einer Kirche zu vereinen suchte[2]). In den bei weitem überwiegenden Fällen ist es die Zwölfzahl, die uns an den Kollegiatkirchen begegnet. So an S. Martin zu Bingen[3]); in der Kirche zu Kerpen[4]); zu Rütten und Littemala[5]); in Essen[6]); im Marienstift zu Worms[7]); in S. Kastor zu Karden a. d. Mosel[8]); S. Marien zu Prüm[9]) und Kyllburg[10]); in S. Florin zu Koblenz[11]); in S. Anschar zu Bremen[12]) und S. Willehad ebendort[13]); an der Kathedrale zu Münster[14]) und zu Ratzeburg[15]); im Andreasstift zu Hildes-

---

[1]) Beispiele dafür sind so zahlreich in allen Urkundenbüchern zu finden, dass wir hier davon absehen können. Vergl. Michael II, S. 45.
[2]) Vergl. z. B. Lac. II, 847, a. 1288 (päpstl. Bulle für S. Lambert in Düsseldorf). Hierin ist wohl auch der Grund für die späteren sogenannten „geschlossenen Kapitel" zu suchen (s. Schneider S. 68 ff.).
[3]) Würdtwein, Subsid. dipl. II, S. 338 f. u. Guden, Cod. dipl. III, S. 1060, a. 1160.
[4]) Brosius, Annales I, S. 70 u. 77, vergl. Clemen IV. Kunstdenkmäler des Kreises Bergheim S. 104.
[5]) Lac. I, 100.
[6]) Arens, Liber ordinarius der Essener Stiftsk. S. 9.
[7]) ANR 38, Nr. 59.
[8]) Marx, Gesch. der Pfarreien der Erzdiözese Trier IV, S. 111.
[9]) Ebd. S. 117.   [10]) Ebd. S. 114.
[11]) Ebd. S. 108.
[12]) Bremer Urkb. I, 66 u. 64.
[13]) Ebd. Nr. 10.
[14]) Erhard, Codex Nr. 41, a. 1184, vergl. A. Tibus, Gründungsgeschichte S. 436.
[15]) Lübecker Urkb. I, 2.

heim[1]). Auch im Frankfurter Marienstift waren ursprünglich nur 12 clerici[2]); um die Kirche in Tongern lagen bezeichnenderweise 12 Kanonikalhäuser[3]); in der königlichen Eigenkirche S. Jakob zu Quedlinburg finden wir ebenfalls 12 clerici[4]). Selbst als das neue Stift zu Halle noch im 16. Jahrhundert gegründet wurde, erhielt es 12 canonici[5]), ebenso die Stiftskirche zu Jülich, wo der Dechant als Vorsteher die 13. Stelle einnahm[6]). In Köln hatte S. Maria im Kapitol 12 Kanonikerpfründen[7]); auch an S. Aposteln[8]), S. Kunibert[9]) und S. Gereon[10]) spielte die Zahl 12 eine gewisse Rolle.

Für Frankreich haben die Visitationsprotokolle Erzbischof Rigauds die gleiche Zahl Kanoniker mehrfach überliefert[11]). Weitere Beispiele liessen sich unschwer finden[12]), oftmals ist

---

[1]) Doebner, I, 50, a. 1200.

[2]) Böhmer-Lau, I, 7, vergl. späterhin die 12 vicarii seniores bei Würdtw. subs. I, S. 14.

[3]) Westdeutsche Zeitschr. X, S. 347.

[4]) Quedlinb. Urkb. II, 1, Nr. 4, a. 961.

[5]) Redlich, Kard. Albrecht S. 24.

[6]) Kuhl, Gesch. d. Stadt Jülich I, S. 26 f.; III, S. 281 u. A. Steffens, Die Verlegung des Kollegiatkapitels von Stommeln nach Nideggen u. Jülich, ANR 68, S. 112.

[7]) Winheim, Sacrarium Coloniae Agrippinae, S. 93.

[8]) Winheim a. a. O. hat die ursprüngl. Zahl von 12 Kanonikern überliefert; ebenso spielt dieselbe bei der alten Gründungssage mit (Gelen. de admir. magnit. Colon. S. 295 f.).

[9]) Es waren 12 Stiftsvikarien vorhanden, Ilgen, Rhein. Arch. S. 92.

[10]) Die ursprüngl. Zahl der Kanoniker ist vielleicht aus der alten Institution der 12 Priestervikare von S. Gereon (ANR 71, S. 57 u. S. 7, Nr. 21 etc.) zu erkennen, wie in Frankfurt (s. Note 2); um 1300 waren dagegen an S. Gereon schon 40 Kanoniker (Joerres S. VI f.).

[11]) Rigaud S. 171. 519. 630 (Ovilla); S. 127. 632 (Belli Loci); S. 271 (Marie Magdalene in Rouen); ferner S. 547; 577; 271 u. 390; 47. 104. 197 etc.

[12]) Gesta ep. Camerac. II, c. 30, Scr. 7, S. 460 (Henim) u. 462 (Valentian). Auch die Prämonstratenserkanonichen waren regelmässig nach der Zwölfzahl vereint (Möller, K.G. II², S. 314). Für die niederländischen Kollegiatkirchen vergl. Moll-Zupke, K.G. II, S. 143: „meist scheint den Stiftern die apostolische Zwölfzahl vorgeschwebt zu haben".

freilich die ursprüngliche Zahl der Kanoniker erst durch eine nähere Untersuchung festzustellen, weil sie nicht direkt überliefert wurde. Auch kommen nur die für canonici capitulares (Priester, Diakon und Subdiakon) vorgesehenen Stellen in Betracht, nicht die scholares etc. canonici der niederen Grade. Es liegt nahe, bei diesem häufigen Auftreten der Zwölfzahl von Geistlichen in den Kollegiatkirchen an die 12 Apostel zu denken. Offenbar hat man die letzteren vor Augen gehabt, und wie sie sich um den Heiland zusammenfanden, so sollten sich die 12 Kleriker der betreffenden Kirchen im Dienst am Altare des erhöhten Christus vereinigen. In der Tat finden wir in den älteren Urkunden mehrfach den Hinweis auf diesen Gedanken. So heisst es zu Anfang der Statuten der Binger Martinskirche: Pinguensis ecclesia fundata et erecta est ... sub numero duodecim canonicorum ad instar duodecim apostolorum et prepositi tredecimi vices Christi gerentis[1]). So steht schon in der Markulfschen Formelsammlung (zirka 700) „ego ... elegi ad prefato oraturio vel cellola iuxta apostolorum numero duodecim ad presens pauperum pro remissione peccatorum[2]).

Auch die Vierzahl treffen wir des öfteren an. Besonders scheint dieselbe für die Zahl der Priesterkanoniker und an Frauenstiftern beliebt gewesen zu sein. So werden in S. Cäcilien[3]) und S. Ursula[4]) zu Köln, in Gerresheim bei Düsseldorf[5]), Rheindorf bei Bonn[6]) und in Meschede[7]) je 4 canonici erwähnt. In S. Maria im Kapitol waren ursprünglich 4 Prie-

---

[1]) Würdtwein, Subsid. diplom. II, S. 338 f.
[2]) Zeumer S. 71, n. 1. Unter den pauperes sind hier Geistliche zu verstehen, wie aus dem weiteren Zusammenhange hervorgeht. Vergl. dazu oben S. 98, Schluss der langen Anm. — Ueber das verschiedene Vorkommen der symbol. 12 Zahl, spricht bereits Caesar. Heisterb. dial. mir. VIII, c. 55.
[3]) Gelenii, Farrag. 24, S. 16 (Stadtarchiv Köln).
[4]) Ebd. S. 15 vergl. ANR 31, S. 73 Urk. von 1171.
[5]) Binterim u. Mooren, Liber Valoris I², S. 90.
[6]) Ebd. S. 91.   [7]) Seibertz I, 114 u. 142.

sterstellen fundiert worden[1]). In Essen scheint es ebenso gewesen zu sein wegen des vierwöchentlichen Turnus der dortigen Priester, und weil auch in späterer Zeit nur 4 Diakonen und 4 Subdiakonen vorhanden waren[2]).

Bei der Gründung des Kollegiatstiftes zu Rade bei Süchtelen waren ebenfalls nur 4 Kanoniker vorgesehen[3]); ebenso im Johannesstift zu Kirn a. d. Mosel[4]). Im Jungfernstift zu Wetter erscheinen in gleicher Weise ursprünglich nur 4 Priester[5]). Ueber deren ehemaligem Chorgestühl am Eingang des Chores finden sich noch heute die symbolischen Zeichen der 4 Evangelisten. Es liegt aber auch ohne dies nahe, bei der häufig auftretenden[6]) Vierzahl an die bewusste Nachahmung der Evangelistenzahl zu denken.

Auch die Siebenzahl (7 Gaben des h. Geistes, 7 Diakonen in der Apostelgeschichte, 7 Planeten um die Sonne. Ueber die sonstigen zahlreichen symbolischen Beziehungen der Siebenzahl in der christlichen Religion vergl. Helmken, der Dom zu Köln S. 61) scheint bei der Vermehrung der Geistlichen an einzelnen Kirchen von Bedeutung gewesen zu sein. So heisst es bei der Einrichtung des Kollegiatstiftes zu Beckum (Westfäl. Urkb. III, 798 a. 1267), in welchem 7 Kanoniker bepfründet wurden: sicque ex spiritus sancti dono septemplici septenarius servitorum Dei numerus sic instituti conventus felix esset exordium. Im Dom zu Köln sind 7 presbyteri car-

---

[1]) Dies geht aus den Güterverzeichnissen des Stiftes im ältesten Memorienbuche und einer gedr. Prozesschrift von 1742 (Stadtarchiv, Jesuiten Nr. 495) wiederholt hervor.

[2]) Arens, Liber ordinarius S. 9 ff.   [3]) Lac. II, 90, a. 1220.
[4]) Würdtw. Dioec. Mogunt. I, S. 69 ff., a. 1318.
[5]) Heldmann in Zeitschr. f. hess. Gesch. N. F. 24, I, S. 87 f.
[6]) Auch im S. Georgstift zu Köln ist ein althergebrachtes Vierpriesterkollegium bezeugt (Lac. III, 58, a. 1307), ebenso in S. Lambert zu Düsseldorf (Kremer, Akadem. Beiträge III, 230, a. 1303), ferner in den Rigaudschen Visitationsprotokollen S. 100 u. 407 (4 canonici in hospitali Novi Castri); desgl. S. 537 (apud Maigniacum); S. 284 (4 vicarii sacerdotes apud Andeliacum) etc. Vergl. auch Heldmann a. a. O.

dinales¹), ebenso zu Trier und Aachen²), ferner an S. Viktor zu Xanten 7 Priesterpräbenden³), in S. Gereon eine alte Institution von 7 Priestervikaren⁴), in Soest treffen wir 7 canonici⁵), ebenso in Neuss⁶), im Marienstift und S. Martin zu Oberwesel⁷), mehrfach auch in der Diözese Rouen⁸).

Bei grösseren Kollegiatkirchen mag auch die Zahl der 24 Aeltesten der Apokalypse als Vorbild gedient haben. Einige Stifter weisen diese Zahl auf, so der Dom und S. Kunibert in Köln⁹), S. Paulin zu Trier¹⁰) und auch der dortige Dom¹¹), ferner S. Paul zu Lyon¹²), die abbatia s. Laudi (Weltgeistliche)¹³) und der conventus Sagiensis in der Erzdiözese Rouen¹⁴). Bezeichnend dafür, wie diese Zahlen schon im frühen Mittelalter lebendig und im praktischen Gebrauche waren, ist die Exorzismusformel eines Essener Missale aus dem 10. Jahrhundert: adiuro te ... per XII apostolos et per IIII evangelistas et per XXIIII seniores, qui cotidie laudant...¹⁵)

IV. Hauptteil.
Die vita canonica.

§ 38. Die Einführung des kanonischen Lebens.

Wenn wir bisher die Mehrheit der Kleriker an den Pfarrkirchen und die Gründe dafür verfolgt haben, so steht jetzt

---

¹) Lac. I, 187, a. 1052.   ²) Hüffer, Forschungen S. 292.
³) St. Beissel, Baugesch. von S. Viktor in Xanten, S. 91.
⁴) Joerres S. 501, a. 1388 werden die 7 vicarii principales genannt; vergl. ANR 71, S. 5, Nr. 12, Nr. 21 u. S. 56. Joerres S. VIII.
⁵) Seibertz, Urkb. I, 64, a. 1174.
⁶) Binterim u. Mooren I², S. 90.   ⁷) Marx 4, S. 118.
⁸) Rigaud S. 262 Cadomens. S. 280 apud Cornevillam, S. 411.
⁹) Die S. Kunibertskirche 1857, S. 11. Hüffer, S. 269 f. u. 291; nach Lac. Arch. II, S. 1 ff. am Dom 24 can. 1. u. 12 can. 2. Ranges u. 36 Domicellare.
¹⁰) Marx a. a. O. S. 70.
¹¹) Ebd. S. 36: 12 + 4 Kanoniker und 24 Domizellarkanoniker.
¹²) Vergl. oben S. 34/35, n. 2.   ¹³) Rigaud S. 251.
¹⁴) Ebd. S. 235.   ¹⁵) Lac. Archiv VI, S. 83.

die Frage zu beantworten: an welchen Kirchen ward das kanonische Leben eingeführt? und weiter: wie wurde von den kanonisch geordneten Kollegiatkirchen der Gottesdienst und insbesondere die Pfarrseelsorge ausgeübt? Was die erstere Frage anlangt, so ist dieselbe nach unseren früheren Untersuchungen über die Bedeutung der vita canonica und des canonicus unschwer zu beantworten. Die Forderung, nach den heiligen Kanones zu leben, die vita canonica zu betätigen, wird von jeher an alle Kleriker gerichtet[1]), die karolingischen Kapitularien machen dieselbe immer wieder geltend[2]), und in den Kanones der institutio canonicorum der Aachener Synode erhielt die seit alter Zeit geforderte vita canonica ihre theoretisch umfassendste und ausgebildetste Unterlage[3]), wie sie durch Chrodegang von Metz 50 Jahre früher schon praktisch vor-

---

[1]) Vergl. Kap. II Pipp. Langob. a. 782—786 (Boretius S. 128): ut pontifex unusquisque ordinet et disponat ecclesias suas canonico ordine et sacerdotes suos vel cleros constringat canonico ordine vivere. Et si quis pontifex clericos suos canonice vivendo ordine distringere noluerit et ad saecularem pertraxerit habitum, quod canones clericos facere prohibent, comis ... distringat ...

[2]) Vergl. Anm. 1, ferner befiehlt ein karoling. Kapit. (Boretius S. 60, c. 73. 77), alle Kleriker sollen entweder Mönche oder Kanoniker sein; ein anderes (Boretius S. 96, c. 23) gebietet allen Pfarrgeistlichen (presbyteri), bei den ihnen unterstehenden Klerikern das kanonische Leben durchzuführen (presbyteri cleros, qui secum habent, sollicite praevideant, ut canonice vivant); hierher gehört auch c. 2, a. 802 (Boretius S. 100); c. 27 (ebd. S. 103); c. 2 (ebd. S. 189) etc. Zahlreiche ähnliche Verordnungen anderer Kapitularien und Synoden (Frankfurt 794, Rheims, Arles, Mainz, Tours vom Jahre 813) müssen wir hier übergehen, es sei nur noch das cap. Mantuan. (Boretius S. 195) hervorgehoben: volumus igitur preordinante Deo ecclesias nostras secundum auctoritatem canonicam ordinare et ordinem clericorum disponere. Dazu vergl. noch Boretius S. 236, 4: ut unusquisque episcopus etc.

[3]) Hartzh. I, S. 431, Sp. 1: Adjunxit etiam monendo, ut quia canonicorum vita sparsim in sacris canonibus et in sanctorum patrum dictis erat indita, propter simplices quosque ... aliquam ex iisdem sacris canonibus et ss. patrum dictis institutionis formam pari voto parique consensu excerperent ...

bildlich bei seinem Klerus durchgeführt war. Bereits die einleitenden Worte der Aachener Synode weisen mit Genugtuung darauf hin, dass „plerisque, auxiliante Christo, devote ac religiose cum sibi subjectis canonicam servent institutionem et in plerisque locis idem ordo plenissime servetur"; nun soll auch denen, welche die kanonische Ordnung noch nicht kennen, diese auseinandergelegt werden, damit sie dieselbe verstehen und nach ihr leben.

Aus alle dem ergibt sich, dass das kanonische Leben an sämtlichen Kirchen eingeführt wurde, wo die bischöfliche Gewalt Einfluss genug besass, also vor allem an den bischöfl. Stadt- und Diözesankirchen u. den königl. Pfarrkapellen, wo eine Mehrheit von Klerikern ihren Dienst verrichtete[1]). Wir dürfen aber nach

---

[1]) Die Hauptkirchen der Diözesen waren wohl in der Regel (besonders in nachkaroling. Zeit) bischöflich (vergl. Hilling, Beitr. zur Gesch. etc. des Bistums Halberst. I, S. 71). In nichtbischöflichen Kirchen stand es dem betreffenden Grundherrn frei, ob er an seiner Kirche die kanonische Ordnung einführen wollte; so übergibt z. B. die Gräfin Irmintrud ihre Eigenkirche zu Rees, wo mehrere Kleriker unter einem Propst weilten, an Erzb. Anno II. mit der Bitte, dort die kanonische Ordnung einzurichten (Lac. I, 222). Aehnl. Seib. I, 63, a. 1173 (Wedinghausen) u. Bint. u. Moor. III, 37, a. 1139 (Hamborn). Auch die Eigenkirche S. Johann der Waldgrafen von Daun bei Kirn wurde erst kanonisch geordnet, ihre Geistlichen hiessen erst canonici, nachdem die Waldgrafen dieselbe von ihrer Jurisdiktion befreit und dem Erzbischof Peter von Mainz überwiesen hatten (Würdtwein, Dioeces. Mogunt. I, S. 69 ff., a. 1318). Ganz ebenso verhält es sich bei der (projektierten) Gründung des Kanonichenstiftes zu Gräfrath durch die Gräfin Aleid v. Molbach Lac. I, 462, a. 1177. Unmöglich aber musste die Einführung des kanonischen Lebens an solchen Pfarrkirchen sein, deren Geistliche nach dem unkanonischen Eigenkirchenrecht von der weltlichen Herrschaft oder durch Gemeindewahl ernannt wurden, solange man nicht den Forderungen der Kanones entsprechend auf das Einsetzungs- bezw. Wahlrecht verzichtete. Daher begegnen wir für die karolingische und merowingische Zeit kanonisch geordneten (dem Bischof untergebenen) Kollegiatkirchen besonders in Bischofsstädten und Ortschaften römischen Ursprungs „wohin sich das alte, römische Kirchenrecht vor den germanischen Eigenkirchen zurückgezogen hatte" (Stutz, Die Eigenkirche S. 20). Hieraus mag sich auch

dem bereits oben Gesagten annehmen, dass in der früheren Zeit und wohl noch bei der Abfassung der Aachener Regel wahrscheinlich eine grosse Anzahl, wenn nicht die meisten, aller **seelsorglich selbständigen Pfarrkirchen** mit eigenem Sprengel Kollegiatkirchen waren, in dem Sinne, dass unter dem leitenden Pfarrpriester mehrere Kleriker standen[1]). Das letztere wird von den Synodalkanones als das

---

die verhältnismässig grosse Zahl der „Stiftskirchen" in Köln und anderen Bischofsstädten römischen Ursprungs schon zur karolingischen Zeit erklären. Deshalb auch finden sich „Kanonichen"kapitel von hohem Alter in Bonn, Xanten, Carden a. d. Mosel, Koblenz, Bingen etc. vergl. folg. Anm. Andererseits war z. B. an der alten Kölner Pfarrkirche S. Kolumba eine Reihe von Priestern im Laufe des M.A.s bepfründet und bedienstet, es existierte sogar ein gewisses gemeinsames Leben in einem besonderen Priesterhaus und man hatte auch bestimmte Regeln für die 7 dort lebenden Priester aufgestellt, aber die Gemeinde hielt eifersüchtig an ihrem Pfarrwahlrecht fest, wie auch die Kapläne und Altarpriester vielfach von den Bürgern erwählt wurden. Deshalb war die Einführung des kanonischen Lebens unmöglich (Belege in meinen demnächst in den Annalen des Niederrheins erscheinenden Regesten von S. Kolumba). Noch auffallender ist das Beispiel vom Freiburger Münster, wo schon frühzeitig eine Mehrheit von Geistlichen erscheint, wo aber der Einführung des kanonischen Lebens das unkanonische Wahlrecht der Gemeinde bezw. die nach Eigenkirchenrecht gehandhabte Einsetzung des Pfarrers durch die Freiburger Grafen entgegenstand (vergl. Stutz, Das Münster zu Freiburg i. Br., 1901, S. 8 ff.). Dagegen stand der Erhebung der Nimweger Pfarrkirche S. Stephan, deren Pfarrer von SS. Aposteln aus ernannt wurde, nichts im Wege, sobald Propst und Kapitel von Aposteln die freie Wahl desselben den dortigen Vikaren überliess, wie es im 15. Jahrhundert auch geschah; jetzt wurde der bisherige Pleban oberster Leiter (dignitas principalis) und seine Vikare zu canonici (Kölner Stadtarchiv, Geistl. Abt. 47 vergl. Mitteilungen a. d. Stadtarchiv 24, S. 11).

[1]) Wir erinnern daran, dass von diesen aus in der älteren Zeit die umliegenden Ortschaften — auch solche mit eigenen Kirchen — pastoriert wurden; wie dass zur feierlichen Darbringung des h. Opfers und des sonstigen Gottesdienstes in der alten Kirche ausser den 3 höheren Ordines (presbyter, diaconus, subdiaconus) auch die Träger der niederen Weihen nötig waren. Ferner vergl. den schon erwähnten 1. Kan. der Synode zu Vaison von 529 und den 18. Kan. der Synode zu Emerita von 666, in welchen beiden vorausgesetzt wird, dass alle Pfarrpriester

normale angesehen, danach werden die kanonischen Verordnungen getroffen. Auf sie allein passt das kanonische Stundengebet mit seinen Responsorien, auf sie auch allein alle die Bestimmungen, welche sich mit den Pflichten der verschiedenen klerikalen Weihestufen und dem gemeinsamen Leben beschäftigen. Der Ausdruck clerici canonici traf also im vollsten Sinne nur auf die kanonisch lebenden Geistlichen der Kollegiatpfarren zu. Kein Wunder, wenn er sich allmählich ganz auf sie beschränkte, zumal aus ihnen wenigstens im früheren M.A. und abgesehen von den Mönchsklöstern die gesamte Filialgeistlichkeit hervorzugehen pflegte.

§ 39. Das gemeinsame Leben an den Kollegiatpfarren.

Was nun das Leben und den Dienst der Kanoniker an den Kollegiatpfarren anlangt, so haben wir bereits oben (S. 114 f.) das gemeinsame Leben des Klerus an der Kathedrale als eine uralte Einrichtung kennen gelernt. Hier wollen wir noch dar-

---

eine Anzahl von Klerikern unter sich haben. Auch Bischof Hincmar von Reims setzt in seinen Anweisungen an die Geistlichen voraus, dass jeder Pfarrpriester noch Kleriker zum Lesen der Epistel, zum Schulhalten, für Bedienung der Messgeräte, Kirchhöfe etc. unter sich hat (Mansi, Acta Concil. 14, 480, Kap. 2. 8. 11. 16). Wir haben sogar Beispiele dafür, dass spätere einfache Landpfarreien ursprünglich Kollegiatpfarren waren, z. B. Kesslingen (Beyer, II, S. CLXXVII), wo offenbar die Einkünfte zurückgegangen waren. Auch an der Urpfarrkirche auf dem Christenberg bei Wetter (Hessen) scheint ursprünglich eine Mehrheit von Geistlichen tätig gewesen zu sein, wenigstens kommen noch in den älteren Urkunden die Titel decanus, plebanus, camerarius vor (Kolbe-Heldmann, Der Christenberg etc., Marburg 1895, Elwert, S. 40 ff.) Ebenso sind an den nachweisbar von S. Bonifatius errichteten Pfarrkirchen zu Fritzlar und Amöneburg kanonische Klerikerkollegien (canonici) vorhanden gewesen (Waitz, Chron. reg. S. 264, a. 1232 und Jaffé, Mon. Mogunt. S. 455). Hieraus erklärt sich auch die grosse Zahl der alten Kollegiatkirchen auf fränkischem Boden. Im Bistum Cambrai zähle ich z. B. um das Jahr 1000 an allen bedeutenderen Orten Kirchen mit canonici, im ganzen 34 Kollegiatkirchen und 7 Frauenstifter, aber nur 6 Mönchsklöster (Scr. 7, S. 455 ff.).

auf hinweisen, dass auch für das gemeinsame Leben der Kleriker an den Pfarrkirchen schon frühzeitig Bestimmungen getroffen werden. So heisst es in dem wiederholt angeführten 1. Kan. der Synode zu Vaison in Südfrankreich von 529, dass alle Pfarrpriester nach der in Italien längst üblichen Weise ihre jüngeren Lektoren zu sich ins Haus aufnehmen und dort, wie es guten Vätern geziemt, als ihre Kinder behandeln und im heiligen Dienst zu ihren Nachfolgern ausbilden sollen[1]). In dem ebenfalls schon angezogenen 18. Kan. der Synode zu Emerita wird in gleicher Weise allen Pfarrpriestern zur Pflicht gemacht, den ihnen untergebenen Klerikern Nahrung und Kleidung zu gewähren[2]). Hierher gehört auch ein unter Karl d. Gr. fallendes Kapitulare, wonach die Pfarrgeistlichen ihre Hausgenossen, nämlich ihre Scholaren, die sie auch zur Not beim Gottesdienst vertreten sollen, und ihre anderen Servienten in guter Zucht zu halten haben[3]).

Von ausserordentlicher Wichtigkeit ist aber die Tatsache, dass das gemeinsame Wohnen nicht, wie man bisher angenommen hat[4]), ein wesentliches und unbedingtes Erfordernis für die Durchführung der vita canonica gewesen ist.

---

[1]) Placuit, ut omnes presbyteri, qui sunt in parochiis constituti, secundum consuetudinem, quam per totam Italiam satis salubriter teneri cognovimus, iuniores lectores, quantoscunque sine uxore habuerint, secum in domo, ubi ipsi habitare videntur, recipiant etc. (Maassen S. 56).

[2]) ... Hi [clerici] etiam victum et vestitum dispensatione presbyteri merebuntur (Conc. XV, S. 467).

[3]) Boretius S. 238, 7: ut [presbyteri] domesticos suos, id est eos, qui cum ipsis sunt in sua mansione, sive scholarios sive alios servientes, diligentissime praevidere studeant .... vergl. mit c. 5 ebd.: ut presbyteri tales scholarios habeant .... ut .... ipsi scholarii ... officium honeste Deo persolvant.

[4]) So in allen Lehrbüchern der K.G.; auch Hinschius II, S. 56; Schneider S. 41 ff. u. S. 30 ff.; Beyer II, S. CXXXI; Müller, Westdeutsche Zeitschr. 10, S. 341; Michael II, S. 6; Weber, Die S. Georgenbrüder zu Bamberg S. 7.

Genau so, wie im ersten Kanon von Vaison (a. 529) den Vorstehern der einzelnen Pfarrkirchen nur befohlen wird, die **jüngeren** Lektoren, die unverheiratet sind, zusammen wohnen zu lassen, so ist kein Kanon und keine kirchliche Bestimmung vorhanden, welche den kanonischen Geistlichen die eigenen Wohnungen **allgemein** verboten hätte. Ja in der berühmten institutio canonicorum von 816 heisst es ausdrücklich: **quamvis canonicis proprias licitum sit habere mansiones, debet tamen a praelato mansio infirmorum et senum intra claustra canonicorum fieri, ut qui suam forte non habent, in eadem ... possint tolerare imbecillitatem**[1]). Selbst Chrodegang spricht von den **domus propriae**[2]) seiner Kanoniker und von den „**clerici canonici, qui extra claustra in civitate commanent**"[3]). Nach Chrodegangs Regel kann der Bischof auch den in der Immunität wohnenden Kanonikern die Erlaubnis erteilen, dass sie in ihren **eigenen Häusern schlafen**[4]). Dass Chrodegang ebenso wie die Aachener Regel den Kanonichen die freie Verfügung über ihren Privatbesitz liess, ist eine aus dem Vorhergehenden und anderen Stellen[5]) hervorspringende bekannte Tatsache[6]). Man darf also dann, wenn an einer Kollegiatkirche die Kanonichen eigene Wohnungen und eigenes Vermögen besitzen, noch nicht die Auflösung der vita canonica folgern[7]). Ebenso war der Bezug

---

[1]) Kan. 142 Hartzh. I, S. 512, Sp. 2. Vergl. auch ob. S. 34, n. 2.

[2]) Kap. 20 der urspr. Regel.

[3]) Kap. 21. Hierher gehört auch die Stelle aus Bened. Levita add. III, c. 112 (Pertz, Leg. II, 2, S. 145 vergl. Stutz, Benefizialw. S. 321, n. 79): de canonicis clericis, qui in civitatibus **vel in monasteriis** degunt; ferner Scr. 7, S. 424, a. 911: domos **proprias, quas habent** [scil. die Domkanoniker von Cambrai] **in civitate, quibusque voluerint** [concanonicis] ... **concedant.**

[4]) Kap. 3 ... quibus episcopus licentiam dederit ... **ut in ipsa claustra per dispositas mansiones dormiant separatim.**

[5]) Reg. Chrodeg. c. 31. 32. Aachener Regel c. 124 etc.

[6]) So **Rettberg, Friedrich, Hauck**, K.G.; **Luchaire** S. 52.

[7]) So die oben S. 168, n. 4 angeführten Autoren. **Müller**, Westd. Zeitschr. 10, S. 353 meint, dass zuerst im 16. Jahrhundert ein Wohnen

von Stipendien und Präbenden, wie der Genuss von Benefizien von seiten der Stiftsgeistlichen durchaus im Einklang mit dem kanonischen Leben[1]). Die merkwürdige Erscheinung, dass einzelne Bischöfe noch im 13. Jahrhundert bei den Kanonichen jegliches Privatvermögen als Unrecht ansahen und es zu beseitigen suchten[2]), erklärt sich wohl aus der seit dem 12. Jahrhundert — als die Erstarrung der alten Kollegiatstifter schon vielfach begann — neu einsetzenden Reformrichtung der sogenannten Regular- und Prämonstratenserkanonichen (in Frankreich auch die sogenannten Viktoriner), welche sich im Gegensatz zu den von ihnen nun als canonici saeculares bezeichneten Stiftsherren einem klösterlichen Leben durchaus näherten[3]).

Indessen, der gemeinsame Tisch oder die gemeinsame Küche und das gemeinsame Dormitorium[4]) erscheinen als ein wesentliches Merkmal auch in den kanonisch geordneten Kollegiatkirchen älterer Art[5]), ebenso dass das der betreffenden Kirche

---

der Kanonichen ausserhalb der Immunität wahrzunehmen sei (in Köln 1534); aber dies ist schon im 14. Jahrhundert bezeugt: La c. III, 267 abgesehen von den vorher in Anm. 1—3 angeführten Stellen.

[1]) Vergl. die wertvolle Zusammenstellung bei U. Stutz, Benefizialwesen S. 321, n. 79 u. oben S. 100, n. 3.

[2]) So Rigaud S. 204, a. 1255: ne aliquis presbyterorum [scil. canonicorum] parochianorum (!) aliquid proprietatis ... retineat penes se; vergl. S. 327: prior videat in archis et scrineis canonicorum, ne haberent proprietatis; ferner S. 271 etc.

[3]) Vergl. darüber Möller, K.G. II², S. 311 ff. Dass die Regularkanoniker des 12. Jahrhunderts auf persönliches Eigentum durchaus verzichteten, zeigt z. B. Urk. von 1138 im Urkb. des Hochstifts Halberstadt I, 190; vergl. auch Luchaire, Manuel S. 100 ff., welcher darauf hinweist, dass die bisherigen Kanonichenstifter vielfach das strengere „reguläre" Leben annahmen. Auch am Kölner Dom war zu Ende des 12. Jahrhunderts ein Teil der canonici für das strengere Leben der Regularkanoniker: Hüffer, Forsch. S. 276 ff.

[4]) Bereits im 15 Kan. der Synode zu Tours von 567 wird von den Geistlichen in gleicher Weise wie von den Mönchen das Schlafen im selben Raume unter Aufsicht des Propstes verlangt (Maassen S. 126).

[5]) Vergl. die vorhergehende Anm. u. die Bestimmungen Eugens II. für die italien. Kirchen vom Jahre 826 (Leges 2 app. S. 15, c. 7): ut

zugehörige Vermögen an Grundbesitz, Zehnten, Renten etc. von dem Vorsteher des Stiftes verwaltet wird[1]). Eine Teilung dieses Vermögens zwischen Propst und Kapitel würde das gemeinsame Leben erst lockern und den kanonischen Vorschriften zuwiderlaufen. Ein gutes Beispiel der Durchführung des kanonischen Lebens bis ins 13. Jahrhundert bietet das Xantener Stift. Hier hatte der Propst die gesamte Vermögensverwaltung in Händen, die Kanonichen besassen zwar eigene Häuser, mussten aber alle in dem gemeinsamen Dormitorium schlafen, der Unterhalt ward ihnen täglich vom Propst dargereicht[2]). Ebenso bestand das gemeinsame Leben noch im 13. Jahrhundert an der Churer Kathedrale, obwohl die Kanonichen ihre besonderen Häuser hatten[3]). In Trier und Koblenz erlebte die vita communis zu Beginn des 13. Jahrhunderts sogar noch einen neuen Aufschwung[4]). Auch an den Kölner Kollegiatkirchen, z. B. an S. Gereon, erscheint das gemeinsame Leben im Anfang des 13. Jahrhunderts in ungeschmälerter Uebung[5]). Erst im Laufe desselben Jahrhunderts trat die Vermögensteilung zwischen Propst und Kapitel und damit die Auflösung der kanonischen Ordnung ein, in S. Gereon um 1283[6]), in SS. Aposteln 1255[7]); in S. Andreas und

---

iuxta ecclesiam claustra constituantur, in quibus clerici disciplinis ecclesiasticis vacent. Itaque omnibus **unum sit refectorium ac dormitorium** seu caeterae officinae ad usus clericorum necessariae. Für Deutschland weisen wir noch auf Kan. 9 der Mainzer Synode von 813 hin: ut canonici clerici ... **simul manducent et dormiant** (ein gemeinsames Wohnen wird nicht vorausgesetzt).

[1]) Kan. 118—120 von Aachen (Hartzh. I, S. 501); vergl. schon den oben S. 168, n. 2 angezogenen Kan. 18 der Synode zu Emerita.

[2]) Vergl. St. Beissel, Baugesch. der Kirche des h. Viktor zu Xanten, Freiburg 1883, S. 38.

[3]) Mohr cod. dipl. I, 270, a. 1273.

[4]) Günther II, 28, a. 1215 u. 35, a. 1217.

[5]) Joerres S. 97—106 Urk. 102, a. 1235 u. Nr. 22, a. 1180.

[6]) Ebd. Nr. 177, S. 173 ff.

[7]) Orig.-Urk. in der Nationalbibl. zu Paris Ms. lat. 9278 Nr. 1; Abschrift im Kölner Stadtarchiv Inv. Nr. 165; doch scheint schon früher

S. Kunibert wie an S. Maria ad Gradus machen wir damals die gleiche Beobachtung[1]). Ueberhaupt scheint das 13. Jahrhundert vielerorts dieselbe Erscheinung gezeigt zu haben[2]). An manchen Kirchen ist freilich die Vermögensteilung bezw. der Uebergang der Vermögensverwaltung vom Propst auf das Kapitel in früherer oder auch in späterer Zeit geschehen[3]).

V. Hauptteil.
Die Ausübung der Pfarrseelsorge und des Gottesdienstes an den Kollegiatkirchen.

§ 40. 1. An der Kathedrale.

Von wem wurde nun an den Kollegiatkirchen die Seelsorge ausgeübt? Hier macht sich eine ausserordentliche Mannigfaltigkeit der Entwicklung geltend. Die eine Tatsache steht fest, dass jede kanonisch geordnete Kollegiatkirche ihren seelsorglichen Sprengel und Pfarrgeistlichen besitzt. Wir müssen zunächst zwischen der Kathedrale und den anderen Stiftskirchen unterscheiden.

In dem Sprengel der ersteren war ursprünglich der Bischof auch Seelsorger. Da er aber als solcher zugleich für die ganze Diözese in Anspruch genommen wurde, was die ausschliesslich dem Bischof zukommenden Amtshandlungen anlangte, so musste er frühzeitig einen Stellvertreter in der Seelsorge des engeren Sprengels der Kathedrale ernennen. Der Archidiakon war nun zwar vielfach zugleich der stellvertretende Vorsteher der

---

eine Trennung von gewissem Kirchenvermögen stattgefunden zu haben nach Qu. II, 246, a. 1246.

[1]) Hüffer, Forsch. S. 284, n. 1.

[2]) Michael II, S. 5 f. gibt weitere Beispiele: Würzburg, Mainz, Bamberg, Osnabrück; für Soest s. Seib. I, 307, a. 1257.

[3]) In S. Severi zu Erfurt wird 1121 die Vermögenstrennung wieder aufgehoben! (Hartzh. VI S. 613); am Kölner Dom tritt sie erst 1374 ein (ebd. S. 556, c. 19 f.).

bischöflichen Kleriker, was die äussere Leitung, Belehrung, Aufsicht etc. und Vermögensverwaltung anlangte[1]), er konnte aber als in der Regel der Priesterwürde entbehrend[2]) nicht stellvertretender Seelsorger des Domsprengels sein. Dieses Amt musste vielmehr einem Priester übertragen werden, welcher dann vielfach den Titel archipresbyter erhielt[3]). Der im M.A. bezeugte Pfarrgeistliche des (kleinen) Sprengels der Kölner Kathedrale hatte den Titel „capellanus oder capellarius episcopi"[4]), wie auch in Utrecht der Domseelsorger unter

---

[1]) Hinschius II, S. 88 ff. u. 183 ff.; Möller, K.G. I, S. 336 und besonders A. Schröder, Entwicklung des Archidiakonats, S. 66 ff.

[2]) Möller a. a. O.

[3]) Vergl. unsere Ausführungen (§ 29) über die Bezeichnungen der leitenden Geistlichen der Pfarreien. Im übrigen ist hierüber zu vergl. Hinschius II, S. 302 ff. u. Sägmüller, Tüb. Universitätsprogr. 1898, S. 8 ff., dazu Müller, Domstatuten von Utrecht S. 78 u. S. 100. Auch an der Baseler Kathedrale erscheint a. 1226 der archipresbyter (Bas. Urkb. I, 108), nicht aber der custos, wie man nach Hinschius II, S. 105, Anm. 3 vermuten muss; die hier angeführte Stelle bezieht sich nicht auf den Dom, sondern auf die Kollegiatkirche S. Peter (Bas. Urkb. I, 126, S. 89 ff.). Der archipresbyter von Speier erhält noch im 13. Jahrhundert gewisse Abgaben von bisher bischöflichen, aber nun einem Kollegiatstift überwiesenen Pfarrkirchen (Württb. Urkb. III, S. 178; IV, S. 398). Die Ausführung bei Luchaire, Manuel S. 53 über die erste Würde der Domkapitel, welche er in dem Dechanten sieht, passt für Deutschland wenigstens im früheren M.A. nicht, und auch für Frankreich scheint wenigstens in der älteren Periode der Propst die leitende Stelle besessen zu haben (vergl. A. Schröder a. a. O. S. 71, n. 4). Die Darstellung bei Luchaire stimmt zu den rhein. Verhältnissen erst von Ende des 13. Jahrhunderts an, wo der Propst mehr und mehr zurück und an seine Stelle Dekan und Kapitel trat (vergl. oben S. 171 f.).

[4]) Der Kölner Domkeppler hatte seit alters für die Seelsorge bezw. den Gottesdienst an allen im Domsprengel liegenden Kapellen einzustehen, Lac. Archiv II, S. 62 (10. Jahrhundert): eidem capellario omnes capellae episcopales vacant; dass er der (den Bischof vertretende) Seelsorger des zur Kathedrale gehörigen engeren Pfarrsprengels war, geht deutlich aus einer Urk. von 1246 (Lac. Archiv II, S. 60) hervor, wo es mit Bezug auf denselben heisst „ut decet, esto gregi pastor bonus"; ferner aus dem 79. rotul. von S. Maria im Kap. (1299), wo er als „verus

diesem Namen vorkommt[1]). In Metz wiederum erscheint schon in der ursprünglichen Regel Chrodegangs (Kap. 34) der „presbyter custos s. Stephani" als Stellvertreter des Bischofs in der Seelsorge an der Kathedrale.

Ebenso war in Strassburg der Domcustos (= thesaurarius) der Verwalter des Kathedralsprengels[2]). Auch in Mainz wird anfänglich die Seelsorge in der Hand des custos gelegen haben, wie bei allen dortigen Kollegiatkirchen[3]).

§ 41. 2. An den Kollegiatpfarren.

Was nun, abgesehen von den Kathedralen, die Seelsorge in den Sprengeln der übrigen Kollegiatkirchen anlangt, so müssen wir nach unseren früheren Erörterungen (§ 28 ff.) über die Entwicklung der Pfarrkirchen zu Stiftern von vornherein annehmen, dass in diesen (abgesehen von den Frauenstiftern)[4]) der vorstehende Geistliche in der Regel anfänglich die Seelsorge des Pfarrsprengels in seiner Hand behielt und von seinen untergebenen Klerikern in der Ausübung derselben unterstützt wurde[5]). Wir brauchen nur an die oben bereits

---

patronus" des Plebanes (Vikar) der für den Dombezirk zuständigen Johanneskapelle erscheint.

[1]) Müller a. a. O., S. 100. Auch der Seelsorger der neben dem Lütticher Dom gelegenen Marienkirche, der urspr. Kathedrale, welche später die Pfarrkirche für den Domsprengel bildete (vergl. J. Demarteau, La première église de Liège, im Bulletin de la société d'art et d'histoire du diocèse de Liège VII, 1892), wurde capellanus episcopi genannt (Gesta episcop. Leod. abbrev. Mon. Germ. Scr. 25, S. 130, Z. 42 ff.).

[2]) Strassb. Urkb. (Wiegand) I, S. 243, 11 etc.

[3]) S. Böhmer-Will, Regesten II, S. 328, n. 117 in Guden. cod. dipl. I, S. 552 f.; weiteres unten S. 183.

[4]) Hier vertrat vielfach die Abtissin gewissermassen die Stelle des Propstes, insofern sie die Seelsorger ernannte; doch behalten wir uns eine nähere Darstellung der Frauenstifter vor.

[5]) Im Gegensatz zu der bisher allgemeinen (vergl. noch Redlich in ANR 74, 1902, S. 105) Anschauung, als ob die Pröpste der Kollegiatstifter ursprünglich nur als „Haupt der stiftischen Oekonomieverwaltung"

angeführten Kanones der I. und II. Synode zu Vaison (442 u. 529), zu Tarracona (516), Orleans (538) und an den Prolog in der Regel Chrodegangs (pastor eorum, quilibet fuerit, non solum de carnalibus sed etiam de spiritualibus curam gerat). Zahlreiche karolingische Kapitularien bezeugen dazu, dass der leitende Geistliche der Kollegiatkirchen, mochte er nun Propst, Prälat, Archipresbyter[1]), Rektor oder sonstwie heissen, der Seelsorger des betreffenden Pfarrsprengels war.

Wir wollen noch einmal an das 4. und 5. Kapitulare von 845/50 (Ludwig II.) erinnern, wo es heisst, dass die Geistlichen einer Kirche unter Zustimmung der betreffenden Pfarreingesessenen (populi, qui ad eandem plebem aspicit, sequatur assensus) sich ihren Seelsorger und Leiter (qui ad gubernandas plebes legitime provecti sunt) wählen sollen[2]). In dem 13. Kap. des Conventus Ticinensis von 850 wird befohlen, dass wegen der Seelsorge der Christen (propter assiduam erga populum Dei curam) alle Pfarrkirchen Archipresbyter haben sollen, deren Pflicht es sei, sowohl an den Laien als auch an den ihnen untergebenen Geistlichen die Seelsorge zu üben als Vorsteher der betreffenden Pfarrkirche[3]).

Wenn ferner in den karolingischen Kapitularien allgemein den Priestern zur Pflicht gemacht wird, bei ihren Klerikern das kanonische Leben streng durchzuführen, so können auch hier nur die leitenden Seelsorger von Kollegiatkirchen gemeint sein[4]). Vor allem aber geht aus der grossen Insti-

---

anzusehen seien; vergl. Luchaire, Manuel S. 53: „officiers de gérer une partie des biens capitulaires". Vergl. unten S. 181.

[1]) Vergl. Sägmüller, Tüb. Universitätsprogr. 1898, § 2: der Landarchipresbyter der Merowinger und unsere Ausführung oben S. 121 f.

[2]) Boretius-Krause S. 82.

[3]) Mon. Germ. Leg. I, S. 399 ... qui non solum imperiti vulgi sollicitudinem gerant, verum etiam eorum presbyterorum .... et sicut ipse [episcopus] matrici praeest, ita archipresbyteri praesint plebeis.

[4]) Boretius S. 96, Kap. 23: presbyteri cleros, qui secum habent, sollicite praevideant, ut canonice vivant.

tutio canonicorum der Aachener Synode von 816 unzweifelhaft deutlich hervor, dass unter den dort so häufig genannten praepositi und praelati die vorstehenden Seelsorger, die Pastore, der Kollegiatpfarrkirchen zu verstehen sind. Wir wollen kein Gewicht darauf legen, dass in den Kapiteln 12—36 die Ausdrücke praepositi, praelati, sacerdotes und pastores identisch gebraucht werden[1]). Es ist erforderlich, einige Stellen aus den Kapiteln selbst anzuführen. So heisst es im Kap. 15 (de indignis praepositis): plerique sacerdotes suae magis utilitatis causa, quam gregis praeesse desiderant. Noch deutlicher in dem folgenden Kapitel (de indoctis praepositis): ... plebes commissas non valentes ... per verbum doctrinae defendere; ferner in Kap. 18 (de praeposito ecclesiae): ... dum eis [prepositis] regimen animarum imponitur, renuunt. ... dum illos a pastorali officio retrahit [scil. diabolus], nequaquam proficiant. Kap. 24 (qualiter praelati subjectos doceant ...) beginnt: quia igitur, qualis esse debeat pastor, superius ostendimus, nunc qualiter doceat, demonstremus. Es wird dann darin von Gregor d. Gr. über die Predigt und Seelsorge der Priester gesprochen. In Kap. 31 (de praepositis carnalibus), wenn die Gemeinde sich über ihren Seelsorger zu Gericht setzt: non est itaque judicandus a plebe rector inordinatus ... nam pro meritis plebium disponitur a Deo vita rectorum. Wir könnten noch eine Reihe von Stellen der Aachener Regel namhaft machen, aus denen deutlich hervorgeht, dass die Pröpste etc. die Seelsorger der betreffenden

---

[1]) Ueber diese und die folgenden Stellen s. Hartzh., Conc. Germ. I, S. 445 ff. Fast alle diese Kapitel sind von dem Redaktor der Aachener Regel aus älteren Kirchenvätern entnommen. Dass übrigens unter den von der Aachener Regel gemeinten Kirchen nur Pfarrkirchen verstanden sein können, geht auch daraus hervor, dass bei ihnen allen ein grösserer Sprengel und die Zehntberechtigung in demselben vorausgesetzt wird (vergl. oben § 6): Hartzh. I, S. 512, Kap. 141: ut praelati ... praeparent receptaculum, ubi pauperes colligantur, et de rebus ecclesie ibidem deputent .... exceptis decimis, quae de ecclesiae villis ibidem conferuntur.

Kollegiatkirche sind. Wir wollen nur noch auf den Anfang des 123. Kapitels verweisen, wo die Vorsteher ermahnt werden, es mit ihrer Seelsorge ernst zu nehmen: Solerter praelatis satagendum est, ut eos, quibus praesunt, verbis et exemplis ad bene vivendum informent: fixoque corde tenendum, ne eos, quasi proprios, sed ut Domini sui gregem tractare meminerint juxta illud, quod Petro dicitur: si diligis me, pasce oves meas.

Um nun einige praktische Beispiele anzuführen, so sehen wir in den Urkunden zahlreicher Kollegiatkirchen, dass ursprünglich in der Tat die Vorsteher derselben die Seelsorge verwalteten. In dem zu Anfang des 13. Jahrhunderts entstandenen Verzeichnis der althergebrachten Rechte des Propstes von S. Kastor zu Koblenz[1]) lesen wir, dass derselbe der rechtmässige Pastor der Parochie von Koblenz sei und ihm die Seelsorge (pastoris cura) zustehe[2]). Im Martinsstift zu Bingen war der Propst noch bis 1251 als archipresbyter mit der Pfarrseelsorge betraut, liess sie aber ziemlich nachlässig durch Vikare ausüben, weshalb ihm Erzbischof Christian von Mainz in dem genannten Jahre die Seelsorge entzog und dem Kapitel das Recht erteilte, den Pfarrer für die dortige Parochie zu ernennen[3]). In den 1228 erneuerten (Reform-)Statuten der alten Kollegiatkirche zu Faurndau in Württemberg heisst es ausdrücklich: prepositus debet regere populum in omnibus spiritualibus ... nec in capella de J. quisquam canonicorum divina celebret preter licentiam dicti prepositi[4]). Bereits oben

---

[1]) Beyer II, S. 355 ff. am Schlusse heisst es: hec antiquorum ecclesie huius provisorum statuta scripto commendavimus.

[2]) S. 358: de communi sex decime excipiuntur .... de quibus praepositus, qui pastor est parochie Confluentine .... assignare debet sacerdoti suo tantum prebende, ut sustentari possit honeste .... prepositus vel sacerdos, qui vicem gerit pastoris .... ad fratres nulla pars vel archidiaconalis vel pastoris cure pertinet, sed tantum ad personam prepositi.

[3]) Guden. III, S. 1117.

[4]) Württb. Urkb. III, S. 224. Die Kirche zu Faurndau war schon

(S. 127) haben wir die wichtige Stelle aus der verkürzten Geschichte der Lütticher Bischöfe erwähnt, wo berichtet wird, dass Bischof Richerius 13 von den Normannen zerstörte Kirchen seiner Diözese zu Kollegiatstiftern wieder herrichtete und die Vorsteher mit der Seelsorge der betreffenden Parochien betraute[1]). Bezeichnend ist auch, wenn Moll, der übrigens in seiner Kirchengeschichte der Niederlande noch die alte Ansicht über die Stiftskirchen hat, die Beobachtung macht, dass „manchen Pastoren an den grossen Kirchen, die andere Priester unter sich hatten, der Titel Propst verliehen wurde"[2]). Als im Jahre 1177 die Pfarrkirche in Gräfrath kanonisch geordnet werden sollte, verspricht die Stifterin derselben, dass sie den Kanonikern die Wahl des Propstes als des Pastors überlassen wolle (liberam et canonicam pastoris proprii electionem)[3]). In Köln empfing der Propst der um 1180 in dem Gross-Sprengel von S. Gereon gegründeten Kollegiatkirche Mechtern (ad martyres) die cura animarum der neu abgeteilten Parochie vom Propste an S. Gereon, der Mutterkirche[4]).

Bei der letzteren vermögen wir ebenfalls nachzuweisen, dass der Propst ehedem der alles leitende Geistliche und Seelsorger war. Zunächst erkennen wir dies daraus, dass er noch im 13. Jahrhundert für alle Filialpfarrkirchen, die zu S. Gereon gehörten, die Seelsorger zu bestellen hatte[5]); nach der

---

in karolingischer Zeit an S. Gallen gekommen (Bossert, K.G. S. 96).

[1]) Mon. Germ. Scr. 25, S. 130, Z. 42 ff.: Hic reedificavit per dyocesim suam .... plures ecclesias a Normannis destructas ... in quibus novenos constituerunt clericos, inter quos unum statuerunt, qui curam gereret ... ipsumque abbatem vocaverunt ....

[2]) Moll-Zupke, K.G. II, S. 137, 3.   [3]) Lac. I, 462.

[4]) Qu. I, 93. Ebenso erhielt der im 15. Jahrhundert bei Erhebung der Nymweger Stadtpfarrkirche zum Kollegiatstift mit dem Propsttitel ausgezeichnete dortige Pfarrgeistliche seine Bestätigung etc. vom Propst und Kapitel der Mutterkirche SS. Apostoln, s. unten S. 180, n. 4.

[5]) Joerres S. 106, a. 1235.

Auseinandersetzung mit dem Kapitel von 1283 behielt er u. a. noch die Kollations- und „Ordinations"rechte für die Filialkirchen des ehemaligen Gross-Sprengels von S. Gereon[1]). Auch alle die Verwaltungs-, Jurisdiktions- etc. Rechte, welche um diese Zeit bezw. in diesem Jahre an Dechant und Kapitel übergingen, hatte vorher der Propst ausgeübt[2]).

Auch in der mit S. Gereon gleichalterigen Kollegiatkirche S. Viktor zu Xanten hatte ursprünglich der Propst die gesamte geistliche und weltliche Gewalt, die Seelsorge für Kapitel und Volk in seiner Hand, welche später an den Dechanten überging, während die Stelle des Propstes mehr und mehr zu einer förmlichen Ehrenpfründe herabsank[3]).

Von weiteren Beispielen wollen wir noch die Abtei (canonici) Wadgassen anführen, deren Abt bei der Gründung der Kirche (1135) die cura parochialis erhielt[4]), und die Kollegiatstifter S. Lambert zu Düsseldorf[5]) und S. Martin-Marien zu Jülich[6]), deren Vorsteher die Pfarrgeistlichen waren. In Soest war ursprünglich nur eine Pfarrkirche und nur ein Pastor: der Propst von S. Patroclus. Noch im 13. Jahrhundert war er plebanus veteris ecclesie und besetzte alle übrigen Soester Pfarrkirchen mit seinen canonici[7]). Als 1171 an Stelle der entarteten Säkularkanonichen zu Herbrechtingen in Württemberg Augustinerchorherren eingesetzt wurden, erhielt deren

---

[1]) Ebd. S. 175 vergl. oben S. 147, n. 2.

[2]) Joerres S. 176 ... soli decanus et capitulum ex nunc in antea habebunt plenam et liberam administrationem, ordinationem et dispositionem omni iure, quo ea prepositus et predecessores sui in dicta prepositura hactenus habuerunt.

[3]) St. Beissel, Kirche des h. Viktor zu Xanten S. 38, 90 u. 99. Der Propst besetzt noch im 13. Jahrhundert alle Filialkirchen (Bint. u. Moor. III, 111).

[4]) M. Fritz, Gesch. der Abtei Wadgassen S. 22: complacuit ... curam parochialem eidem abbati ... commendandam dare.

[5]) Lac. III, 39, a. 1306 u. Lac. Archiv III, S. 113.

[6]) Kuhl, Gesch. der St. Jülich III, S. 281.

[7]) Seibertz I, 156: eccl. Sus. viduata pastore (= preposito) Nr. 184. 305.

Propst die cura animarum¹). Ferner heisst es in einer Kölner Urkunde von 1217, dass dem Propste die gesamte geistliche und weltliche Leitung der betreffenden Kirche zustehe²), ganz ebenso wie im Neuen Stift zu Halle, welches nach den frühmittelalterlichen Kollegiatkirchen von Kardinal Albrecht eingerichtet war, der Propst „als oberster Geistlicher die geistliche und geistige Leitung" in der Hand hielt³). Als ums Jahr 1475 die bisherige Pfarrkirche S. Stephan in Nimwegen zur kanonischen Kollegiatkirche durch eine Bulle Sixtus' IV. erhoben wurde, erhielt der bisherige „rector plebanus" Joh. Vighe die oberste Würde als Dechant, seine Vikare in der Seelsorge etc. wurden canonici⁴). In den von Bischof Reinhard von Halberstadt näher bestimmten Rechten und Pflichten des Propstes von Kaltenborn erscheint als die vornehmste und erste Aufgabe desselben, dass er als pastor die cura animarum ausübt⁵). Im Domstift zu Nordhausen hatte der Propst nach einer Urkunde Kaiser Friedrichs II. von 1220 die „cura ejusdem ecclesie" vom Erzbischof von Mainz empfangen und liess die ausgedehnte Seelsorge, zu welcher mehrere Filialen (ähnlich wie bei S. Gereon in Köln etc.) gehörten, durch seine Kanoniker versehen, deren Bestellung ihm nach einer Urkunde von 1221 zustand⁶). In den erhaltenen Kollegiatkirchen Spaniens verwaltet noch heute der abbas praesidens die Seelsorge⁷), wie die Pfarrgeistlichen

---

¹) Württb. Urkb. II, S. 162.

²) Joerres S. 64: cum decem in Monasteriensi(?) ecclesia sint canonici non habentes prepositum, qui spiritualiter et temporaliter eis presit.

³) P. Redlich, Kardinal Albrecht etc. 1901, S. 36.

⁴) Kölner Stadtarchiv, Geistl. Abt. 47 f. 8. 166 ff. (vergl. Mitteilungen a. d. Stadtarchiv 24, S. 11).

⁵) Urkb. des Hochstiftes Halberst. I, 147, a. 1120.

⁶) Hellwig S. 197 f. Aehnlich wird vom Propste des in frühmerowingische Zeit zurückreichenden Germanusstiftes zu Speier berichtet, dass ihm die cura, die Verleihung der Kirchen etc. zustand (Günther II, 62, a. 1227).

⁷) Scherer, K.R. I, S. 581. n. 63.

in den östlichen (polnischen) Landesteilen Deutschlands noch heute bekanntlich vielfach als Pröpste bezeichnet werden.

§ 42. **Die Vertreter des Propstes in der Seelsorge.**

Der weitere Verlauf in der Entwicklung der Kollegiatpfarren ging nun, wie schon mehrfach angedeutet[1]), notwendig dahin, dass die Pröpste, welche, namentlich bei alten Stiftern, gewissermassen kleine Diözesen zu verwalten hatten, sich ähnlich wie die Bischöfe in der Seelsorge des engeren Sprengels ihrer Kirche durch einen presbyter canonicus vertreten liessen und dann nicht selten in Nachahmung des Propstes an der Kathedrale (Archidiakon)[2]) nicht einmal die Priesterweihe erstrebten, sondern sich mit dem Diakonat oder Subdiakonat begnügten und schliesslich vielfach nur noch die Temporalien des Stiftes bezw. der Propstei verwalteten[3]). Wir bemerkten

---

[1]) Bei S. Kastor zu Koblenz, S. Martin zu Bingen, S. Gereon zu Köln, im Domstift zu Nordhausen. Vergl. ferner S. 125 (ecclesia Thenensis).

[2]) Z. B. der Propst von SS. Aposteln a. 1209; Ennen, Gesch. II, S. 52. Für S. Castor zu Koblenz s. Beyer III, 101, a. 1219. Wir haben oben Kap. 2, S. 75, n. 2 darauf hingewiesen, dass bereits in römischchristl. Zeit Diakonen eine Pfarrkirche ordnungsmässig leiten konnten (diaconus regens plebem). So ist es auch zu erklären, dass sich z. B. in den zum Teil bis in die karolingische Zeit zurückreichenden Eintragungen des um 1100 niedergeschriebenen Memorienbuches von S. Gereon, hin und wieder neben Pröpsten mit der Priesterweihe (presb. et prep.) auch solche mit der Diakonatsweihe (diac. et prep.) vorfinden. Man kann auch heute noch beobachten, wie mitunter der niedere ordo dem höheren gegenüber grössere Jurisdiktions- etc. Befugnisse hat, z. B. ein Priester als Generalvikar gegenüber dem Weihbischof. Im übrigen aber scheinen mehrere Synodalbeschlüsse des 7. Jahrhunderts, welche verbieten, dass ein Laie die Vorsteherschaft einer Pfarrkirche (Archipresbyterat) erlange, darauf hinzudeuten, dass man schon damals gegen die im späteren M.A. bekannten Missbräuche bei der Besetzung dieser Stellen zu kämpfen hatte; vergl. Conc. inc. loc. p. 614, c. 11 (Maassen S. 195); Conc. Clichy a. 626, c. 21, Reims a. 627, c. 14 etc.

[3]) Sowohl nach der Regel Chrodegangs als auch nach der Aachener Regel erscheint der Archidiakon als Propst an der Kathedrale. So ist

bereits, dass Chrodegang von Metz den Kustos seiner Kathedrale zum stellvertretenden Seelsorger an derselben ernannte. Denselben Vorgang können wir bei sehr vielen Kollegiatpfarrkirchen beobachten. Der custos-canonicus war offenbar der geeignetste Stellvertreter für die Seelsorge und parochiale Handlungen. Er hatte von vornherein für die Ueberwachung und Ordnung der Kirche und ihres gesamten Inventars, für Aufsicht beim Gottesdienst und Zubereitung des Altares zu sorgen, er war von allen Klerikern am engsten mit der betreffenden Kirche verknüpft und am ständigsten in ihr beschäftigt[1]).

So finden wir denn in Köln die Kustoden von SS. Aposteln[2]), S. Severin[3]), S. Gereon[4]) als die von ihren Pröpsten beauftragten Seelsorger der betreffenden Pfarrkirchen.

Der Kustos von S. Andreas war zugleich Pleban für S. Paul[5]), wohin die parochialen Handlungen aus dem Sprengel von S. Andreas später verlegt wurden. In den Kölner Synodalstatuten von 1260 werden daher die „ecclesiarum thesaurarii seu custodes et singuli in singulis suis parochiis plebani" auf

---

es in der Regel überall gehalten worden. Ueber den Archidiakon vergl. Hinschius II, S. 186 und A. Schröder, Entwicklung des Archidiakonats S. 24 u. 66 ff. u. 71; dazu s. oben S. 155 ff. die Verleihung von Archidiakonaten an einzelne Pröpste. Ueber die Pröpste als Vermögensverwalter s. Statuta Colon. c. 12, a. 1260 (Hartzh. III, S. 592).

[1]) Vergl. meinen Aufsatz zur Entwicklung von Namen und Beruf des Küsters in den Annalen des histor. Vereins für den Niederrhein 1902, Heft 74, S. 163 ff.; für SS. Aposteln insbes. Beil. IV (Statuten des Thesaurars, welcher mit dem Kustos identisch ist, wie von mir a. a. O. erwiesen wurde); die früheste Stelle über die spezielle Tätigkeit des Kustos ist wohl im 131. Kan. der Aachener Regel (Hartzh. I, S. 507 am Ende).

[2]) S. Beilage II.
[3]) Vergl. unten S. 186, n. 3.
[4]) Joerres S. 99, a. 1235 u. Beilage I.
[5]) Rotul. 8. 82. 93. 95 u. 97 von S. Maria in Kap. (vergl. unten S. 187, Anm. 1).

eine Stufe gestellt[1]). In den Strassburger Kollegiatpfarrkirchen waren die Kustoden (identisch mit aeditui und thesaurarii) **allgemein** mit dem Pfarrgottesdienst und der Verwaltung der Pfarre betraut. Man sprach hier von **limites thesauriarum** ebenso wie von limites parochiarum[2]). In Boppard wird das Pfarramt kurzweg custodia genannt, es wurde vom Martinsstift in Worms besetzt[3]). In Frankfurt a. M. ist 1215 ff. der Kustos des Domes noch der Stadtpfarrer[4]). Für Basel erfahren wir aus einer Urkunde von 1233, dass der Kustos von S. Peter zugleich die Pfarrseelsorge zu verwalten hatte[5]). Nach den Statuten des Marien-Gangolfstifts vor Bamberg wurde ebenfalls der Kustos vom Propst mit der Seelsorge betraut[6]). An den Mainzer Stiftskirchen scheint es eine Zeit lang ebenso gehalten worden zu sein. Im 13. Jahrhundert aber ist hier, wie bei vielen von Kollegiatstiftern bedienten Pfarrkirchen[7]), die Ausübung der Seelsorge von den Kustoden an ihre ursprünglichen Vikare übergegangen, welche jetzt als Plebane auftreten[8]). In der Aschaffenburger Stiftskirche war ebenfalls

---

[1]) Statuta Colon. c. 8 Hartzh. III, S. 592.

[2]) Strassb. Urkb. I besond. Nr. 326 von 1248, wo die Thesaurare der Stiftskirchen mit den Plebanen der übrigen Pfarrkirchen gemeinsam auftreten; im übrigen s. das dortige Register. Als im Jahre 1182 innerhalb des Pfarrsprengels (in territorio) von S. Thomas eine neue Pfarrkirche S. Nikolai gegründet wurde, erhielt der Kustos von S. Thomas als Pfarrer der Mutterkirche die Hälfte der Oblationen etc. zur Entschädigung überwiesen (ebd. Nr. 119).

[3]) Günther II, 99, a. 1242.

[4]) Böhmer-Lau Nr. 42; 1239 sind die Aemter bereits getrennt (ebd. Nr. 119).

[5]) Baseler Urkb. Nr. 126, S. 89 ff.

[6]) Würdtw., Subsidia nova I, S. 212.

[7]) S. unten S. 186 ff.

[8]) Urk. von 1254 (Böhmer-Will, Regesten II, S. 328, Nr. 117); Guden. cod. diplom. I, 652 f.: item custodes non ministrabunt ecclesiastica sacramenta, videlicet viaticum et baptismum hiis, qui sunt in terminis alicuius parochie constituti, quia plebani in terminis, de quibus homines ad synodum prepositi maioris convenerunt, habent conferre omnia ecclesiastica sacramenta.

der Kustos mit der Pfarrseelsorge betraut, welche 1326 an den Subkustos überging[1]). In Worms ist bereits 1016 bei der Errichtung des Kanonikatstiftes S. Paul der Kustos desselben zum Seelsorger für die dem Stift überwiesene Parochie S. Robert bestimmt worden[2]). In Quedlinburg wird der Pfarrer von S. Blasien, dessen parochia dem Wipertistift zugehörte, einmal sogar „sacerdos Arnoldus custos in urbe" genannt[3]). In S. Johann zu Hildesheim erscheint der Plebanat ebenfalls eng mit der Kustodie verbunden[4]). In S. Kastor zu Koblenz ist die Kustodie noch um 1200 Annex der Propstei, von der wir wissen, dass ihr Inhaber zugleich Pastor der Parochie war[5]).

Genug mit diesen Beispielen, die sich leicht noch vermehren liessen. Nur auf eines sei noch aufmerksam gemacht: Wenn die Cerocensualen in der Regel ihre Abgaben an den Stiftskustos entrichten, so mag auch dies mit dessen Pfarreigenschaft zusammenhängen[6]).

Mitunter wurde auch dem Dekan, welchem in grösseren Stiftskirchen vielfach die Leitung der Kapitelsangelegenheiten und die Seelsorge der Kanoniker anvertraut war[7]), die Pfarr-

---

[1]) Würdtw., subsid. nova III, S. 173.
[2]) Boos, Urkb. I, 27, S. 34. Im Jahre 1080 lässt der Kustos die Pfarrei schon durch einen parochianus presbyter verwalten (ebd. Nr. 57, S. 49, 26).
[3]) Quedlinb. Urkb. II, 17.
[4]) Doebner I, 215.
[5]) Beyer II, S. 360. Auch im Stift Werden war dies der Fall (Seibertz I, S. 138, a. 1191).
[6]) Vergl. Waitz, Deutsche Verfassungsgesch. I, S. 257, dazu Joerres S. 81, a. 1225, Lac. I, 383, a. 1155.
[7]) Vergl. Hinschius II, S. 96. Luchaire, Manuel S. 53. Dazu für Nordhausen Hellwig S. 196, a. 1221, ferner Rigaud S. 618, a. 1269 für das Stift S. Mariae de Andeleco (decanus habet curam canonicorum, capellanorum et clericorum chori). Im 13. Jahrhundert erhielt der Dechant vielfach die früheren Obliegenheiten des Propstes, so im Nordhäuser Kreuzstift (Hellwig S. 131), ferner in SS. Aposteln u. S. Gereon zu Köln (Joerres Nr. 177 besond. S. 176, a. 1283). In S. Andreas ebenso, vergl. meine demnächst erscheinenden Regesten in ANR.

seelsorge des engeren Sprengels einer Stiftskirche übertragen. So hatte seit alters der Propst von S. Kunibert zu Köln den Dechanten zugleich mit der Seelsorge der dortigen Parochie betraut[1]), ebenso war dies der Fall in S. Liudgeri zu Münster[2]) und S. Andreas zu Hildesheim[3]), in den Kollegiatkirchen zu Münstereifel[4]), in der späteren Zeit auch im Domstift zu Nordhausen[5]). Bemerkenswert ist auch die Einrichtungsurkunde des Kollegiatstiftes zu Beckum bei Münster (Westf. Urkb. III, 798 a. 1267). Der bisherige rector ecclesie war Domscholaster von Münster und liess die Seelsorge durch einen Vikar verwalten. Jetzt wurde er zum Propst ernannt; der stellvertretende Seelsorger aber, welcher noch durch 2 Priesterkanonichen unterstützt werden sollte, erhielt die Dechantenwürde. — In manchen Fällen lässt sich aus den Quellen nicht erkennen, welches das eigentliche Stiftsamt des mit der Pfarrseelsorge betrauten canonicus war[6]). — Die Seelsorge in den Filialkirchen des weiteren Stiftssprengels wurde vom Propst den übrigen kanonischen Geistlichen übertragen[7]).

Höchst bezeichnend für die besonders im 13. und 14. Jahrhundert herrschenden kirchlichen Verhältnisse ist nun die viel-

---

[1]) Lac. II, 115, a. 1224 u. unten Beilage 3 von 1299.
[2]) Erhard, Urk. 507 von zirka 1190.
[3]) Doebner II, S. 665 Nr. 1212: „cui cura quasi per totam civitatem suorum parochianorum imminet animarum u. I, 57: plebanus, qui et decanus, praebendam et curam populi sicut hactenus habebit ...
[4]) Lac. IV, 614, a. 1112.
[5]) Hellwig S. 186.
[6]) So z. B. an S. Stephan u. S. Johann zu Konstanz (Beyerle II, Register).
[7]) Vergl. oben S. 147 ff. Von weiteren Beispielen sei noch ANR 71, S, 131, 2, a. 1252 angeführt, wo wir hören, dass die Kanoniker von SS. Aposteln an den Filialpfarrkirchen (Patronate) persönlich die Seelsorge zu verwalten hatten, ferner S. Severin in Köln, dessen custos canonicus der Seelsorger des engeren Sprengels war, während der choriepiscopus canonicus als Seelsorger der Filialkirche S. Joh. Baptist erscheint (Esser, Gesch. der Pfarre S. Joh. Bapt. 1885, S. 27). Für S. Kunibert ist noch Qu. II, 157, a. 1236 bemerkenswert.

beobachtete Erscheinung, dass sich diese ursprünglichen Vertreter des Propstes in der Seelsorge wiederum durch andere vertreten liessen, und zwar jetzt nicht mehr durch Kanoniker, sondern durch Vikare, welche ihren Unterhalt nicht aus dem ursprünglichen Vermögen des betreffenden Stiftes bezogen, wie die jetzt mehr und mehr zu blossen Pfründenempfängern herabsinkenden Stiftsherren, sondern aus besonderen, oft von den letzteren selbst herrührenden[1]) Vermächtnissen, oder sich mit einem Teile der Pfarreinkünfte begnügen mussten, während der Pfarrinhaber die grössere Hälfte für sich behielt[2]).

Das älteste Beispiel dafür, dass der Kustos die Seelsorge durch einen stellvertretenden Priester ausüben lässt, ist wohl das bereits oben (S. 184, n. 2) erwähnte von Worms aus dem Jahre 1080. An den Kölner Stiftern überliessen im 13. Jahrhundert die offiziellen Plebane (Kustoden etc.) die Seelsorge besonderen, ständigen Vikaren[3]), welche nun ihrerseits auch

---

[1]) Vergl. z. B. Lac. IV, 785 u. Joerres Nr. 25, a. 1181/85, wo der Propst Symon von S. Gereon 4 Priestervikariate stiftet; ferner Joerres Nr. 100, a. 1235; ANR 71, S. 5 Nr. 12, a. 1286 u. Nr. 17; für SS. Aposteln ANR 71, S. 131 Nr. 4, a. 1266; Nr. 6, a. 1275; Nr. 7, a. 1277 etc. Vergl. auch Lac. III, 58, Anm., wiewohl Lac. in dem besonderen Falle von S. Georg irrt, wenn er meint, dass damals erst (1307) die Vierpriesterzahl normiert worden sei.

[2]) Darüber s. oben S. 76 ff., dazu Conc. Aschaffenb. c. 1292, c. 6: Hartzh. IV, S. 9; Conc. Mog. a. 1310: ebd. S. 179. Ein frühes Beispiel: Seibertz I, 49, a. 1149.

[3]) Wir müssen uns hier begnügen, nur einige Beispiele, zunächst aus dem 95. u. 91. Rotulus von S. Maria im Kap. anzuführen. Dort sagt z. B. der Pleban von S. Georg „quod ecclesia s. Pauli est annexa thesaurarie ecclesie s. Andree et quod .. prepositus s. Andree confert thesaurariam et pro hoc, quod confert thesaurariam confert et ecclesiam s. Pauli eidem thesaurario et sic ... ipsum thesaurarium posse conferre vicariam eiusdem." Im 91. Rotulus spricht der stellvertretende Verwalter der Pfarrseelsorge von S. Severin selbst: Joh. vices gerens plebanatus ecclesie s. Severini indicit, quod plebanatus ecclesie s. Severini est annexus thesaurarie eiusdem ecclesie et transit cum ipsa thesauraria et quod .. prepositus ecclesie s. Severini pro tempore existens confert ipsam thesaurariam et cuicunque confertur ipsa thesauraria, confertur

den Titel pastor, plebanus bezw. viceplebanus oder rector ecclesie annahmen[1]). Beispiele aus anderen Städten lassen sich

et .. plebanatus eo ipso ... causam sciencie super hoc reddens, quia ipse testis gerit vices dicti .. thesaurarii in plebanatu. Für SS. Aposteln vergl. Beil. II von 1299 und Sauerland II, S. 137, a. 1328, sowie den Eid des Thesaurars (Beil. IV). Für S. Gereon = S. Christoph s. Beil. I von 1299; dazu Joerres S. 99: „ecclesiam s. Christophori custodie s. Gereonis annectimus". Für S. Kunibert vergl. Beil. III von 1299. Weitere Beispiele liessen sich zahlreich anführen. Hier sei nur noch bemerkt, dass seit Ende des 13. Jahrhunderts an manchen Kollegiatkirchen das Recht der Pfarrerernennung zwischen Propst und Kapitel geteilt und dann auch der Seelsorger des engeren Sprengels vom Kapitel ernannt wurde (so in SS. Aposteln und S. Severin zu Köln), und dass auch seit Beginn des 13. Jahrhunderts an manchen Kirchen das alte Konsensrecht der Gemeinde (vergl. oben S. 175, Kap. Ludowici II. Boretius-Krause S. 82) sich zu einem Vorschlags- ja teilweisen oder uneingeschränkten Wahlrecht erweiterte (so namentlich in den ehemals von der Kölner Kathedrale aus pastorierten Stadtpfarrkirchen S. Kolumba, S. Laurenz, S. Alban, ferner in Klein S. Martin u. S. Jakob). Das älteste Beispiel der Wahl des Seelsorgers (vicarius) durch die Gemeinde finde ich bei Seibertz I, 49, a. 1149. Weitere Beispiele s. Kelleter S. 239.

[1]) Vergl. in der vorhergehenden Anm. „Joh. vices gerens plebanatus ecclesie s. Severini"; ferner in Beil. III „Winandus gerens vices plebanatus ecclesie s. Cuniberti". Als Vizepleban von SS. Aposteln begegnet uns Christian v. Sechtem 1366—1384 (Joerres S. 495), andere Vizeplebane im Pfarrarchiv von SS. Aposteln, Akten 1. Hier heisst es, dass die Vizeplebane im Gegensatz zu dem Thesaurar-Pleban als Pastore gelten. Im 15. Jahrhundert wird der Vizepleban auch einfach als Pleban bezeichnet (ebd. Handschr. 4, fol. 19 u. Annalen des Niederrheins 71, S. 146, 75). — Der Vikar des custos-thesaurarius von S. Andreas an der Pfarrkirche S. Paul nennt sich ohne weiteres schon a. 1300 plebanus (rot. 82 von S. Maria i. K.): Joh. plebanus ecclesie s. Pauli dicit, quod prepositus ecclesie s. Andree pro tempore existens confert thesaurariam ecclesie s. Andree et quod ecclesia s. Pauli sit annexa et incorporata ipsi thesaurarie ita, quod quicunque est thesaurarius, potest constituere .. plebanum ecclesie s. Pauli (vergl. hiermit oben Anm. 3, wo es heisst, dass der Thesaurar die Vikarie der Kirche verleihe). — In demselben Rotulus erscheint der Stellvertreter des Pfarrinhabers von S. Maria-Ablass, der „viceplebanus" Theoderich als „rector ecclesie" unter den plebani Colonienses. Sehr bemerkenswert sind die Aussagen des Rotulus über die Pfarrkirche S. Lupus. Diese war Filialpfarre von S. Kunibert und wurde

leicht erbringen¹). Ganz ebenso aber, wie der vom Propst mit dem Pfarramt des engeren Sprengels betraute Kanonikus, so liessen sich auch die offiziell mit den Filialkirchen der weiteren Stiftsparochie begabten Kanoniker im Laufe der Zeit vielfach durch Vikare in der Seelsorge vertreten²).

---

von dem dortigen Propste einem seiner Kanoniker verliehen (rotul. 85: Winandus ... dicit ... quod prepositus s. Kuniberti Colon. confert et conferre consuevit ... ecclesiam s. Lupi uni canonicorum s. Kuniberti); damals hatte sie der Propst dem Stiftsdechanten Ludwig verliehen, dieser wird infolgedessen „plebanus ecclesie s. Lupi" genannt. Aber Ludwig war zugleich Pleban von S. Kunibert selbst, deshalb nahm er für S. Lupus einen Stellvertreter, dieser aber heisst nun auch „plebanus ecclesie s. Lupi" und zwar in derselben Zeugenaussage! (Rotul. 98 von S. Maria im Kap.: Joh. plebanus ecclesie s. Lupi testis iuratus ... dicit se plus nescire ... quam quod ipse testis audivit ... a domino Lodewico nunc decano ecclesie s. Kuniberti, qui est plebanus(!) ecclesie s. Lupi, quod prepositus ecclesie s. Kuniberti existens pro tempore conferat et conferri (!) consuevit ecclesiam s. Lupi sine presentatione ampliori et quod bone memorie Engelbertus de Monte quondam eiusdem eccl. s. K. prepositus dictam eccl. s. Lupi eidem Ludewico decano contulerit pleno iure et ex illa collacione ipse L. dictam ecclesiam ... adhuc tenet.

¹) Z. B. für Strassburg, Wiegand I, 415, a. 1257. Aehnlich war es bei zahlreichen Landpfarreien, wo der eigentliche Pfarrinhaber die Seelsorge durch ständige Vikare ausüben liess, vergl. oben Kap. 2 besonders § 19. Der Vizepleban der Pfarrkirche zu Esslingen, welche dem Germanusstifte in Speier zugehörte, wird 1229 neben dem Pleban genannt, wahrscheinlich war auch hier der letztere nur Pfarrinhaber, während die eigentliche Pfarrseelsorge durch den stellvertretenden Vizepleban ausgeübt wurde. Der Vikar des Plebanes von S. Martin in Basel, welch letzterer als Dekan des Domkapitels, die Seelsorge nicht selbst ausübte, heisst Vizepleban (Baseler Urkb. I, 159, a. 1241). Interessant sind nach dieser Hinsicht 2 Urkunden für Brilon: der offizielle „pastor" der Stadt war der Dechant des Soester Stiftes, sein „vicarius perpetuus" Wernherus wird aber auch plebanus genannt und bezeichnet sich selbst sogar als rector ecclesie (Seibertz I, 479, a. 1299 und Nr. 407, a. 1283).

²) S. oben Kap. 2, S. 76 ff. u. S. 186, n. 1.

§ 43. Die Feier des Gottesdienstes in den Kollegiatkirchen.

Schliesslich steht noch die Frage zu beantworten, in welcher Weise an den Kollegiatkirchen der Gottesdienst abgehalten wurde. Wenn auch Seelsorge und Gottesdienst eng miteinander verknüpft sind, so dass das eine ohne das andere keinen dauernden Bestand haben kann, so ist doch in vielfacher Hinsicht ein Unterschied zwischen beiden vorhanden. Wir wollen nur darauf hinweisen, dass sich die Pfarrseelsorge im wesentlichen an das einzelne Gemeindeglied wendet, dass der Seelsorger vor allem in eine nähere persönliche Beziehung zu den Pfarrkindern zu treten hat[1]), während der Gottesdienst die Heilsgüter der christlichen Religion vornehmlich der Gemeinde als solcher darbietet und übermittelt und daher das persönliche Moment mehr in den Hintergrund tritt.

Wenn es also grundsätzlich als wünschenswert zu erachten ist, dass die Pfarrseelsorge in der Hand eines Priesters, des Pastors, dauernd ruht, der allerdings je nach Bedarf darin von den ihm untergebenen Klerikern unterstützt wird[2]), so kann der Gottesdienst in solchen Kirchen, wo eine Anzahl von geeigneten Geistlichen zur Verfügung steht, durch dieselben ab-

---

[1]) Vergl. z. B. das karoling. Kapitulare de presbyteris admonendis Nr. 1 (Boretius S. 237): unusquisque [presbyter] eos, quos habet in suo ministerio cognoscat, sive viros sive feminas, ut noverit singulorum confessiones et conversationem, quia pro omnibus rediturus est rationem Deo.

[2]) Vergl. z. B. Doebner I, 50, a. 1200. Der Dechant von S. Andreas zu Hildesheim soll von den ihm untergebenen canonici in der Seelsorge unterstützt werden. Die merkwürdige Stelle bei Rigaud S. 116, wo zwei Kanonichen als „Seelsorger „per indiviso" erscheinen (vergl. Luchaire, Manuel S. 6, n. 1), ist wohl ein Ausnahmefall (3 Jahre später wird vom Erzbischof die Pfarrseelsorge einem einzigen Geistlichen übertragen, Rigaud S. 209) und so zu erklären, dass die beiden Kanonichen die Stellvertreter des (nicht residierenden) Propstes bezw. des Kapitels waren (vergl. oben S. 177 die Verhältnisse in Bingen).

wechselnd gehalten werden, ohne etwas in seinem Werte und seiner Wirkung einzubüssen.

§ 44. Die Hebdomadare.

Und so ist es in der Tat in allen Kollegiatkirchen gehalten worden, wo mehrere Priesterstellen dotiert waren. Dieser Gebrauch mag so alt sein, wie die Kirche selbst, kommt er doch bereits im jüdischen Gottesdienst vor[1]). Bei Kollegiatkirchen hat man nun schon frühzeitig die wochenweise Abwechslung eingeführt. Daher begegnen uns hier die Ausdrücke hebdomadarius, septimanarius, septimanas observare, hebdomadam facere und ähnliche. Zum ersten Male erscheinen diese Worte und Begriffe bezeugt im 7. Kan. der Synode von Tarracona aus dem Jahre 516. Hier heisst es, dass in den Diözesanpfarrkirchen die Priester und Diakonen mit ihren Klerikern wochenweise beim Gottesdienst abwechseln sollen, dass aber am Sonntag der gesamte Klerus am Gottesdienst teilzunehmen hat[2]). Der canonicus septimanarius wird auch in der Regel Chrodegangs genannt[3]). Die Hebdomadarii sind durch die Kölner Synodalstatuten von 1266 allgemein für die Kollegiatkirchen der Kölner Diözese bezeugt[4]). Im einzelnen können wir die Quellenstellen nicht alle namhaft machen, in welchen die „Wochenherren" erscheinen. Einige Stifter nur seien noch

---

[1]) Lucas I, 5—10.
[2]) Conc. XI, S. 626: De dioecesanis ecclesiis vel clero id placuit definiri, ut presbyteri vel diaconi, qui ibi constituti sunt, cum clericis septimanas observent, id est ut presbyter unam faciat hebdomadem, qua expleta succedat ei diaconus similiter, ea scilicet conditione servata, ut omnis clerus die sabbati ad vesperas sit paratus, quo facilius die dominico sollemnitas cum omnium praesentia celebretur.
[3]) Migne 89, Sp. 1108.
[4]) Statuta Colon. S. 32, c. 40: Hebdomadarii in ecclesiis conventualibus, plebani, rectores parochialium ecclesiarum ... Vergl. auch ANR 71, S. 132, n. 6 hebdomadarius f. S. Aposteln; für S. Maria im Kap. s. unten; für S. Ursula im Memorienbuch des dortigen Pfarrarchivs; für S. Andreas: Urk. vor 1106 in ANR 75.

ausserhalb Kölns genannt: die Stiftskirche zu Essen, zu Xanten, zu Neuss[1]), zu Vreden in Westfalen[2]), zu S. Johann in Kirn a. d. Nahe[3]), zu Rellinghausen in Westfalen[4]), in Wetter bei Marburg[5]), in Düsseldorf[6]), in Utrecht[7]), Antwerpen[8]), in Strassburg[9]), Chur etc.[10]). Zu diesem Wochendienst war jeder kanonische Geistliche, sobald die Reihe an ihn kam, gemäss seines Weihegrades verpflichtet[11]). Genaueres über die Verteilung der verschiedenen Offizien erfahren wir bei dem Stift Essen, wo 20 Kanoniker, und zwar 12 Priester, 4 Diakonen und 4 Subdiakonen bepfründet waren[12]). Vermutlich sind in Essen wie an S. Maria im Kapitol und anderen Frauenstiftern ursprünglich nur 4 Priesterkanoniker, entsprechend der Vierzahl der Diakonen und Subdiakonen, vorhanden

---

[1]) Ueber Essen s. unten; Xanten: Bint. u. M. III, 49; Neuss: Tücking S. 58.

[2]) Zeitschr. für vaterl. Gesch. u. Altertumsk. 49, S. 107 u. 127.

[3]) Würdtw., Dioec. Mogunt. S. 69 ff.

[4]) Essener Beiträge 14, S. 16.

[5]) Heldmann in Zeitschr. für hess. Gesch. Neue Folge 24, I, S. 87.

[6]) Lac. III, 39, a. 1306: cum quibus canonicis decanus hebdomadam suam ipsum ex ordine contingentem tenebit et celebrabit.

[7]) Müller, Domstatuten S. 259 u. Hartzh. III, S. 489, a. 1209.

[8]) Miraeus diplom. II, S. 1002.

[9]) Wiegand Nr. 254, a. 1237.

[10]) Zeitschr. f. christl. Kunst ed. von Domkap. Prof. Dr. Schnüttgen, Bd. 8, 1895, S. 251 (Aufs. von W. Effmann).

[11]) Aussage des 70jährigen Kanonikers Harpernus an S. Severin von 1299 (Rotulus 21 von S. Maria im Kapitol zu Köln): quilibet canonicus dicte ecclesie teneatur consuetis temporibus et secundum quod competit, missarum sollempnia in dicta ecclesia s. Marie celebrare et suam septimanam servare. Et dicit se id scire ex eo, quia ipse testis fuit pluribus annis canonicus dicte ecclesie et servavit septimanam suam in huiusmodi celebratione et officio, quandocunque sibi competebat. Aehnl. rotul. 97: propter senectutem Ulricus septimanam suam et debitum officii servare non potuit, oportebat, quod servaret ... per alium concanonicum etc. Ferner vergl. die unten S. 193, n. 3 u. 4 bemerkten Stellen.

[12]) Arens, liber ordinarius S. 9.

gewesen[1]). Jedenfalls finden wir einen vierwöchentlichen Turnus der Priesterkanoniker und ihrer Diakone im 14. Jahrhundert als althergebrachte Gewohnheit der Essener Stiftskirche. Der canonicus hebdomadarius hatte die betreffende Woche hindurch das Hochamt am Hochaltar und die übrigen Verrichtungen des Pfarrgottesdienstes. Daher wurde ihm wohl vorzugsweise der Titel presbyter oder sacerdos beigelegt[2]); denn wie oben in Kap. 2, § 12 bereits ausgeführt wurde, war dies die ursprüngliche Bezeichnung für den Pfarrgeistlichen. Auch im Utrechter Dome hatte der Hebdomadar als presbyter in seiner Woche alle Pfarrgeschäfte zu erledigen, und zwar gingen hier seine jeweiligen Befugnisse noch weiter als in Essen. So kann es nicht wundernehmen, dass in den Kölner Synodalstatuten von 1266, wie in den Domstatuten von Utrecht, die Hebdomadare der Kollegiatkirchen mit den Plebanen und Rektoren der Pfarreien zusammen genannt bezw. mit den gleichen Verrichtungen betraut erscheinen[3]).

Der Essener Priesterkanoniker musste in der zweiten Woche die tägliche missa pro defunctis zelebrieren[4]). In der dritten Woche hatte er die Exequien und Beerdigungen als presbyter defunctorum vorzunehmen, während dies in Utrecht der Hebdomadar (in der ersten Woche) tun musste, welcher nur noch für die zweite Woche als Celebrant der missa minor

---

[1]) In S. Maria im Kapitol waren „a primeva sui fundatione" je 4 presbyteri, diaconi und subdiaconi canonici (Druckschr. von 1742 im Stadtarchiv [Jesuiten 496]).

[2]) Arens S. 11 vergl. auch Essener Beitr. 14, S. 145, a. 1264.

[3]) Statuta Colon. S. 32, Kan. 40: Hebdomadarii in ecclesiis conventualibus, plebani, rectores parochialium ecclesiarum .... qui in suis ecclesiis ... illos, qui ... excommunicationem inciderint, denunciare omiserint etc. Müller, Domstatuten von Utrecht S. 259: Et rectores ... parrochiales vel ebdomadarius canonicus, ubi sepeliendus est ... laici portant funus ad ecclesiam ...

[4]) Ebenso hatte in Lüttich der sacerdos hebdom. in der ersten Woche den Hauptgottesdienst, in der zweiten die missa de mortuis Hartzh. III, S. 579 ss.).

gebunden war[1]). In der vierten Woche hatte der Essener Priesterkanonikus die Anniversarien zu halten[2]). In vielen Kollegiatkirchen wurden, um die Reihenfolge der verschiedenen Kanonikus und ihrer Offizien stets vor Augen zu haben, sogenannte Turnustafeln angebracht, auf denen man die Namen der Geistlichen so vermerkte, wie sie an die Reihe kamen[3]). Gleichwie es presbyteri hebdomadarii gab, hatte man auch Wochendiakonen und Wochensubdiakonen[4]). In Utrecht begann der Wochendienst der Priester vom Bischof an seinen Turnus, der Diakonendienst fing vom Archidiakon und der Subdiakonendienst vom Archisubdiakon an und setzte sich bis zum jüngsten Kanonikus der betreffenden Weihe fort. Es braucht nicht noch erwähnt zu werden, dass diejenigen Kanoniker, welche die Woche hatten, zur unbedingten Residenz verpflichtet waren[5]).

§ 45. Der sogenannte Chordienst.

Hiermit erschöpfte sich aber nun keineswegs der Dienst des kanonischen Geistlichen. Wir haben bereits oben (S. 108, n. 1) die alten Verordnungen über die Verpflichtung der Pfarrgeistlichen, mit ihren Klerikern täglich in der Kirche betimmte Gebetsstunden (Tagzeiten) gemeinsam abzuhalten, kennen gelernt. Hier sei nur kurz wiederholt, dass die Synode zu Tarracona von 516 wenigstens die tägliche Feier der Matu-

---

[1]) Müller S. 100.   [2]) Arens S. 12 ff.
[3]) Zeitschr. f. christl. Kunst (Schnüttgen) a. a. O. Vergl. ferner die interess. Stelle über die Lütticher Hebdomadare und ihre Turnustafel, welche auch matricula genannt wurde, bei Hartzh. III, S. 580, a. 1250; auch Conc. Colon. von 1351, c. 29 (Hartzh. IV, S. 468) gehört hierher.
[4]) Müller S. 100 (Utrecht); Hartzh. III, 580 (Lüttich); Martene, De antiqu. eccl. rit. III, S. 102 (Paris).
[5]) Miraeus diplom. II, S. 1002, a. 1257 für Antwerpen: ipse vero decanus ... in ipsa ecclesia continue, sicut canonici hebdomadarii ipsius ecclesiae residebit ... Dazu Strassb. Urkb. I, 254, a. 1237.

tin und **Vesper** in den Pfarrkirchen vorschrieb, dass die Synode zu Tours von 567 den Klerikern aller Kirchen einen dreimaligen täglichen ordo psallendi zur strengen Pflicht machte[1]), dass aber die Siebenzahl der kanonischen Stunden auf eine weit ältere Zeit zurückgeht und vielfach in Uebung war. In der Aachener Regel von 816 wird für die kanonisch geordneten Kollegiatpfarrkirchen die Matutin, Vesper, Complet und Vigilie vorgeschrieben[2]). Ausserdem werden die Tertia, Sexta und Nona[3]), also im ganzen die alte Siebenzahl der Horen besprochen und anempfohlen[4]). Wenn es nun auch feststeht, dass ursprünglich alle Gläubigen an dem Stundengebet des Klerus mit seinen Hymnen und Psalmen teilnehmen konnten und teilnahmen[5]), wenn selbst aus einigen Stellen der Aachener Regel noch deutlich hervorgeht, dass der Chordienst mit seinen Gesängen wesentlich zur Erbauung der Gemeinde beitragen soll[6]), so hat doch der mittelalterliche Zug nach Absonderung des Klerus von den Laien, wie auch der besondere Beruf der Kleriker, dahin gearbeitet, dass die Abhaltung der Horen mehr und mehr das ausschliessliche Vorrecht wie die Pflicht der Geistlichen wurde.

§ 46. Trennung von Chor- und Pfarrgottesdienst.

Viele Laien besuchten aber die Kirche nicht nur beim täglichen Pfarrgottesdienst und den übrigen Messfeiern, sondern auch beim sonstigen Chordienst.

---

[1]) **Maassen** S. 127, Kan. 19.
[2]) Kap. 127—130 **Hartzh.** I, S. 506 f. [3]) Kap. 126 **Hartzh.** S. 505 f.
[4]) Dass das **siebenfache** tägliche Chorgebet an den Kollegiatkirchen in Uebung war, zeigt **Lac.** I, 257 (11. Jahrh.). Die horae can. sollen an **jeder** Pfarrkirche stattfinden: Conc. Trev. a. 1310, c. 23. **Jeder** Geistliche ist dazu verpflichtet: Regino C. syn. 27 f., 208; Conc. Monast. a. 1279, Conc. Patav. 1284, c. 34; Ultraj. 1293, c. 8; Herbipol. 1398, c. 3; Salzb. 1286, c. 1 u. s. f. (**Hartzh.** II—IV).
[5]) **Kraus** § 50, 5.
[6]) Vergl. Kap. 133 (**Hartzh.** S. 508) u. Kap. 137, S. 510: Studen-

Es war unausbleiblich, dass diesem mancherlei Störung daraus erwuchs, solange er nicht in etwa von dem Versammlungsraum der Laien geschieden war. Schon im 4. Kan. der Synode zu Tours von 567 hören wir, dass die Laien den Psalmengesang der Kleriker, besonders bei den Vigilien, durch zu nahes Herankommen störten; sie sollen deshalb ausserhalb der Chorcancelli bleiben und der Chorraum selbst den Klerikern reserviert sein [1]). Und noch in den Visitationsprotokollen Erzbischof Rigauds von Rouen im 13. Jahrhundert wird des öfteren gerügt, dass die Laien den Chordienst des Klerus durch ihre Anwesenheit im Chor bezw. durch zu nahes Herankommen, Umherwandern und Sprechen empfindlich störten. Daher drängte Rigaud darauf, es sollten alle verehrungswürdigen Gegenstände (Reliquien) ausserhalb des Chores und dessen Schranken der Gemeinde so zugänglich gemacht werden, dass dadurch der Chordienst keine Störung mehr erleide [2]). Aus diesem Grunde auch wurden in vielen Kollegiatkirchen die Lettner [3]) errichtet und die Pfarraltäre vor dieselben unter die Vierung oder in das Mittelschiff verlegt [4]).

---

dum summopere cantoribus est, ... [ut] donum sibi divinitus collatum (scil. die Gesangeskunst) virtutum ornamentis exornent, quorum melodia animos populi circumstantis ad memoriam, amoremque caelestium ... suavitate tonorum, quae dicuntur, erigat.

[1]) Maassen S. 123.
[2]) Rigaud S. 385, a. 1261: Reliquie taliter extra chorum seu cancellum ponantur, quod seculares passim non transeant coram canonicis neque colloquantur ... S. 432: reliquie ponantur super altare s. Michaelis vel extra chorum, ita quod seculares non possint transire per chorum ... S. 137, a. 1252: Seculares morantur in choro, dum celebratur officium propter reliquias, ordinavimus, quod reliquie ostendantur in alio altari et prorsus eiciantur seculares a choro.
[3]) Vergl. Otte, Kunst-Archäologie 4. Aufl., S. 39.
[4]) Vergl. meinen Aufsatz über S. Maria im Kapitol ANR 74, S. 60.

§ 47. Die Doppelkirchen.

Bei einer bedeutenden Kollegiatpfarrkirche mit zahlreichem Klerus und einer dazugehörigen volkreichen Gemeinde mochten aber gleichwohl mancherlei Ungelegenheiten und gegenseitige Störungen entstehen, wenn der Pfarrgottesdienst und die zahlreichen pfarramtlichen Handlungen, als Taufen, Aussegnungen, Eheschliessungen, Exequien[1]) etc., ferner die mancherlei von Gemeindegliedern fundierten Messen in demselben gottesdienstlichen Raume vorgenommen wurden, in welchem auch täglich die 7 kanonischen Gebetszeiten des Klerus mit ihren zahlreichen Psalmen, Responsorien etc. stattfanden[2]).

Ein zwiefacher Ausweg konnte hier eingeschlagen werden. Entweder verlegte man die speziell pfarramtlichen Handlungen (und die Pfarrmesse) in eine benachbarte Kapelle, oder man errichtete für den Chordienst und die vornehmlich den Klerus angehenden kirchlichen Handlungen ein besonderes Oratorium neben der Pfarrkirche[3]).

Das letztere ist am frühsten an einzelnen bischöflichen Kathedralen nachzuweisen und wohl überhaupt als der ältere

---

[1]) Ueber die schon zu römischer Zeit bezeugte Vornahme der feierlichen Exequien in der Kirche s. Friedrich, K.G. I, S. 403.

[2]) Man muss hier noch berücksichtigen, dass die Responsorien und Gesänge in ihrer Modulation, ihrem Tonfall und ihrer Interpunktion, keine einfache Sache waren. Vielfach musste der den Chordienst überwachende Kanoniker (Kantor) wohl auf Fehler und Auslassungen (marranciae) aufmerksam machen, die nötigen Weisen angeben und erklären. Vergl. Rigaud S. 199 u. 391 (an letzterer Stelle „quidam dicebant horas ad usum Parisiensem, quidam ad usum Rouen [!] etc.).

[3]) In der Frankfurter Kollegiatpfarrkirche (Dom) half man sich damit, dem Pleban an gewissen Festtagen die Abhaltung eines besonderen Pfarrgottesdienstes zu untersagen (Böhmer-Lau I, 275, a. 1267). In SS. Aposteln zu Köln musste der Pfarrgottesdienst und die Predigt an Sonn- und Feiertagen so von dem Thesaurar bezw. dem Pastor gelegt werden, dass dadurch dem Dienst der Kanonichen kein Hindernis entstand (Pfarrarchiv Hs. 4, f. 19).

Gebrauch anzusehen. Bereits ein karolingisches Kapitulare von 789 fordert in unverkennbarer Anlehnung an eine Bestimmung der Regel des h. Benedikt „ut, ubi corpora sanctorum requiescunt[1]), aliud oratorium habeatur, ubi fratres secrete possint orare[2]). So erbaute Bischof Alderich von Le Mans im Jahre 832 ff. für die Domkanoniker eine besondere Kirche S. Stephan neben der alten Kathedralpfarrkirche S. Marien[3]).

So finden wir neben der uralten Marienkathedrale zu Verdun, welche schon B. Agericus (554—591) mit künstlerischer Beleuchtung hatte versehen lassen[4]), ein Oratorium, welches auch domus ecclesiae oder domus ecclesiastica genannt wird und in dem sich Heiligenreliquien befanden[5]). So erscheint schon sehr frühzeitig auch in Lüttich neben der Mutterkirche S. Marien, welche als älteste Pfarrkirche anzusehen ist[6]), die domus episcopi mit dem Lambertsdom[7]). In Trier finden wir die Marienkirche, welche die alte Kathedralpfarre war[8]),

---

[1]) Hierunter kann nur eine Kirche mit Begräbnisrecht (sanctifideles), also eine Pfarrkirche verstanden sein (s. auch oben Kap. 1).

[2]) Boretius S. 63, Kap. 7. Vergl. schon Gregor I. ep. II, 41 u. VI, 46.

[3]) M.G. Scr. 15, S. 310, 46; 311, 41; 313, 20.

[4]) Venant.-Fortunatus lib. III, 27. 28.

[5]) Gregor. Turon. hist. Franc. IX, 12. 23 in Mon. Germ. Scr. Merow. I, S. 369 u. 381. Da weiteres nicht über dieses Domoratorium bekannt ist, dürfte dasselbe wieder eingegangen sein, ähnlich wie die alte Luciuskirche in Chur s. unt.

[6]) J. Demarteau in Bulletin de la Société d'art et d'histoire du dioecèse de Liège 1892, Bd. VII, besonders S. 61 ff.

[7]) Ebd. Vergl. besonders das Cartulaire de l'église de s. Lambert de Liège, Brüssel 1893, Urk. von 907, S. 11 „ad monasterium s. Mariae et s. Lantperti, ubi illius episcopi domus est principalis", dazu Urk. von 1200 ebd. S. 121 ff. und Nr. 77, S. 123 Galterus decanus s. Lamberti et abbas s. Marie.

[8]) Günther I, S. 118—121, a. 1017/47, dazu Urk. von 1243, ecclesia b. Marie gloriose maior in Treveris, que caput, mater et magistra est

unmittelbar an der domus s. Petri, der Kirche des bischöflichen Klerus[1]).

Von Metz wissen wir, dass dort die Kirchen S. Marien, S. Stephan, S. Peter und S. Paul dicht nebeneinander auf dem Domgebiet errichtet wurden. Vielleicht war auch dort S. Marien die älteste Pfarrkirche; zur Zeit Chrodegangs erscheint allerdings S. Stephan als bischöfliche Kathedrale und S. Paul als Kirche des Domkapitels[2]). In Utrecht ist S. Marien als die älteste Pfarrkirche anzusehen[3]). Schon in merowingischer Zeit aber hat daneben die Martinskirche für den Domklerus bestanden[4]). In Chur war ebenfalls S. Marien seit den ältesten Zeiten die bischöfliche Pfarrkirche[5]). Daneben lag die nach dem h. Lucius, dem Apostel und ersten Bischof des Landes, benannte Kirche der bischöflichen Kanoniker[6]).

---

omnium ecclesiarum prov. Trev. vergl. Marx, Gesch. d. Erzstiftes Trier, Bd. 4, S. 49 ff.

[1]) Vergl. Beyer I, 27, a. 775/76, dazu Marx a. a. O.

[2]) Regel Chrodegangs Kap. 4 f. u. Kap. 34 u. Kap. 32; dazu Rettberg, K.G. I, S. 509. S. Stephan war urspr. bischöfl. „oratorium" s. Wolfram a. a. O. S. 243.

[3]) Müller, Cartular vom Stift Utrecht, Nr. 2, a. 726. Die Kirche war von Willibrord an Stelle einer von den Heiden in castello Trajecto vormals zerstörten älteren Kirche neu aufgebaut worden (Brief des Bonifatius an P. Stephan II. bei Hartzh. I, S. 92). Dass S. (Salvator) Marien die älteste Taufkirche war, lässt sich auch aus dem noch im 13. Jahrhundert herrschenden Gebrauche der Domkanoniker ersehen, die an den Vorabenden von Ostern und Pfingsten als den ältesten Taufterminen in feierlicher Prozession nach S. Salvator zur Weihe des Taufwassers zogen (Müller. Domstatuten S. 255).

[4]) Müller, Cartular Urk. Nr. 3, a. 753.

[5]) Vergl. Friedrich, K.G. II, S. 455 u. 626.

[6]) In der Klageschrift (Mohr cod. diplom. Nr. 15), Bischof Viktors III, an Kaiser Ludwig d. Frommen ist von der gewaltsamen Kircheneinziehung des Grafen Roderich die Rede, welcher dem Bistum an 200 Gotteshäuser mit ihrem Vermögen abgenommen habe. Darunter befinde sich sogar die Kirche des h. Lucius. Friedrich a. a. O. will darunter die Kathedrale selbst verstanden wissen entgegen der bisherigen Annahme, welche in der später oft bezeugten Luciuskirche in der Nähe der Marienkathe-

In Paris erhob sich S. Stephan (und S. German) unmittelbar neben der alten Kathedralpfarrkirche S. Marien (Notre-Dame)[1].

Für Köln sind aus Mangel an schriftlich überkommenem Material die älteren Verhältnisse der Kathedrale schwer aufzuklären. Es muss dies einer besonderen Untersuchung vorbehalten bleiben[2]. Hier sei nur gesagt, dass sich für die nachkonstantinische Zeit eine vollkommene Parallele zu Trier, Lüttich, Utrecht, Le Mans, Verdun, Metz etc. ergeben wird.

---

drale die frühere Luciuskirche wieder erkennt. Aus der Urkunde selbst ergibt sich, dass es zwar die Mutterkirche selbst nicht war (tulerunt omnes ecclesias in circuitu sedis nostrae quae antiquitus semper ab episcopis fuerunt possesse (die Kathedralpfarre S. Marien wird nicht genannt), dagegen heisst es, dass dem Bischof unter anderem 6 Taufkirchen verblieben), wohl aber klagt der Bischof, dass die domus distructa et depraedata, dass die kanonische Ordnung und der kanonische Gottesdienst unmöglich gemacht seien. Nur 2 Frauenstifter habe der Graf von den 5 Monasterien unberaubt gelassen. Nach alledem müssen wir S. Lucius als die domus depraedata et distructa, als eins der aufgehobenen Stifter ansehen, in welchem vordem die Kanoniker der Kathedrale ihren Gottesdienst verrichteten. Friedrich selbst ist in seiner neuen Hypothese unsicher („dies alles ist nicht aufgeklärt — in dieser Frage können nur die sorgfältigsten lokalen Forschungen Aufschluss gewähren" etc.).

[1]) Mabillon, De re diplom. Urk. von 775 vergl. Demarteau a. a. O. S. 37. Im übrigen scheint auch eine Peterskirche in merowing. Zeit in Paris bischöfl. Kirche gewesen zu sein, wenigstens fand in ihr 614 eine Synode statt (Maassen S. 190). Noch eine Reihe von Doppelkirchen auch an Bischofsitzen sind verzeichnet in Zeitschr. f. christl. Archäologie und Kunst (Quast u. Otte), 1856, S. 31 f., doch bedürften diese in ihrem näheren Abhängigkeitsverhältnis noch genauerer Untersuchung. Zahlreiche bischöfliche „Oratorien" des frühsten M.A. nennt A. Arndt im Arch. f. kath. K.R. 72 (1894), S. 63 ff.

[2]) Die erste bischöfl. Kirche (noch unter dem heidn. Imperium, vergl. A. Harnack, Mission S. 511) lag vielleicht ausserhalb der röm. Stadt in der Nähe von S. Andreas, wo man im M.A. antiquum summum (der alte Dom) zu sagen pflegte; ähnlich in Metz, vergl. Wolfram a. a. O. S. 241 f.

Die ursprüngliche Kathedralpfarrkirche war wohl S. Marien[1]), welche nach Verlegung des Domes an seine heutige Stelle im 9. Jahrhundert den Namen und das Patrocinium der h. Cäcilie erhielt und dann als Kirche eines Kanonissenstiftes diente. Neben dieser ehemaligen Kathedralpfarrkirche liegt S. Peter, für das frühere M.A. durch einen am Chor gefundenen Memorienstein[2]) und (als Domkirche) für die Merowingerzeit durch eine vom Jahre 753 datierte Traditionsurkunde und eine solche König Sigeberts III. (632—656)[3]) bezeugt. Wenn wir nun bedenken, dass vielerorts die besonderen Kirchen der Geistlichen des bischöflichen Hauses (domus episcopi, daher Dom) dem h. Petrus oder einem anderen hervorragenden Bischof geweiht wurden, während die alten Kathedralpfarrkirchen dem Patrozinium der Muttergottes unterstanden, so dürfen wir mit ziemlicher Sicherheit in dem mittelalterlichen S. Cäcilien [S. Marien] = S. Peter die ehemalige Kölner Doppelkathedrale erkennen.

---

[1]) Vergl. m. Aufsatz über S. Maria im Kapitol (Annalen 74, S. 83 ff.) Dazu kommt noch der überaus wichtige Grund, dass sich der grosse freie Platz hinter dem Ostchor von S. Cäcilien durch die noch in jüngster Zeit an verschiedenen Stellen zahlreich gefundenen Knochenüberreste etc. als der grösste Friedhof der Altstadt Köln herausgestellt hat, welcher noch im frühen Mittelalter benutzt worden sein muss (vergl. auch Colonia Agrippinensis S. 119). Dass die Kathedralfriedhöfe im frühen Mittelalter als die vorzüglichsten Begräbnisstätten (vielleicht mit Ausnahme derjenigen berühmter Martyrerkirchen) der Diözesen galten, zeigt ein spätfränkisches Kapitulare von 895 (Boretius-Krause S. 222, c. 15). Uebrigens hatte sich die Kölner Malerzunft das alte Begräbnisrecht bei S. Cäcilien noch bis ins spätere Mittelalter erhalten (Cop. von S. Cäcilien bei Ennen, Gesch. d. Stadt Köln I, S. 742), während es 1226 noch von allen Pfarrgenossen behauptet wurde: Qu. II, 101.

[2]) Vergl. F. X. Kraus, Die christl. Inschriften des Rheinlandes I, S. 275 verglichen mit S. 234 ff. Von der Mitte des 12. Jahrhunderts werden die Bezeugungen der Pfarrkirche S. Peter zahlreicher z. B. Hoeniger, Schreinskarten I, S. 300, Anm. 4, M. 2, I, 12 u. a. Qu. II, 98 etc.

[3]) W. Ritz, Urkunden u. Abhandlungen I, 1, S. 4, n. 2 u. Wattenbach, Kölner Dombibl. Anh. S. 101.

Wir können indessen hier keine erschöpfende Darstellung aller Kathedraldoppelkirchen geben. Die angeführten Beispiele mögen genügen, uns die Entwicklung und Teilung des Gottesdienstes an einer Anzahl von Domstiftern zu veranschaulichen. Dabei sei noch ausdrücklich darauf hingewiesen, dass an vielleicht ebensovielen Kathedralen der Chor- und Pfarrgottesdienst, wie es auch in der Gegenwart z. B. am Kölner Dom beobachtet werden kann, zu allen Zeiten bezw. lange Zeit in demselben Raume stattfand, so in Strassburg, Basel, Mainz, Münster, Osnabrück, Minden etc.

Bei den Kollegiatpfarrkirchen ohne Kathedralrang ist uns die Errichtung eines besonderen Oratoriums für den Chordienst des Klerus nur in einigen Fällen bekannt geworden, wo an oder für eine bereits bestehende Pfarrkirche eine grössere Anzahl Kanoniker bepfründet wurde, wie z. B. in SS. Aposteln zu Köln[1]) und S. Robert = S. Paul zu Worms[2]). Doch hat an SS. Aposteln die Entwicklung schon im Mittelalter dahin geführt, dass der Pfarrgottesdienst, abgesehen von Exequien, in der Stiftskirche selbst abgehalten wurde.

Viel öfter lässt sich aber beobachten, dass die alte Kollegiatpfarrkirche selbst dem allerdings auch für das Volk zugänglichen Gottesdienst der Kanoniker vorbehalten und eine

---

[1]) Wir haben bereits oben darauf hingewiesen, dass die Pfarre SS. Aposteln schon im 10. Jahrhundert bestanden hat. Erst von Bischof Heribert wurde an derselben ein Kollegiatstift gegründet und durch B. Pilgrim eine neue Kirche für dasselbe begonnen (s. Stelzmann S. 6 u. 10). Die alte Pfarrkirche blieb daneben als Begräbniskirche der vornehmen Familien, aber auch zu gottesdienstlichen Handlungen für die Pfarrgemeinde zeitweilig mitbenutzt (Stelzmann S. 11 f.) Wichtig ist, dass sich der Pfarrkirchhof zu beiden Seiten der alten Pfarrkirche noch bis ins 18. Jahrhundert erstreckte (Reinhardscher Plan von Köln).

[2]) S. oben S. 184, Anm. 2. Genau wie bei der älteren Pfarrkirche SS. Aposteln in Köln sich die spätere Stiftskirche unmittelbar südlich daneben erhob, so war dies auch bei S. Robert in Worms der Fall, neben welcher älteren Pfarrkirche Bischof Burchard (zirka 1016) das Paulusstift südlich dicht daneben anbaute.

angebaute bezw. benachbarte Kapelle für die besonderen pfarramtlichen Handlungen und Gemeindegottesdienste bestimmt wurde. Als z. B. im Jahre 1121 die alte Pfarrkirche zu Steinfeld i. d. Eifel durch Prämonstratenserkanonichen in eine Kollegiatkirche umgewandelt worden war, verlegte man mit Wissen und Willen des Erzbischofs Friedrich den Pfarrgottesdienst in eine capella in atrio eiusdem cenobii[1]). Derselbe Vorgang ist zu Köln an S. Gereon wahrnehmbar, welches spätestens seit dem 12. Jahrhundert die pfarramtlichen Handlungen und den Pfarrgottesdienst für den engeren Kölner Sprengel in S. Christoph, einer dicht dabei liegenden ehemaligen Kapelle des Propstes, verrichten liess[2]). Ebenso ging die Pfarrkirche Peter-Paul und später Klein S. Martin vom Marienstift aus[3]), wie auch die Pfarre S. Paul ursprünglich in der Kollegiatkirche S. Andreas ihre Stätte gehabt hat[4]).

---

[1]) Lac. I, 292.
[2]) Rotulus 87 von S. Marien (Beil. 1). Dass S. Gereon ehedem wirklich die Pfarrkirche war, wird bestätigt 1. durch die oben nachgewiesene ehemalige cura des Propstes; 2. durch den uralten Friedhof, der sich rings um die Kirche erstreckt (mündl. Mitteilung von Dr. Klinkenberg und aus dessen „Römische Grabinschriften Kölns" S. 2 ff.); 3. aus dem alten Baptisterium; 4. in dem alten Bezehntungsrecht (Joerres S. 62. 74. 174)); vergl. auch Kelleter S. 233. Die Ueberweisung der pfarrgottesdienstlichen und seelsorgerlichen Handlungen in die Nebenkapelle wird bei S. Gereon wie bei manchen anderen Kollegiatkirchen wahrscheinlich erst geschehen sein, als der ursprüngliche Gross-Sprengel der Mutterkirche durch das Aufkommen der einzelnen Filialpfarrkirchen in kleinere Bezirke zerfallen war, deren parochiale Handlungen und Gottesdienste von besonderen Priestern in den Filialen selbst besorgt wurden. Für den um die Mutterkirche noch verbleibenden engeren Sprengel reichte dann eine kleinere Nebenkirche völlig aus.
[3]) S. m. Aufsatz über Maria im Kapitol in ANR 74.
[4]) Nach Rotul. 8. 82 u. 95 von S. Maria i. K. war S. Paul Annexkirche der dicht daneben liegenden alten Kollegiatkirche S. Andreas und der Propst der letzteren bestellte den Thesaurar zum offiziellen Seelsorger, vergl. oben S. 186, n. 3. S. Andreas hatte einen eigenen

Derselbe Vorgang ist am Aachener Münster zu beobachten, aus welchem der Pfarrgottesdienst nach der Foilanskapelle verlegt wurde[1]). Ebenso galt die an die Stiftskirche zu Essen westlich angelehnte Walpurgis-, später Johanniskapelle im Mittelalter als Pfarrkirche[2]). In Bonn wurde der umfangreiche Sprengel der aus römisch-christlicher Zeit herrührenden Kollegiatkirche S. Kassius unter 3 innerhalb der Stiftsimmunität liegende Pfarrkirchen verteilt[3]).

Bei der grösseren Anzahl der Kollegiatstifter ist der Pfarrgottesdienst etc. mit dem Chordienst in demselben Raume verblieben[4]). Hier mag aber die Meinung zurückgewiesen werden, als ob etwa eine solche Kollegiatkirche, welche nachträglich für den besonderen Gottesdienst der Stiftsinsassen bestimmt wurde, der gottesdienstlichen Erbauung der Pfarrgemeinde völlig verschlossen worden wäre. In SS. Aposteln zu Köln machen wir gerade die Erfahrung, dass die Pfarrgemeinde in die Stiftskirche mehr und mehr übersiedelt. Selbst von S. Maria im Kapitol hören wir, dass sich vornehme Gemeindeglieder in der Stiftskirche bezw. auf dem Friedhof derselben beisetzen liessen, dass hin und wieder Taufen und Trauungen der Pfarreingesessenen von S. Martin und einzelne pfarramtliche Handlungen vorgenommen wurden, lange Zeit noch, nachdem der offizielle Pfarrgottesdienst nach Peter-Paul bezw. S. Martin übertragen worden war[5]). Offenbar

---

alten Taufbrunnen. In einer offiziellen Urkunde über bauliche Erweiterung der S. Paulskirche vom 22. Jan. 1472 (Pfarrarchiv S. Andreas) heisst es ausdrücklich „ecclesia s. Pauli ortum habet ex dicta [s. Andree] ecclesia". Vergl. auch ANR 75, Urk. vor 1106.

[1]) R. Pick, Aus Aachens Vergangenheit S. 21 ff.
[2]) Arens lib. ordin. S. 148 f. u. Beil. 8.
[3]) Maassen, Geschichte der Pfarreien des Dekanates, Bonn I, S. 12 ff.
[4]) Vergl. unsere Aufzählung von Stiftskirchen mit Pfarrgottesdienst zu Beginn des Kapitels S. 2 ff. und Moll-Zupke, K.G. der Niederlande II, S. 141, § 8: „Unter den Parochialkirchen waren die Kapitel- oder Kollegiatkirchen im M.A. am angesehensten" etc.
[5]) S. m. Aufsatz über S. Maria im Kapitol.

konnten in den Kollegiatmutterkirchen alle pfarramtlichen Handlungen aus den Filialparochien des Grosssprengels vorgenommen werden, wie in der Kathedrale aus der ganzen Diözese [1]).

§ 48. Der Niedergang der Stiftskirchen.

Um nun zum Schlusse die uns am wichtigsten erscheinenden Gründe für die Erstarrung bezw. den Verfall der Kollegiatstifter anzuführen, denen ohne Zweifel doch eine überaus hohe Bedeutung als Pfarr- und Mutterkirchen für die ehemaligen Grosssprengel und als Pflanzschulen des Klerus für sich und viele Filialkirchen zuzusprechen ist, so sehen wir eine Hauptursache für den Verfall namentlich der grösseren Stiftskirchen in dem Aufkommen der „studia generalia" und Universitäten. Jetzt war eine wesentliche Tätigkeit der Kollegiatgeistlichen mehr und mehr unnötig geworden: die Ausbildung des heranwachsenden Klerus. Man verzeihe den etwas groben Vergleich, aber es gibt kein besseres Bild für die im 12. und 13. Jahrhundert einsetzende Veränderung auf dem Gebiet der Klerikerausbildung, als wenn wir sie in Parallele stellen zu dem auf wirtschaftlichem Gebiet so bedeutungs- und verhängnisvollen Uebergang vom Klein- zum Grossbetrieb, von der Werkstube des einfachen Meisters zum Fabriksaal.

Wie aus den Rotulen von S. Maria im Kapitol, aus der Geschichte der Christine von Stommeln, aus Cäsarius von Heisterbach[2]) etc. hervorgeht, herrschte bereits im 13. Jahr-

---

[1]) Ein sehr gutes Beispiel bietet auch das Patroclusstift zu Soest und die 6 Filialstadtpfarrkirchen: Seibertz I, 184, a. 1229; über die Kathedrale vergl. oben S. 82, n. 1.

[2]) Im allgemeinen vergl. noch Denifle, Universitäten I, S. 391. Bemerkenswert ist auch eine Stelle aus einer Urkunde von S. Gereon vom Jahre 1219 (Joerres S. 69), in der zwar noch der Betrieb der scholae des Stifts vorausgesetzt aber schon sehr mit dem Umstand gerechnet wird, dass viele Kanonichen etc. an der Universität (studium

hundert die allgemeine Sitte, sich die Vollendung der klerikalen Ausbildung auf der Universität des entfernten Paris zu holen. Und dies geschah zu Köln, wo doch eine Menge von Stiftsschulen vorhanden war! Offenbar kürzte das Universitätsstudium die Lehrzeit des Geistlichen wesentlich ab und bot ihm in geistiger Beziehung weit mehr Anregung als die Stiftsschule [1].

Jetzt konnte man die Kirchen leicht mit den von der Universität her bezogenen Klerikern besetzen, die Kanoniker waren nicht mehr unbedingt nötig. Anderseits wurde den Kanonikern selbst durch päpstliche Privilegien etc. der Besuch der Universitäten nicht nur empfohlen, sondern auch ausserordentlich erleichtert. Wer von ihnen zur Universität zog, behielt seine Einkünfte am Stift, seine Pfarrstelle an der Filiale, er brauchte nur einen Vikar zur Wahrnehmung der Seelsorge bezw. der betreffenden Obliegenheiten notdürftig zu unterhalten [2]. Der Missbrauch solcher Privilegien blieb nicht aus: man gewöhnte sich vielfach daran, den Vikar dauernd zu behalten und sich selbst, sei es wegen fortgesetzten Studiums oder aus anderen Gründen, von der Arbeit dispensieren zu lassen. Päpstliche Privilegien stellten es manchen Kollegiatkirchen ganz im allgemeinen frei, ihre Filialpfarren durch Kanonichen oder Vikare versehen zu lassen [3].

Einen zweiten Grund für den Niedergang der Stifter müssen wir in der im 12. und 13. Jahrhundert hin und wieder her-

---

adire) oder in Rom verweilen; vergl. auch Württb. Urkb. III, S. 224, a. 1228 Stift Faurndau: ad studium proficisci canonicorum.

[1] Vergl. auch Michael, Gesch. des deutschen Volkes 2, S. 11 ff. und besond. Specht a. a. O. S. 195 ff.

[2] Vergl. z. B. die Bulle Bonifaz des IX. von 1389 bei Bianco, Gesch. der Univ. Köln etc. I, S. 427 ff.; ferner Denifle, Universitäten I, S. 746 f.

[3] Vergl. z. B. Württb. Urkb. III, S. 125, a. 1221 (Honorius III. an die Kanonichen zum h. Michael in Ulm).

vortretenden Ueberzahl der Kanoniker und in dem sogenannten Wochendienst erblicken. Wie sehr die Einrichtung des letzteren zweckdienlich und in der Ordnung erscheint, so lange jeder Kleriker vom Priester bis zum letzten Weihegrad täglich einen bestimmten Dienst notwendig zu verrichten hatte — wie z. B. ursprünglich in Essen, als je 4 Priester, Diakonen und Subdiakonen jede Woche abwechselnd ein auf 4 Wochen sich erstreckendes Offizium absolvieren mussten — so war es für die straffe Zucht des einzelnen wie der Gesamtheit gefährlich, wenn zu grosse Pausen zwischen den Wochenoffizien eintraten. Dieses musste aber geschehen, als sich die Zahl der Geistlichen in manchen Kollegiatkirchen mehr als verdoppelte und verdreifachte. Der Hebdomadar war wohl zur unbedingten Residenz verpflichtet, hatte er aber seinen Dienst getan und trat nun eine längere Pause für ihn ein, was lag näher, als dass er sich für diese Zeit von der Residenz und dem Chordienst dispensieren zu lassen versuchte[1]).

Schliesslich kam es wohl so weit, dass mancher Kanonikus sich auch für seine pflichtgemässe Dienstzeit durch einen Vikar vertreten liess[2]).

So hat sich in der Tat an den canonici und ihren Kirchen das treffliche Wort Leos XIII. als wahr erwiesen, dass es das Schicksal auch der besten menschlichen Institutionen

---

[1]) In SS. Aposteln zu Köln scheinen die Dienstpausen der Kanoniker im 13. Jahrhundert 6 Wochen gedauert zu haben, wenigstens wurde hier erst bei einer längeren (nicht erlaubten) Abwesenheit die Residenzpflicht schwer verletzt, vergl. ANR 71, S. 131, 1.

[2]) Beispiele sind leicht zu finden, interessant ist Württb. Urkb. III, S. 224, a. 1228. War es aber erst so weit gekommen, ein Amt zu bekleiden und seine Erträgnisse zu geniessen, dessen Obliegenheiten man durch einen Stellvertreter erfüllen liess, so war der Schritt zu ähnlicher Uebernahme weiterer Aemter, zur „Kumulation der Benefizien" nicht mehr schwer. Daher ist es bezeichnend, dass uns diese verderbliche Unsitte des späteren Mittelalters vornehmlich bei den „Stiftsherrn" entgegentritt.

sei, im Laufe der Zeit ihr Wesen zu wandeln und zu entarten [1]).

Doch alle jene Missstände haben sich durchaus nicht bei sämtlichen Stiftskirchen geltend gemacht. Viele, namentlich die kleineren, sind ihrem alten Berufe als Pfarr- und Mutterkirchen und besonders als höhere Schulen — wenn auch nicht mehr in erster Linie für die Geistlichen — das ganze Mittelalter hindurch treu geblieben.

---

[1]) Breve vom 29. Jan. 1804 „de canonicis honorariis" im Archiv f. kath. K.R. 1894, S. 468.

Anhang.

I.
1299. Ueber den Pfarrgottesdient in S. Gereon — S. Christoph zu Köln.

(Aus dem Prozessrotulus 87 des Pfarrarchivs von S. Maria im Kapitol vom Jahre 1299).

Gerhardus plebanus ecclesie s. Christofori, testis iuratus ... besitzt die Kirche „ex collacione et institutione Werneri prepositi ecclesie s. Gereonis" ... dicit, quod ecclesia s. Christophori erat quondam capella ... prepositi ecclesie s. Gereonis et ipsa ecclesia parochialis, que nunc est s. Christofori, erat infra ecclesiam nunc s. Gereonis et quod tunc thesaurarius ibidem ipsam ecclesiam conferre consuevit, sed quod postmodum per translationem translata fuerit parochia in capellam s. Christofori, ita quod per hoc parochialis ecclesia est effecta, et quod ex post quandocunque vacabat ... prepositus ecclesie s. Gereonis eam conferre et investire posset ad eandem et ... rectorem instituere ... sicut hec omnia testis dicit se intellexisse ex scripturis et registris antiquis.

II.
1299. Ueber den Plebanat von SS. Aposteln.

(Aus dem Prozessrotulus 85 von S. Marien.)

Nicolaus dictus de Kelze thesaurarius ecclesie ss. Apostolorum in Colonia, etatis 50 annorum vel amplius ... dicit, quod plebanatus ecclesie ss. Apostolorum est annexus thesaurarie eiusdem ecclesie et quod .. prepositus predicte ecclesie ss. Apostolorum conferre consuevit eciam plebanatum parochialis ecclesie ss. Apostolorum et presentat ipsum thesaurarium tamquam plebanum archydiaoono Coloniensi ad eandem ecclesiam ad investiendum ab eodem; causam sciencie sue reddens eo, quod cum alias thesauraria et ... plebanatus in eadem ecclesia vacarent per mortem quondam Wilhelmi dicti Bensvelt thesaurarii et plebani eiusdem ecclesie ss. Apostolorum, qui tunc fuit et nunc est prepositus L[e]odiensis, contulit eidem testi thesaurariam et plebanatum predictos et quod ex collacione et presentacione huius modi ipse testis plebanatum predictum tenuit pacifice et quiete et adhuc tenet.

Vergl. hiermit die Urk. von 1328 bei Sauerland, Vatikan. Urkunden für das Rheinland II, S. 187 und Beilage IV.

III.
1299. Ueber den Plebanat in S. Kunibert zu Köln.
(Aus dem Rotulus 85 von S. Marien.)

Winandus gerens vices plebanatus ecclesie s. Cuniberti Coloniensis, etatis 60 annorum, testis iuratus ... dicit, quod plebanatus sive ecclesia parochialis s. Cuniberti est annexus sive annexa decanatui ecclesie s. Cuniberti, ita quod quicunque eligitur ibidem in ... decanum et ... decanus est, quod eo ipso, quo est decanus, est eciam ... plebanus sicut ipse testis diebus suis vidit et sic haberi vidit a nunc domino Lodowico, domino Reynardo et domino Ricolpho, decanis ibidem.

NB. In Qu. II, S. 600 (Kalendar der Domkustodie aus dem 13. Jahrhundert) die „parochia s. Cuniberti" bezeugt. Vergl. auch Lac. II, 115, a. 1224.

IV.
Eidschwur des Thesaurars von SS. Aposteln.
(Pfarrarchiv von S. Aposteln, Handschr. 24 Bl. 98 b).

Ego N. thesaurarius ecclesiae ss. Apostolorum Colon. salvo juramento iam praestito ecclesiae decano et capitulis meis juro et promitto, quod ab hac hora, et in antea quamdiu thesaurarius permansero, onus et debitum officii dictae thesaurariae et praesertim in administratione sacramentorum, in custodia sacrarum vestium, monstrantiarum, librorum, calcium, reliquiarum, et quorumlibet ornamentorum ecclesiae, in luminaribus et circa luminaria, et alias quomodolibet ipsi thesaurariae incumbentia faciam fideliter et efficaciter per me vel alium iuxta consuetudines hactenus observatas, et ad dictamen, sententias et declarationes diaconorum in capitulo meo appelatione et contradictione semotis observabo, abusiones et novas introductiones detestabiles et insolitas, et dominis decano et capitulo ac parochiae meis displicentes vitabo. Reperta et mihi descripta, tradita et deliberata seu tradenda et deliberanda periculo et laboribus meis conservabo, deperdita recuperabo pro posse et nosse. Sic me deus adiuvet, et haec sancta dei evangelia.